beck'sche reihe

länder

bsr

1989 öffnete Ungarn seine Grenzen den ausreisewilligen DDR-Bürgern und leitete damit unmittelbar die Öffnung der Berliner Mauer und den ostmitteleuropäischen Systemwechsel ein. Inzwischen steht Ungarn an der Schwelle zum EU-Beitritt und ist zu einem (fast) normalen europäischen Land geworden. Was sind die Charakteristika dieser „Neuen Demokratie"? Welche Elemente seiner beinahe tausendjährigen Staats- und elfhundertjährigen Nationalgeschichte tradiert Ungarn bis heute? Und wie sieht das Alltagsleben der Ungarn aus? Zu diesen Fragen gibt das Buch einen Überblick in Geschichte, Politik, Gesellschaft, Wirtschaft und Kultur. Ein ausführlicher Anhang gibt Hinweise zu spezialisierten Informationsquellen und weiterführender Literatur.

Sándor Kurtán arbeitet als Assistenzprofessor am Lehrstuhl für Politikwissenschaft der Wirtschaftsuniversität Budapest.

Karin Liebhart ist wissenschaftliche Mitarbeiterin der Sozialwissenschaftlichen Abteilung des Österreichischen Ost- und Südosteuropa-Instituts, Wien.

Andreas Pribersky arbeitet als Leiter der Sozialwissenschaftlichen Abteilung des Österreichischen Ost- und Südosteuropa-Instituts, Wien.

Sándor Kurtán
Karin Liebhart
Andreas Pribersky

Ungarn

Verlag C. H. Beck

Mit 27 Abbildungen und 4 Karten

(Fotos ohne Quellenangabe: mit freundlicher Genehmigung des Ungarischen Fremdenverkehrsamts.)

Die Deutsche Bibliothek – CIP-Einheitsaufnahme

Kurtán, Sándor:
Ungarn / Sándor Kurtán ; Karin Liebhart ;
Andreas Pribersky. – Orig.-Ausg. – München : Beck 1999
(Beck'sche Reihe ; 880 : Länder)
ISBN 3 406 39880 4

Originalausgabe
ISBN 3 406 39880 4

Umschlagentwurf: + malsy, Bremen
Umschlagbilder: Seite 1: Foto: János Kálmar, Wien;
Seite 2: Kuppel im Gresham-Palais – Foto: János Kálmar, Wien;
Seite 3: Straßenmusiker
C. H. Beck'sche Verlagsbuchhandlung (Oscar Beck), München 1999
Gesamtherstellung: Kösel, Kempten
Gedruckt auf säurefreiem, alterungsbeständigem Papier
(hergestellt aus chlorfrei gebleichtem Zellstoff)
Printed in Germany

INHALT

ANHANG

EINLEITUNG

Am Abend des 10. September 1989 kündigte der damalige Außenminister Gyula Horn in den Abendnachrichten des ungarischen Fernsehens an, daß für sämtliche ausreisewillige DDR-Bürger der legale Grenzübertritt in den Westen möglich sei. Diese Öffnung der ungarischen Grenze wurde von den internationalen Medien als Geburtsstunde eines neuen Europa bezeichnet. Wie sieht das Bild Ungarns zehn Jahre nach diesem Ereignis aus, wie die Position des Landes in diesem neuen Europa, welche Traditionen sind wirksam geblieben, was hat sich verändert?

Vor allem im deutschen Sprachraum gilt die Legalisierung der Massenflucht der DDR-Bürger noch immer als Symbol für die Differenz zwischen Ungarn und den übrigen Staaten der Einflußsphäre des ehemaligen Sowjetischen Imperiums. Ungarn galt jedoch schon seit dem Ende des Kalten Krieges und dem Beginn der sogenannten Entspannungspolitik der 70er Jahre – aufgrund gesellschaftspolitischer Liberalisierungstendenzen und ökonomischer Reformen der Kádár-Ära – als das freieste Land unter den ostmitteleuropäischen Einparteienstaaten, was in Bezeichnungen wie die „fröhlichste Baracke des sozialistischen Lagers" oder „Gulaschkommunismus" zum Ausdruck kam. Bereits vor dem Fall des Eisernen Vorhangs war Ungarn als das „westlichste Land des Ostblocks" vielen westeuropäischen Touristen als Urlaubs- und Reiseland bekannt, und nach der Einführung des Weltpasses Mitte der 80er Jahre konnten auch ungarische Staatsbürger ungehindert in den Westen reisen.

Im ungarischen Selbstverständnis wird deshalb die Öffnung der Grenzen nur als ein Teil des komplexen Transformationsprozesses interpretiert, eher werden die ersten freien Parlamentswahlen im Frühjahr 1990 als das einschneidende Ereignis des Wandels zu einer demokratischen politischen Gesellschaftsordnung wahrgenommen.

Die Erosion des sozialistischen politischen Systems war in Ungarn spätestens Mitte der 80er Jahre unübersehbar geworden. Aus oppositionellen Organisationen wurden schon Ende 1988 politische Parteien, historische Parteien reorganisierten sich. Im Juni 1989 begannen schließlich die Verhandlungen am Nationalen Runden Tisch, in denen die Rahmenbedingungen des friedlichen Systemwechsels festgelegt wurden.

Aber auch Proteste der neuen zivilen Gesellschaft Ungarns kennzeichnen die Jahre 1988/9, etwa die Massendemonstrationen gegen den gemeinsam mit der Tschechoslowakei geplanten Bau des Donaukraftwerks Bős/Nagymaros. Im Frühsommer des Jahres 1989 fand auch jenes Ereignis statt, das in Ungarn als ein zentrales Symbol für den bevorstehenden Wandel gedeutet wird: die Rehabilitierung und feierliche Wiederbestattung des 1958 hingerichteten Ministerpräsidenten der 1956er Revolution, Imre Nagy, und von dessen Mitkämpfern.

Am 23. Oktober 1989 rief das letzte Parlament des Einparteienstaats die dritte ungarische Republik aus. Ungarn wurde von einer Volksdemokratie zur parlamentarischen Demokratie. Die dritte Republik begründete ihre Identität unter Bezugnahme auf zwei wesentliche Daten der ungarischen Geschichte: Neben dem symbolischen Verweis auf die Revolution des Jahres 1956 durch die Wahl des Datums – 23. Oktober – wurde die unblutige Durchsetzung eines demokratischen politischen Systems auch als Erfüllung des mit der Revolution des Jahres 1848 verbundenen, nationalen Unabhängigkeitsstrebens angesehen.

Diese Verknüpfung und Legitimierung aktueller Politik im Rückgriff auf historische Vorläufer entspricht einem Kontinuitätsbewußtsein, das in der ungarischen politischen Kultur einen besonders hohen Stellenwert einnimmt. Im Prozeß der Selbstvergewisserung nationaler Identität spielt der Bezug auf die nationale Geschichte eine ebenso zentrale Rolle wie jener auf die ungarische (Insel)Sprache und die Begründung nationaler Traditionen aus der ungarischen Literatur.

Der vorliegende Band möchte mit seinem Streifzug durch die Geschichte Ungarns – von der Landnahme, dem Tartarensturm, der Herrschaft des Königs Matthias, über die Türkenzeit und jene Epoche, in der Ungarn ein Teil der Habsburgermonarchie war, bis zum ungarischen Sozialismus – jene Ereignisse und Personen hervorheben, die auch heute noch als traditions- und identitätsstiftende Bezugspunkte dienen bzw. in das aktuelle Inventar nationaler Mythen aufgenommen wurden.

Ein Land und seine Bewohner werden jedoch nicht bloß von Geschichte und Politik, sondern auch von den Landschaften geprägt und charakterisiert. Das Buch behandelt deshalb die bedeutenden Grenzveränderungen und Gebietsverluste, von denen Ungarn nach dem Ersten Weltkrieg betroffen war, und stellt jene ungarischen Landschaften vor, die für die nationale Identität oder das Fremdbild des Landes von Bedeutung sind und sich immer wieder in seiner Literatur spiegeln.

Im Mittelpunkt der Publikation steht das heutige Ungarn, seine zentrale Rolle für Ostmitteleuropa im Prozeß des Systemwechsels, die vorangegangene Krise von Wirtschaft und Politik in den 80er Jahren, der Übergang von der Plan- zur Marktwirtschaft, der gesellschaftliche Strukturwandel, ethnische und religiöse Minderheiten, die Konsolidierung der neuen Demokratie und politischen Kultur nach 1989/90.

Der letzte Teil des Buches beleuchtet Ausschnitte des ungarischen Kulturlebens, das nach dem Ende der Zensur seit 1989 zugleich von Einschränkungen staatlicher Förderung gekennzeichnet ist. Neben einem Blick auf die das touristische Bild des Landes prägende Alltagskultur des Essens und Trinkens sowie der Musik werden zwei Gebiete ungarischer Kunst vorgestellt – Film und Malerei –, die im Westen zwar weniger bekannt sind, nichtsdestoweniger aber zur europäischen und internationalen Bedeutung der ungarischen Kultur einen wesentlichen Beitrag leisten.

Ungarn hat sich, von der Staatsgründung an, immer als europäischer Staat identifiziert. Allerdings handelt es sich um ein gewähltes Europäertum: Dies kommt in der mythisierten Erzählung von der Landnahme ebenso zum Ausdruck wie in der Figur des ersten Königs und nationalen Heroen Stephan I., des Heiligen, und der im Zuge der Staatsgründung erfolgten Christianisierung Ungarns, die das Land näher an die westliche Kultur herangeführt hat.

In der außenpolitischen Orientierung seit dem Systemwechsel herrscht unter den wichtigsten Parlamentsparteien eine prinzipielle Übereinstimmung über das Ziel einer „Rückkehr" Ungarns nach Europa. In der Außenperspektive bleibt aber trotz der Aufnahme Ungarns in die NATO der ungarische Europabezug angesichts der Zuschreibung eines politischen und kulturellen Bruchs in der „europäischen" Entwicklung Ungarns durch die Jahrzehnte der realsozialistischen Herrschaft ambivalent.

Aus diesem Spannungsverhältnis zwischen nationalem Selbstverständnis und westlicher Perspektive erscheint den Autoren ein genauerer Blick auf die junge europäische Demokratie Ungarn und deren politische, gesellschaftliche, ökonomische und kulturelle Entwicklungen seit dem Systemwechsel des Jahres 1989 durchaus von Interesse.

Mit Frankreich teilt Ungarn die Tradition der Gänsestopfleber – ein Land zwischen Westen und Osten? – Foto: János Kalmár

LAND UND LEUTE

Der Ursprung der Ungarn:
Von den Hängen des Ural an die Ufer der Donau

Zu Beginn des 13. Jahrhunderts verfaßte ein Mönch – wahrscheinlich ein Notar von König Béla III. –, dessen Name bis zum heutigen Tage unbekannt geblieben ist und der deshalb in der ungarischen Geschichtsschreibung Anonymus genannt wird, eine Chronik der Ungarn. Er schrieb unter anderem darüber, daß der Hunnenkönig Attila seinen Sitz an der Donau gehabt hatte. Als die Ungarn, denen ihr Wohnort zu eng wurde, wie Anonymus berichtet, nach einer neuen Heimat suchten und sich für Pannonien entschieden, erinnerten sie sich, daß dies das Land Attilas war und auch der Stammesfürst Álmos, Árpáds Vater, der die Landnahme anführte, ein Nachkomme Attilas war. Auch spätere Chroniken griffen diese Idee auf und konstruierten eine hunnisch-ungarische Geschichte, die keineswegs den historischen Tatsachen entsprach, aber trotzdem noch Jahrhunderte das Geschichtsbild der ungarische Adeligen beeinflußte.

Da das Ungarische in Europa eine Sprachinsel bildet, wurde immer wieder die Frage nach der Herkunft der Ungarn und ihnen verwandter Völker gestellt. Dies führte zu verschiedensten Spekulationen und trieb die skurrilsten Blüten. Ein Sprachwissenschaftler zählte 1943 insgesamt sechzig Sprachen bzw. Sprachfamilien, mit denen das Ungarische in Verwandtschaft gesetzt wurde, vom Baskischen über das Ägyptische bis zum Japanischen.

Die heute vorherrschende Meinung, daß das Ungarische eine finnougrische Sprache ist, daß also die Ungarn unter anderem mit den Finnen und Esten verwandt sein müssen, setzte sich erst Ende des vorigen Jahrhunderts durch, als die vergleichende Sprachwissenschaft in die Debatte eingriff. Vorausgegangen war eine jahrelange, heftige Diskussion, ob die Ungarn mit den Finnen oder mit türkischen Völkern verwandt seien – der sogenannte „ugrisch-türkische Krieg“. Einige ungarische Sprachwissenschaftler und bekannte Schriftsteller sowie die Mehrheit der interessierten Öffentlichkeit vertraten zur Jahrhundertwende den „türkischen Standpunkt“, denn ihnen war die Vorstellung einer Verwandtschaft mit den „nach Fischtran riechenden Vettern“, mit „historisch unbedeutenden Waldvölkern“ wenig sympathisch. Diese Verwandtschaft war vor allem nicht vornehm genug. Dem nationalen Stolz entsprach viel mehr ein Bild der Ungarn als Verwandte großer, ruhmreicher Völker. Doch die Forschung, vor allem Sprachwissenschaft und Archäologie, zeichneten in den letzten Jahrzehnten ein anderes Bild.

Die sogenannte Urheimat der Magyaren lag demnach zu beiden Seiten des Ural-Gebirges. Hier lebten die gemeinsamen Ahnen der finnougrischen Sprachfamilie bis 2000 v. u. Z. zusammen, gingen der Jagd nach und betrieben Fischfang. Zu dieser Zeit brach der westliche, der finnische Teil der Stämme – bedingt durch den Bevölkerungszuwachs – in Richtung Wolga und Ostsee auf. Die Ugrier, die Vorfahren der heutigen Ungarn, Wogulen und Ostjaken, verblieben an den Südhängen des Ural, wechselten mit der Zeit von der Jagd zum Hackbau und zur Viehzucht und wurden schließlich zu einem Reitervolk. In der Zeit zwischen 1500 und 1000 v. u. Z. erfolgte ein Klimawechsel, eine Dürre kam auf. Die Wege der Ugrier teilten sich, die Wogulen und Ostjaken zogen nach Norden. Die Vorfahren der Ungarn blieben aber auch nach 800, als die trockenen Steppen durch einen erneuten Klimawechsel wieder ergrünten, in dieser Region und wurden zu einem Hirtenvolk, das seine Schaf- und Pferdeherden von einem Weideland zum anderen trieb.

Nachdem sie den Ural verlassen hatten, kamen sie mit anderen Völkern in Berührung, übernahmen Kulturgüter und Sprachelemente. Während der Teil des ungarischen Wortschatzes, der mit der Pferdehaltung zusammenhängt, auch in anderen ugrischen Sprachen zu finden ist, stammen die Wörter, die mit der Viehzucht zusammenhängen, von iranischen Völkern.

Die Sprache der ur-ungarischen Stämme blieb dennoch weiterhin von den indoeuropäischen oder ural-altaischen Nomadenvölkern unterschieden, von denen sie umgeben waren. Diese Sonderstellung erschwerte Kontaktaufnahme und ethnische Vermischung; die Sprachgrenze markierte also eine relativ eindeutige sprachliche und kulturelle Einheit. Auch die Eigenbezeichnung des entstehenden ungarischen Volkes hängt damit zusammen: *Magyar* bedeutete ursprünglich höchstwahrscheinlich „Redender", während die anderen Völker, die man nicht verstand, als „Stumme" bezeichnet wurden. Andere Experten meinen jedoch, die Bezeichnung weise auf die Vereinigung zweier Völker, der Mansy und der Er, hin. Das Wort, von dem sich auch das

Die Landnahme in der Darstellung einer illuminierten Chronik des 14. Jahrhunderts. Die verschiedenen Volksstämme sind durch ihre unterschiedliche Kleidung repräsentiert

deutsche Wort „Ungarn“ ableitet, bezeugt hingegen, daß diese einige Zeit dem onogurischen Stammesverband (wohl von *on ogur* ‚10 Pfeile‘ = 10 Stämme) am Don angehörten und mit diesem Untertanen des Chasarenreiches waren. In dieser Zeit bereicherten die Ungarn auch ihre Kenntnisse des Ackerbaus – davon zeugen jene Lehnwörter, die aus dem Chasarischen stammen. Im Sommer waren die Ungarn mit den Tieren unterwegs, wohnten in Nomadenzelten. Im Winter versammelten sie sich an den Flüssen, wohnten in Blockhäusern, fischten, und hier war auch ihr Ackerland zu finden. Neben der gegorenen Stutenmilch, dem Kumys, tranken sie auch Wein aus eigenem Anbau. Nachdem sie um 870 die chasarische Herrschaft abgeschüttelt hatten, zogen die Ungarn an den Don. Das ursprünglich finnougrische Volk war nun wie die turk-bulgarischen Stämme organisiert. So standen dem Volk nach chasarischer Art zwei Fürsten vor: der Kende, der nominelle Anführer, und der Gyula, der tatsächliche Anführer.

In der Völkerwanderung wichen die Ungarn dem Druck der Petschenegen und zogen vom Don (Levédia) in den Raum zwischen Dnjepr und Donau, das Etelköz (Zwischenstromland). Drei chasarische Stämme schlossen sich ihnen an. Ein Stammesteil blieb aber in der Gegend des heutigen Baschkirien. Bei den Fortgezogenen blieben sie noch lange in Erinnerung: Als der Dominikanermönch Julian im 13. Jahrhundert nach den Vorfahren der Ungarn suchte, fand er noch ungarischsprechende Bewohner in dieser Gegend.

In einer erneuten Welle der Völkerwanderung bedrängten die Petschenegen wiederum die Ungarn so sehr, daß sich sieben ungarische Stämme 893 entschlossen weiterzuziehen, mit dem Karpatenbecken als Ziel, das seit 862 von ungarischen Kriegern des öfteren durchstreift worden war. Dieses Gebiet war am Ende des 9. Jahrhunderts unter drei Reichen aufgeteilt: Transdanubien, der westlich der Donau gelegene Teil, gehörte zum Frankenreich; der nordwestliche Teil zum Mährischen Reich; Transsylvanien und das Land um die Theiß zum Bulgarischen Reich, das nun die Ungarn besetzt hatten. Im Jahre 899 bekämpfte das ungarische Heer im Auftrag des deutschen Kaisers Arnulf dessen Gegner in Italien. Auf dem Rückweg eroberten sie Transdanubien und

Die Ansiedlung der Deutschen

Die ersten deutschen Siedler kamen im 10. Jahrhundert als Gäste (*hospites*) nach Ungarn, vor allem Geistliche und Ritter, die schnell mit der ungarischen Führungsschicht verschmolzen. Im 12. Jahrhundert begann dann die Zuwanderung deutscher Bauern, besonders nach Siebenbürgen. Nach dem Tatarensturm erstarkte das städtische Bürgertum, eine Reihe von Städten waren deutsche Siedlungen. Der bedeutendste Zuzug erfolgte nach der Vertreibung der Türken, als weite Landesteile entvölkert waren. Im 18. Jahrhundert kamen etwa eine Million Deutsche mit dem „Großen Schwabenzug" nach Ungarn. Sie siedelten hauptsächlich in vier Regionen: in der Mitte des Landes mit dem Zentrum Budapest, in der „schwäbischen Türkei" (dem südöstlichen Teil Transdanubiens), im Komitat Szatmár in Ost-Ungarn und in der Bácska sowie dem Banat im Süden. Die ungarischen „Schwaben" erhielten ihren Namen nicht wegen ihrer Herkunft – sie kamen auch aus anderen deutschen Ländern –, sondern weil ihr Siedlungsgebiet im Süden von Buda von schwäbischen Truppen befreit wurde. Sie entwickelten einen eigenen ungarndeutschen Dialekt und eine eigene Kultur.

drangen weiter nach Norden vor. Damit war die Landnahme beendet.

Zu diesem Zeitpunkt lebte eine Bevölkerung aus Slawen, Awaren und Gepiden zwischen Donau und Theiß und am Fuße der Karpaten, die nun allmählich mit den Ungarn verschmolz.

Bereits unter Géza II. (1151–1162) begann die Ansiedlung von Bauern aus Sachsen und aus anderen deutschen Regionen im heutigen Siebenbürgen und in der heute slowakischen Zips. Nach dem Mongoleneinfall 1241 brachte Béla IV. Kaufleute und Handwerker aus Norditalien, der Wallonie und Frankreich nach Ungarn und erlaubte Deutschen, Serben, Griechen und Juden die Ansiedlung in den Städten. Bauern und Hirten aus Deutschland, Mähren, der Westukraine und Rumänien bevölkerten die von den Mongolen verwüsteten Landstriche wieder. Kumanen und Jazigen, die als Reiterkrieger gegen Ungarn gezogen waren, wurden befriedet und in der Tiefebene angesiedelt. Aus dieser Zeit stammt die Vorsilbe *kun* in einigen Orts- und Bezirksnamen.

Mit den ersten Bevölkerungserhebungen wird bereits im 15. Jahrhundert auch die Anwesenheit von Zigeunern erwähnt. Zunächst in Siebenbürgen und ab dem 17. Jahrhundert in ganz Ungarn gewährten ihnen einige Feudalherren, die vor allem ihre Tätigkeit als fahrende Händler nutzten, ein Aufenthaltsrecht und interne Autonomie.

Damit wurde Ungarn zu einem Land mit vielen Nationalitäten, die großteils – über politischen Wechsel und Verfolgungen hinweg – auch heute zu den Bewohnern des ungarischen Staates zählen.

Die Bevölkerung Ungarns heute

Mit ca. 10 Millionen Einwohnern hat der ungarische Staat zu Ende dieses Jahrtausends immer noch einen bedeutenden Minderheitenanteil: Die Volkszählung des Jahres 1990 hat 142 000 Zigeuner (Roma) gezählt, Schätzungen sprechen jedoch von wenigstens 700 000, womit sie die größte Minderheit im heutigen Ungarn darstellen. Außerdem leben in Ungarn 220 000 Deutsche, vor allem in Südungarn und der Umgebung von Budapest und des Balaton, 110 000 Slowaken, 25 000 Rumänen, 15 000 Polen, 6000 Griechen, 5000 Serben und Slowenen sowie je 3000 Armenier und Bulgaren. Ungarn hat damit im europäischen Vergleich die größte Zahl an Minderheiten.

Ungarn ist jedoch nicht nur ein multiethnischer, sondern auch ein multireligiöser Staat: In 50 Gemeinden bekennen sich etwa 270 000 Menschen zum orthodoxen Glauben, die zu einem kleinen Teil heute noch, ursprünglich aber mehrheitlich, rumänischer oder serbischer Nationalität sind. Die ungarische Bevölkerung selbst ist seit der Reformation – die von den mitteleuropäischen Ländern in Ungarn am erfolgreichsten war – in etwa zwei Drittel Katholiken und ein Drittel Protestanten, zum Teil calvinistischen Bekenntnisses, geteilt. Diese leben vor allem in der Tiefebene mit ihrem religiösen Zentrum in Debrecen; auch die deutsche Minderheit ist evangelisch nach dem Augsburger Bekenntnis. Zudem besteht in Ungarn, überwiegend in Budapest, die größte jüdische Gemeinde Mitteleuropas, mit der einzigen Rabbinerausbildungsstätte Mittel- und Osteuropas – auch zu Zeiten des Sozialismus. Die Zahl der ungarischen Juden, Überlebende bzw. Nachkommen der Überlebenden des ungarischen Holocaust unter Deutscher Besetzung (s. S. 96), wird auf etwa 80 000 geschätzt.

Ungarn verfolgte bereits in der Kádár-Ära eine relativ liberale Minderheitenpolitik, die wohl auch als Vorbild für eine Verbesserung der Situation der außerhalb der Staatsgrenzen lebenden Ungarn gedacht war: Die Mehrzahl der autochthonen ethnischen Minderheiten hat eine weitgehende kulturelle Autonomie, ein muttersprachliches Schulwesen, eigene Medien sowie Sendezeiten in Rundfunk und Fernsehen. Gemeinden mit mehrheitlicher Minderheitsbevölkerung werden zweisprachig beschildert.

Ausgenommen von diesen Rechten blieben die Zigeuner, die im Sozialismus nicht als Minderheit anerkannt waren und deren Probleme nur auf die sozialen Aspekte beschränkt wahrgenommen wurden. Der Systemwechsel brachte die Anerkennung als Minderheit, doch die Situation der Zigeuner ist auch heute noch problematisch: Sie sind jene Gruppe, die traditionell und aktuell am stärksten Vorurteilen und rassistischen Übergriffen, etwa durch die neue Rechte, aber auch durch die Polizei ausgesetzt ist. Auch die soziale Situation der Zigeuner hat sich in der Demokratie nicht verbessert, eher aufgrund der neuen Strukturen eines kapitalistischen Arbeitsmarktes noch verschlechtert: sie stellen die Mehrheit der Arbeitslosen und sind am stärksten unter den ungelernten Hilfsarbeitern vertreten, die ärmsten Komitate Ungarns sind zugleich jene mit dem höchsten Zigeuneranteil.

Im Bereich der politischen Vertretung hat die Demokratie ihnen und den übrigen ethnischen Minderheiten jedoch, nach langwierigen Diskussionen über einen adäquaten Minderheitenschutz und eine entsprechende Repräsentation als gleichberechtigte Staatsbürger, entscheidende Fortschritte gebracht: ein eigener Ombudsmann des Parlaments befaßt sich mit Beschwerden gegen Übergriffe von Behörden und staatlichen Einrichtungen, und das Amt für Nationale und Ethnische Minderheiten wurde als Interessenvertretung in der Exekutive eingerichtet. Mit der „Minderheitenselbstverwaltung" haben sie darüber hinaus eine demokratisch gewählte, vom Staat anerkannte und – wenn auch schlecht – finanzierte Interessenvertretung bekommen, die über ein Mitspracherecht in den Angelegenheiten, die die jeweilige Minderheit betreffen, verfügt. Minderheitenschulen erhalten eine höhere Pro-Kopf-Finanzierung als die allgemeinen Schulen.

Seit längerem wird außerdem über die Einrichtung einer zweiten Kammer des Parlaments diskutiert, ein Vorhaben, das derzeit vor allem die Partei der Kleinen Landwirte unterstützt. Diese sollte aus Vertretern der gesellschaftlichen Interessenvertretungen, darunter auch der ethnischen Minderheiten und staatlich anerkannten Religionen, zusammengesetzt sein. Eine Realisierung dieses Vorhabens ist allerdings unwahrscheinlich, da die Mehrheit der Parlamentsparteien dadurch eine Einschränkung der Regierungsfähigkeit befürchtet.

West-Ost-Gefälle

Die Donau als Verbindung der europäischen Völker im Norden des Landes mit dem Balkan und dem Schwarzen Meer steht für Ungarns Teilhabe an Europa, aber auch für die – im Verlauf der Geschichte immer wieder gefährdete – geopolitische Lage zwischen West und Ost. Dementsprechend bedeutet der Fluß auch eine Trennlinie innerhalb des Landes zwischen dem Westen – Dunántúl, „jenseits der Donau", und Kisalföld, der Pannonischen oder Kleinen Tiefebene – und dem Osten, Alföld, der Großen Tiefebene. West und Ost entsprechen hier auch der üblicherweise damit assoziierten ökonomischen Differenz: Westungarn – der

Auf drei Hügeln am Nordufer des Balaton liegt die Halbinsel Tihany – seit der Jahrhundertwende beliebter Ferienort und Naturschutzgebiet

während der Herrschaft der Osmanen den Habsburgern verbliebene und damit an die europäischen Entwicklungen angeschlossene Landesteil – profitierte aufgrund seiner Nähe zu Österreich bereits seit den 80er Jahren am meisten vom Handel mit dem westlichen Nachbarstaat und seit 1989 vom ökonomischen Aufschwung und den Auslandsinvestitionen. Hier haben sich – in der bis 1990 verschlafenen Grenzstadt Szentgotthard ebenso wie in der alten Römersiedlung, Königs- und Industriestadt Székesfehérvár – die multinationalen Konzerne von den internationalen Autoherstellern über die Maschinenfabriken bis zur Lebensmittelindustrie angesiedelt. In diesem Einflußbereich westlicher Investitionen, die einen Wohlstandskorridor von der österreichisch-ungarischen Grenze nach Budapest bilden, haben auch die alten Handelszentren der Region neue Bedeutung erlangt: Das unmittelbar an der Grenze gelegene Sopron war früher Verwaltungs- und Handelszentrum des gesamten pannonischen Raumes – mit seinem mittelalterlichen Stadtzentrum die einzige erhaltene, ummauerte ungarische Stadt – und ist heute Dienstleistungs-, Handels- und

Der Balaton

Im Westen des Landes befindet sich der, neben Budapest, zweite große touristische Anziehungspunkt Ungarns: der Balaton, mit 596 km² der größte See Mittel- und Westeuropas; durch den Sió-kanal ist er mit der Donau verbunden. Durch Gräberfunde sind Ansiedlungen am Balaton bereits seit dem 3. Jahrhundert nachweisbar, und auch die Römer fanden ihren Weg an die Ufer des Sees. Am hügeligen Nordufer, vor allem auf dem Vulkangestein des Badacsony, wird seit Jahrhunderten Wein angebaut. Dominiert wird das nördliche Ufer von der hochgelegenen Halbinsel Tihany, auf der König András I. bereits 1055 ein Kloster gründete. (Die Gründungsurkunde ist das älteste Dokument der ungarischen Sprache.) Dort steht heute – nach Zerstörungen durch die Osmanen und in den Kuruzenkriegen – eine barocke Kirche. Tihany ist, ebenso wie der größte am südlichen Ufer gelegene Ort Siófok, bereits um die Jahrhundertwende zu einer Sommerfrische für das Budapester Bürgertum geworden, was an zahlreichen Villen und Kurhäusern des Fin de Siècle noch heute zu sehen ist. Mit dem am schmalen Westende des Sees gelegenen Keszthely, das vom barocken Schloß der Familie Festetics beherrscht wird, den Naturschutzgebieten der Halbinsel Szigliget im Norden – wo der letzte Teil des Schilfgürtels am Seeufer erhalten geblieben ist –, dem nahegelegenen Thermalbad Hévíz und dem Vogelschutzgebiet des Kis-Balaton, des Kleinen Balaton im Süden, vereint dieser Steppensee alle Arten von historischen und touristischen Attraktionen Ungarns.

Tourismusattraktion über die Grenze hinweg. Das barocke Győr erlebt einen neuen Aufschwung als traditionelles industrielles Zentrum der Region.

Die zweite charakteristische Landschaft ist die Große Ungarische Tiefebene, die als Symbol für die nationale Besonderheit der Ungarn in Europa steht. Sie prägt den agrarisch bestimmten, auch heute noch weniger entwickelten Osten des Landes, in dem sich auch die ärmsten Komitate Ungarns befinden. Versuche, Ostungarn durch Bergbau und Industrie zu entwickeln, gehen bis in die Zeiten der Habsburgerkaiserin und Königin von Ungarn Maria Theresia zurück, werden aber immer wieder von Rückschlägen in Frage gestellt: Die Universitäts- und Industriestadt Miskolc, die im Sozialismus zu einem Zentrum der Schwerindustrie ausgebaut wurde, leidet seit dem Systemwechsel unter deren Krise und dem damit verbundenen Verlust von Arbeitsplätzen.

Östlich der Donau, auf dem Weg von Budapest nach Miskolc, finden sich aber mit dem Mátra-Gebirge – darin mit 1015 m der höchste Berg des heutigen Ungarn – und dem Bükk-Gebirge auch Ungarns romantische Berg- bzw. Waldlandschaften, deren Zentrum die kleine barocke Bischofs- und Hochschulstadt Eger am Ufer des gleichnamigen Flusses ist. Hier, ebenso wie in der an der rumänischen Grenze gelegenen, von einer Burgruine überragten Kleinstadt Gyula, lassen sich noch viele Merkmale der unterschiedlichsten Epochen der ungarischen Geschichte entdecken, die von den Modernisierungswellen im Westen des Landes und in Budapest bereits verdrängt worden sind.

Ungarn vor und nach Trianon

Mit dem Vertrag von Trianon hat Ungarn 1920 nicht nur über zwei Drittel seines Staatsgebiets verloren und ein Teil der ungarischsprachigen Bevölkerung seine Zugehörigkeit zum ungarischen Staat. Rund um die heutigen Staatsgrenzen – die im wesentlichen den Grenzen von Trianon entsprechen – befinden sich auch Länder und Landschaften, die in der historischen Identität Ungarns eine wesentliche Rolle spielen. Das wichtigste und größte Gebiet, das Ungarn einbüßte, ist das seit damals – abgesehen von einer kurzen, teilweisen Wiedereingliederung in den ungarischen Staat während des Zweiten Weltkriegs – zu Rumänien gehörende Siebenbürgen, ungarisch Erdély. Bereits hundert Jahre vor der Ansiedlung in der Tiefebene soll hier ein magyarischer Stamm, die Szekler, seßhaft geworden sein; das sogenannte Szeklerland auf den Höhen und in den Tälern und Schluchten des Karpatenbogens ist bis heute ungarischsprachiges Siedlungsgebiet. Die Karpaten bildeten über Jahrhunderte den natürlichen Schutz des in der Tiefebene gelegenen Ungarn. Ihnen war es auch zu verdanken, daß das Fürstentum Siebenbürgen während der Herrschaft des Osmanischen Reiches nicht besetzt wurde und mit einer unabhängigen Politik zwischen den Habsburgern und der Hohen Pforte die Kontinuität eines unabhängigen ungarischen Staates aufrechthielt. Das ursprünglich von slawischen und rumänischen Bauern besiedelte, waldreiche und gebirgige Land am inneren Rand der Karpaten wurde durch jahrhundertelange Ansiedlungspolitik des ungarischen Staates außer von Magyaren vor allem auch von Deutschen bevölkert und war so bereits im späten Mittelalter zu einer Vielvölkerregion geworden. Hier regelten die einzelnen Volksgruppen, die sich auch in religiöser Hinsicht vielfältig voneinander unterschieden, in getrennten Siedlungsgebieten und Städten bis ins 19. Jahrhundert ihr inneres Zusammenleben nach den jeweils eigenen, tradierten Gesetzen. In der Habsburger Monarchie nach dem Sieg über die Türken konnte das Land diese politischen Unterschiede beibehalten, und der an Unabhängigkeit gewohnte Siebenbürger Adel spielte in den Aufständen gegen die Habsburger eine wichtige Rolle.

Südöstlich von Transsylvanien erstreckt sich die Tiefebene bis ins heutige Rumänien und nach Jugoslawien, wo im Temescher Banat, um die Stadt Timişoara (Temesvár), und in der ungarisch Vajdaság genannten Region um Novi Sad (Újvidék) auch heute eine bedeutende ungarische Minderheit lebt; in Jugoslawien heißt dieses Gebiet Vojvodina, es war ebenso wie das Kosovo von den 70er bis zu Beginn der 90er Jahre eine autonome Provinz.

Ungarische Dörfer und Siedlungen finden sich auch noch weiter nördlich im heutigen Serbien, außerdem im nordöstlichen Slowenien, und eine kleine ungarische Minderheit lebt auch im österreichischen Bundesland Burgenland, das als Teil der Pannonischen Tiefebene während der Habsburger Monarchie großteils zur ungarischen Krone gehörte – das Leithagebirge bildete vor 1918 die Grenze zwischen dem Kaiserreich Österreich und dem deshalb auch Transleithanien genannten Königreich Ungarn.

Das zweite große ungarische, zum Teil geschlossene Siedlungsgebiet jenseits der Staatsgrenzen findet sich in der heutigen Slowakei, mit der ehemaligen – während der Osmanenherrschaft – ungarischen Haupt- und Krönungsstadt Pozsony, der slowakischen Hauptstadt Bratislava. Ein Bevölkerungstausch zwischen der Tschechoslowakei und Ungarn nach dem Zweiten Weltkrieg hat die ungarische Minderheit allerdings stark dezimiert. In diesem während der Monarchie als Oberungarn bezeichneten Verwaltungsgebiet weisen heute noch die Schlösser des ungarischen Adels, wie z. B. der hochadeligen Familie Pálffy, auf die gemeinsame Geschichte hin.

Die Donau

Die Donau, ungarisch Duna, mit 2857 km der zweitlängste Fluß Europas, bildet auf einer Strecke von 160 km – beginnend etwa 20 km hinter Bratislava – die „natürliche" Grenze zwischen Ungarn und der Slowakei.

Der Anteil beider Staaten an der Donau wurde im Konflikt um das Ende der 80er Jahre geplante – nahe Visegrád gelegene – Donaukraftwerk Nagymaros/Gabčíkovo zu einem tiefgreifenden bilateralen Problem: Obwohl Ungarn aus dem ungarisch-slowakischen Gemeinschaftsprojekt aufgrund massiver ziviler Proteste ausstieg, wurde die Staustufe vom slowakischen Nachbarstaat fertiggestellt, was zu erheblichen und bis heute nicht gelösten Spannungen in den Beziehungen beider Länder führte (s. S. 143 f.).

Mehrere – für die ungarische Geschichte und Identität bedeutende – Orte liegen an der Donau. Komárom, die Geburtsstadt des Operettenkomponisten Franz Lehár, bildete, als die heutige Slowakei noch Teil Ungarns war, mit dem am anderen Donauufer gelegenen – heute slowakischen – Komárno eine gemeinsame Stadt. Sowohl als Festung in den Türkenkriegen als auch im Freiheitskampf der Ungarn 1848/49 erlangte sie große Bedeutung. Komárom war bereits vor 1989 geteilt, damals zwischen zwei unter dem sowjetischen Einflußbereich stehenden Staaten, der ČSFR und Ungarn.

Zwei historische Zentren Ungarns findet man weiter flußabwärts in der Gegend des Donauknies. Zur Zeit der Árpáden-Könige war Esztergom (Gran) die wichtigste ungarische Stadt und erste Hauptstadt des Landes. Noch heute ist sie Sitz des Erzbischofs, der als Primas von Ungarn der ungarischen Bischofskonferenz vorsteht, und nach 1990 auch des ungarischen Verfassungsgerichts. Zudem befindet sich in Esztergom die größte Kirche des Landes. Sie wurde in der ersten Hälfte des 19. Jahrhunderts an Stelle der von den Osmanen zerstörten St. Adalbertskirche als klassizistische Basilika errichtet, die eine mit rotem Marmor verkleidete mittelalterliche Kapelle umschließt. In Esztergom soll nach der Legende der ungarische Staatsgründer Stephan I. im Jahr 1000 gekrönt worden sein. Das 10 km hinter Esztergom gelegene Donauknie gilt als einer der landschaftlich reizvollsten Teile Ungarns. Von der Burg von Visegrád – im 14./15. Jahrhundert eine der königlichen Residenzen und Aufbewahrungsort der Reichsinsignien – öffnet sich der Blick auf das malerisch von Bergen und Wäldern gerahmte schmale Bett der Donau, auf mittelalterliche Burgruinen und pittoreske Dörfer. Im Tal findet man die Ruine des Schlosses von König Matthias – zerstört wurde es Anfang des 18. Jahrhunderts, als die Habsburger nach dem Rákóczi-Aufstand (s. S. 49f.) beinahe alle ungarischen Befestigungen schleifen ließen.

Nur wenige Kilometer hinter Visegrád beginnt die 38 km lange, zwischen den beiden Flußarmen gelegene Szentendre-Insel, beliebtes Ausflugsziel und Erholungsgebiet für die Budapester Bevölkerung. Szentendre (Sankt Andreas), dessen architektonisches Profil durch den kulturellen Einfluß christlich-orthodoxer Religionen geprägt ist, stellt auch heute noch – als Sitz des serbisch-orthodoxen Bischofs – das spirituelle Zentrum der Serben in Ungarn dar. Im 17. Jahrhundert siedelten sich hier vor den Osmanen flüchtende serbische und griechische Familien an. Im 18. Jahrhundert war Szentendre ein wichtiger Umschlagplatz des europäischen Süd-Ost-Handels, später beliebter Aufenthalt ungarischer Maler und anderer Künstler. Szentendre wird deshalb häufig als die heimliche Hauptstadt der ungarischen Kunst bezeichnet. Nahe der Stadt befindet sich ein Freilichtmuseum mit „typischen" Bauernhäusern und Kirchen aus den verschiedenen Gegenden Ungarns.

Von Budapest flußabwärts – in einer Gegend ohne besondere landschaftliche Schönheiten und deshalb auch touristisch kaum erschlossen – liegen zwei Städte, die wegen ihrer industriellen Bedeutung und wegen ihrer politischen Symbolkraft bekannt geworden sind: 50 km südlich der Hauptstadt befindet sich Dunaújváros, eine in der Zeit des Wiederaufbaus neu entstandene Stadt, die neben Eisen- und Stahlwerken etwa 30 weitere Industriebetriebe zählt. Sie entstand im Zuge der forcierten Industrialisierung der stalinistischen Periode. Als sozialistische Modellstadt und Symbol des Aufbaus einer Schwerindustrie ist Dunaújváros auch ein Musterbeispiel stalinistischer Architektur. Weitere 50 km südlich, in Paks, befindet sich das einzige ungarische Atomkraftwerk.

Die letzten Stationen auf einer Reise donauabwärts sind das in der sogenannten „Schwäbischen Türkei" gelegene Baja, wo im

Budapest

Budapest, die in der Nähe des ehemaligen römischen Heerlagers Aquincum, dem Zentrum der damaligen Provinz Pannonia gelegene Hauptstadt, wird sowohl in der Literatur als auch in touristischen Publikationen immer wieder mit Superlativen belegt, die auf die Lage der Stadt Bezug nehmen: „Donaumetropole", „Donaukönigin", „Perle an der Donau" oder „die Schöne an der Donau" sind nur eine Auswahl der malerischen Bezeichnungen für die Stadt, die den Fluß städtebaulich integriert hat und durch insgesamt acht Donaubrücken die beiden Stadtteile Buda und Pest verbindet.

Die von Béla IV. erbaute Königsburg auf der Budaer Seite war bereits im 15. Jahrhundert unter König Matthias I. Corvinus ein Zentrum mitteleuropäischer Renaissancekultur. 1541 wurden jedoch sowohl Buda als auch Pest von den Osmanen besetzt, die große Teile der beiden Städte zerstörten, Kirchen zu Moscheen umbauten, aber auch zahlreiche türkische Bäder errichteten. Das osmanische Erbe in der Bäderkultur Budapests, die Pracht der traditionellen Badeanlagen – darunter das Mitte des 16. Jahrhunderts von Arslan Pascha als orientalischer Kuppelbau errichtete Király-Bad – zieht sowohl die Budapester Bevölkerung als auch alle Ungarn-Reisenden an.

Budapest bezieht sein touristisches Flair vor allem aber auch aus der Atmosphäre des Fin de Siècle, verkörpert in der typisch mitteleuropäischen Kaffeehauskultur, Ambiente für intellektuelle, künstlerische und literarische Zirkel. Um 1900 gab es mehr als 500 Kaffeehäuser in Budapest. Gerade im letzten Jahrzehnt wurde die in den Jahren der sozialistischen Herrschaft vernachlässigte ungarische Kaffeehaustradition wiederentdeckt – nicht nur als Attraktion für den Fremdenverkehr, sondern als ein wesentlicher Aspekt Budapester Stadtidentität.

Budapest erreichte seine kulturelle Blüte als typische Metropole des 19. Jahrhunderts. Nach dem Zusammenschluß von Óbuda, Buda und dem am anderen Donauufer gelegenen Pest wurde es aber auch zu einem Zentrum urbaner Modernisierung und Industrialisierung. Die Sonderstellung der von einem agrarisch-dörflich geprägten Umfeld umgebenen Hauptstadt wurde bereits im letzten Jahrhundert betont und Budapest als einziges politisches, kulturelles und ökonomisches Zentrum der östlichen Reichshälfte der Donaumonarchie beschrieben.

17. Jahrhundert nach der Vertreibung der Osmanen deutsche und serbische Bauern angesiedelt wurden, und Mohács, jener nationale Gedenkort, mit dem die größte Niederlage der ungarischen

Das neugotische Parlament am Pester Donauufer, erbaut von 1884 bis 1902

Geschichte verbunden ist, die Vernichtung des ungarischen Reiterheeres durch die osmanischen Truppen im Jahr 1526.

Die Donau, seit dem Mittelalter wichtiger internationaler Handelsweg zwischen Osten und Westen und einer der „Schicksalsflüsse“ Europas, wird bis heute als Metapher für ein kulturelles Netzwerk gesehen, das sich an den Traditionen Österreich-Ungarns orientiert. So verstand sich auch die k.u.k. Donaumonarchie aus der Perspektive des Wiener Hofes als – schließlich gescheiterter – Entwurf eines Vielvölkerstaates. Ungarn verblieb vor allem aus der Erkenntnis, seine Interessen im Rahmen eines größeren Staatenverbundes besser durchsetzen zu können denn als einzelne Nation, in der Donaumonarchie.

Selbst zur Zeit der für die ungarische nationale Identität so prägenden mitteleuropäischen Revolutionen des Jahres 1848 wurden Konzeptionen einer Reform der Donaumonarchie zu einer freiwilligen Föderation von Donaustaaten entworfen, etwa

An der Donau

Auf Steinen saß ich an des Flußdamms Saum,
sah, wie stromab Melonenschalen schwammen,
dacht an mein Leben und gewahrte kaum
der Tiefe Schweigen und der Fläche Stimmen.
Als ob sie grade quer durch mich hinfloß,
trüb war die Donau. Trüb, weise und groß.

Gleich schweren Muskeln, die der Arbeit schwellen,
ob man nun schmiedet, knetet oder gräbt,
spannte, entspannte sich jede der Wellen,
hat in geringster Regung noch gebebt.
Wie Mutter wiegt' die Donau mich. Sie hat
manches erzählt und wusch dabei die Stadt.

Ein kleiner Regen kam für kurze Zeit.
Als sei's ihm gleich, versiegte er und schwand.
Und doch sah ich wie aus Geborgenheit
etwas wie langen Regen fern im Land:
Vergangenheit fiel wie ein Regen, bar
der Farben, die einst voller Farben war.

Die Donau strömte. Wie im Schoße schön
der schwangern Mutter (sie gibt nicht drauf acht)
das Kind spielt, konnt ich Wellen spielen sehn,
und manchmal haben sie mir zugelacht,
Grabsteinen gleichend, auf dem Strom der Zeit
erzitternd, stürzend in Vergänglichkeit.

Attila József, 1936, Nachdichtung von Stephan Hermlin (Auszug)

in den Reformplänen ungarischer Emigranten nach 1848. Nach dem Ende der Donaumonarchie im Ersten Weltkrieg entwarf der sozialliberale ungarische Politiker Oszkár Jászi als Alternative zum Zerfall Mitteleuropas in einzelne Nationalstaaten ein – symbolisch auf die Donau als einigendes Band gegründetes – Konzept eines Donaustaatenbundes. Zuletzt, wenn auch politisch wirkungslos, bestimmte die Idee eines föderativen Donauraumes in den 40er Jahren die ungarische, rumänische und jugoslawische Diskussion um eine Neuordnung Europas – als Alternative zu den sich formierenden Blöcken.

Immer wieder wurde der Donau zugeschrieben, über landschaftliche Unterschiede hinweg politische Verbindungen zu knüpfen. Die Metapher einer Fähre über den Fluß als Übergang von Osten nach Westen diente auch dem ungarischen Schriftsteller Endre Ady (1877–1919) als Grundlage eines Gedichts, in dem die Donau zur Ost-West-Grenze der ungarischen Seele wird. Und einer der größten ungarischen Dichter, Attila József (1905–1937), hat dem Strom das 1936 entstandene Gedicht „An der Donau" gewidmet.

Die Tiefebene

„Die Puszta bedeutet die Unendlichkeit mit ihren aus Zeit und Raum herausfallenden unermeßlichen Perspektiven. Sie ist unendlich bedrückend und unendlich schön. Sie kennt keinen Mittelweg, weil ihre Dimensionen an die Geringfügigkeit unseres menschlichen Daseins erinnern. Wer sie versteht, schwärmt für sie, aber vor ihrer vermeintlichen Eintönigkeit schreckt jener zurück, der nicht sehen kann" (I. Sterbetz). Mit diesen pathetisch klingenden Sätzen beginnt ein 1976 erschienener Bericht über den Naturschutz des Hortobágy, einer Puszta westlich von Debrecen. Hier finden wir eines der wichtigsten Stereotypen, die nicht nur für die ungarische Puszta, sondern im allgemeinen für die ganze ungarische Tiefebene stehen, nämlich ihre unendliche Ausdehnung, ihre Weite. Es wird in nahezu allen Reiseführern beschrieben, nimmt aber einen ebenso prominenten Platz im Selbstverständnis der Ungarn ein: Als charakteristische ungarische Landschaft steht in einer Umfrage Ende der 90er Jahre die Puszta von Hortobágy an erster, die Große Tiefebene an dritter Stelle. Die Große oder Ungarische Tiefebene – das zentrale Gebiet des Karpatenbeckens – ist die größte Landschaftseinheit Ungarns, deren Ausdehnung weit über die Grenzen des heutigen ungarischen Staatsgebiets hinausreicht. Durch sie unterscheidet es sich von den großteils gebirgigen Nachbarländern. Deshalb erscheint die Tiefebene auch im Text der Nationalhymne von Ferenc Kölcsey (1790–1838), in dem er die Schönheiten des Vaterlandes aufzählt: „Reife Ähren wogten stolz/ Auf des Tieflands Feldern", heißt es in der deutschen Übersetzung.

Als geographische Einheit erstreckt sich die Tiefebene östlich der Donau und südlich des Nordungarischen Berglandes, schließt also das Gebiet zwischen Donau und Theiß (ungarisch Tisza) ein und damit Städte wie Debrecen, Kecskemét und Szeged genauso wie die als typisch für diese Landschaftsform angesehenen Obstgärten und Weizenfelder.

Neben den geographischen Eigenschaften der einzigen europäischen Steppe werden aber auch andere Elemente mit dem Bild der „Tiefebene" verbunden, die als Symbole traditioneller Lebensformen der Ungarn gelten: Pferdehirt und Ziehbrunnen, frei umherziehende Pferde-, Rinder- und Schafherden mit den ungarischen Hirtenhunderassen Puti und Komondor werden mit dem Bild einer ursprünglich nomadisierenden Bevölkerung ebenso assoziiert wie mit dem der „wilden" Husaren, einer Reitereinheit der Habsburgischen Heere.

Die Tiefebene als typisch ungarische Landschaft drang erst im 19. Jahrhundert über die Literatur ins Bewußtsein der Bevölkerung. Im deutschen Sprachgebiet wurde sie in der Dichtung des aus Ungarn stammenden Nikolaus Lenau (1802–1850) erstmals zu einer neben Bergen, Dörfern und Städten „gleichberechtigten" Landschaft: Aus Kindheitserinnerungen schuf er die Welt der ungarischen Puszta für die Literatur und verband die Landschaftsbeschreibung mit dem Freiheitsdrang. Auch andere, ungarische Zeitgenossen spürten den „nationalen" Charakter der Tiefebene, doch fehlte ihnen die Ausdruckskraft. Erst Sándor Petőfi (1823–1849), der die Puszta als emotionell geladene Landschaft – aus der er selbst stammte – erlebte, entdeckte sie für die ungarische Literatur. Er pries ihre Schönheit und Maßlosigkeit und assoziiert im Gedicht „Die Tiefebene", in dem er sie bereits in den ersten Zeilen dem Gebirge gegenüberstellt, den freien Flug seiner Gedanken. In diesem Gedicht erscheinen auch die berühmte Fata Morgana, die zum Epitheton ornans der Tiefebene wird, der Ziehbrunnen, die *tanya* (Einödhof), die *csárda* (Gasthaus in der Puszta), Rinderherden und Pferdehirten.

Die Tiefebene, und mit ihr die Puszta, ist keine urtümliche Naturlandschaft, sondern seit Hunderten von Jahren dem Eingriff des Menschen ausgesetzt. Die vielleicht bedeutsamsten Veränderungen gingen im vorigen Jahrhundert vor sich, durch die Regulierung der Theiß und anderer Flüsse und natürlich durch die beginnende Kapitalisierung Ungarns, die zu einer extensiven landwirtschaftlichen Nutzung der Tiefebene führte. Petőfis Epigonen wollten diesen Prozeß nicht wahrnehmen und ließen in ihren spätromantischen, nationalen Gedichten das alte Bild der Puszta

erstarren. Damit trugen sie zur Festigung jener Mythen bei, die bis zum heutigen Tage weiter wirken.

Viele Künstler der Jahrhundertwende hatten keine Ahnung von den tatsächlichen Verhältnissen östlich der Theiß. Als z.B. der Maler Tivadar Csontváry Kosztka (1853–1919) Motive für seine Gemälde suchte, setzte er sich mit einem Photographen in Debrecen in Verbindung. Die Fragen des erhalten gebliebenen Briefes beweisen, wie unbekannt die Puszta war. Csontváry nahm in der Folge als einer der wenigen Künstler seiner Zeit die Strapazen eines Aufenthaltes in der Tiefebene auf sich: Das Ergebnis wurde eine der eindrucksvollsten Darstellungen der Puszta.

Das romantisch-idyllische Bild, das auch im Roman „Die gelbe Rose" von Mór Jókai (1825–1904) weiterlebte – er ist in zahlreiche Sprachen, darunter auch ins Deutsche, übersetzt worden –, wurde Anfang des 20. Jahrhunderts von Endre Ady, einem anderen Dichter, zerstört. In seinen symbolistischen Gedichten stehen Hortobágy, der Ziehbrunnen, die Fata Morgana als Zeichen für das rückständige Ungarn. Die Puszta wird zum Symbol des nationalen Schicksals; im Gedicht „Poet des Hortobágy" wird der Puszta-

Die Puszta gilt als die typische Landschaft Ungarns. –
Foto: György Kapocsy

Mythos durch die negative Beschreibung endgültig zerstört, jedenfalls in der Belletristik. In der Zwischenkriegszeit ging diese Demontage in den Werken von Zsigmond Móricz (1879–1942), Péter Veres (1897–1970) und in den soziographischen Werken der sogenannten „Volkstümler“ weiter, die die Armut und Unterdrückung der Landbevölkerung in den Mittelpunkt ihrer Darstellung rückten. Breitenwirkung erreichte diese Sichtweise aber nicht.

Der Zwiespalt zwischen dem aus dem letzten Jahrhundert erhaltenen Bild der Tiefebene und den kritischen Werken der Belletristik, der Filmkunst und der Soziographie blieb bis zum heutigen Tage bestehen. Unterstützt wird das romantisierende Bild der Puszta natürlich von der Tourismusbranche und neuerdings auch vom Naturschutz. Mit vollem Recht ging man schon in den 70er Jahren daran, durch die Gründung des Nationalparks Hortobágy Teile der Puszta vor dem Untergang zu retten. Doch es geht hier nicht nur um den Schutz der charakteristischen Landschaft und der dort heimischen Tier- und Pflanzenarten, sondern gleichzeitig auch darum, „unter naturwüchsigen Umständen die authentische Lebensform der Puszta zu bewahren“, so der eingangs erwähnte

Bericht. Kann man hier also doch noch das urwüchsige, das traditionelle Ungarn finden?

Zur Aktualität der Geschichte: Der Budapester Heldenplatz

Am Ende einer der nach französischem Muster angelegten Prachtstraßen Budapests, die von der Innenstadt zum Stadtwäldchen führt, steht ein eindrucksvolles Denkmal, das an die „Landnahme" – den mythischen Beginn der ungarischen Geschichte in Europa – sowie an die nachfolgenden tausend Jahre erinnert. Seine knapp hundertjährige eigene Geschichte zeigt zugleich, wie die Interpretation der ungarischen Geschichte selbst mannigfaltigen – oft radikalen – Änderungen ausgesetzt war.

Die Errichtung des Denkmals geht auf das Jahr 1881 zurück, als der Gemeinderat von Budapest dem Parlament vorschlug, die „Landnahme" der Ungarn in der pannonischen Ebene gebührend zu verewigen. Da die Akademie der Wissenschaften den genauen Zeitpunkt der Landnahme nicht feststellen konnte, blieb die Wahl des Datums für das Jubiläum der Politik überlassen, diese entschied sich für das Jahr 1896. Auch Fragen nach der Form des Gedenkens an die Landnahme, nach dem geeigneten Ort für die Aufstellung des Denkmals und die Auswahl des Künstlers wurden politisch entschieden.

Der schließlich akzeptierte Denkmalsentwurf besteht aus einer 85 Meter breiten und 25 Meter tiefen, in der Mitte geteilten, halbkreisförmigen Kolonnade, in der 14 Könige Platz finden sollten. Unter den Skulpturen der ungarischen Herrscher wurden Tafeln angebracht, die wichtige Ereignisse aus der Epoche des jeweiligen Königs darstellen. Im Zentrum des Denkmals stehen auf einem Sockel die sieben Stammesfürsten der landnehmenden ungarischen Stämme, mit ihrem Führer Árpád an der Spitze. Aus dem Sockel ragt eine 36 Meter hohe Säule empor, auf deren Spitze – auf einer goldenen Kugel – der Erzengel Gabriel steht. Auf der Säulenhalle wurden allegorische Figurengruppen angebracht, die bekannte Gemeinplätze historischer Denkmäler darstellen: Krieg und Frieden, Armut, Wohlstand und Wissen und vor allem Ruhm.

Andere Elemente des Denkmals formulieren Botschaften, die den vorherrschenden politischen Ideen der damaligen ungari-

Das Millenniumsdenkmal am Heldenplatz in einer Aufnahme vor 1918

schen Elite entsprachen. Die sieben Stammesfürsten repräsentieren die heidnisch-aristokratischen Ursprünge der staatlichen Macht in Ungarn: Diese Symbolik der Begründung staatlicher Legitimität sprach vor allem jene politischen Gruppen an, die dem Ausgleich mit Österreich innerhalb der Habsburgermonarchie kritisch gegenüberstanden und im Kult um den Großfürsten Árpád ihre Habsburgfeindlichkeit zum Ausdruck brachten. Die Darstellung des Erzengels Gabriel folgt bekannten internationalen Mustern (etwa der „Colonne de Victoire" in Paris), er hält aber statt des gewohnten Siegeskranzes die ungarische Krone und das Doppelkreuz in Händen. Die „Heilige Krone" war Ausdruck der Unabhängigkeit und Autonomie des Landes, sie konnte aber – wegen ihres katholischen Bezugs und des darin enthaltenen Reichsgedankens – auch mit der Ideologie des Habsburgerreiches verbunden werden.

Das Denkmal versucht also, Symbole zweier rivalisierender Ideologien zu vereinen, die in der politischen Praxis unvereinbar waren. In all diesen Symbolen kommt auch – bewußt oder unbewußt – die ungarische Nationalcharakterologie zum Ausdruck:

Die Ungarn sind tapfer, selbstbewußt, verteidigen ihre Rechte, sind auch bereit, dafür zu kämpfen. Durch die Zugehörigkeit zum Christentum sind sie Bestandteil Europas.

Zu Ende des Ersten Weltkrieges, das den Zusammenbruch der Österreichisch-Ungarischen Monarchie nach sich zog, war das Denkmal noch immer nicht fertig – es fehlten ein König und sechs der Stammmesfürsten. Das nunmehr unabhängige Ungarn definierte sich als demokratische Republik und in Gegensatz zum Habsburgerreich. Die Interpretation der nationalen Geschichte stellte nun vor allem die Traditionen von 1848 und der Freiheitskämpfe ins Zentrum. Der Bruch mit der jüngsten, monarchischen Vergangenheit wurde im Zuge der Radikalisierung der innenpolitischen Situation und der Ausrufung der Räterepublik 1919 noch deutlicher: Die politischen Entwicklungen führten zu einer Entfernung der Statuen der Habsburgerkönige aus der Kolonnade, die Figur Franz Josephs wurde von einer zum Abbruch versammelten Menge sogar mit Hämmern zerschlagen. (Zugleich wurde auch das ungarische Wappen verändert.) Radikal neu interpretiert wurde das Denkmal am 1. Mai 1919, indem es gänzlich mit rotem Stoff bedeckt wurde, dadurch viel monumentaler wirkte, und nur mit der Aufschrift „Proletarier aller Länder vereinigt euch!“ geschmückt war. Der Erzengel Gabriel verschwand unter einem roten Obelisken, vor dem eine Figurengruppe mit Marx im Zentrum aufgestellt wurde, der einen Metallarbeiter und einen Bergmann umarmte. Das Millenniumsdenkmal wurde so zum Denkmal der proletarischen Revolution umfunktioniert und stellte die symbolische Vernichtung der bisherigen Geschichte dar. Der Heldenplatz wurde ab diesem Zeitpunkt auch zum Ort politischer Massenaufmärsche.

Nach der Niederschlagung der Räterepublik mit Hilfe ausländischer Truppen im August 1919 stellte die siegreiche Konterrevolution das Millenniumsdenkmal in seinem ursprünglichen Zustand wieder her, und auch die Habsburger Könige kamen wieder an ihren altgewohnten Platz, sogar die Statue Franz Josephs wurde neu gegossen.

Trotz materieller Schwierigkeiten arbeitete man weiter an der Vollendung des Denkmals, paßte seine Bedeutung der neuen nationalen Ideologie an. Im Jahr 1929 wurden einerseits die noch fehlenden Statuen endlich ergänzt, andererseits wurde zu Füßen des Stammesfürsten Árpád das Grabmal des Unbekanntes Soldaten errichtet. Dieses Symbol stand jedoch nicht für alle gefallenen ungarischen Soldaten, sondern ausschließlich für die „Helden" des letzten Krieges, trug der Gedenkstein doch die Aufschrift „1914–1918". Eine weitere Aufschrift, „Den tausendjährigen Grenzen", verwies nicht nur in die Vergangenheit, sondern formulierte zugleich ein politisches Programm: Während das ursprüngliche Millenniumsdenkmal eine Apologie des Bestehenden war, diente es nunmehr, durch diese Erweiterung, auch den Zielen der Zukunft, der revisionistischen Politik der Regierung mit dem Ziel einer Wiedergewinnung der im Friedensvertrag von Trianon verlorenen Gebiete. Durch die Errichtung des Grabsteines wurde die Bedeutung des Platzes insgesamt verändert, er wurde zum nationalen Kultplatz. Auch die Namensgebung folgte dieser Idee: 1932 bekam der Platz den Namen Heldenplatz.

Der Zweite Weltkrieg brachte einen neuen Wendepunkt in der Geschichte des Denkmals. Nicht nur wegen der schweren Kriegsschäden, in deren Folge die Statuen der Habsburger wieder entfernt wurden, sondern durch eine neuerliche Uminterpretation. Die neue politische Macht – und dies verstärkte sich nach der Machtübernahme der Kommunisten 1947/48 – betonte die Diskontinuität der ungarischen Geschichte bzw. wandte sich anderen Elementen und Akteuren zu, die der Tradition der Unabhängigkeitsbewegungen angehörten. Anstelle der Habsburger wurden bedeutende Figuren der ungarischen Geschichte aufgestellt, eine Galerie der nationalen Freiheitshelden. Dadurch zerbrach die ursprüngliche inhaltliche Einheit des Denkmals, und es kam zu einem Spannungsverhältnis zwischen dem linken, legitimistisch-monarchistischen Flügel des Statuenhalbrunds und dem rechten Flügel, der nunmehr eine republikanische Geschichtsauffassung widerspiegelte.

Das Verhältnis der staatssozialistischen Machthaber zum Millenniumsdenkmal blieb ambivalent. In seiner Grundgestalt blieb das Denkmal unangetastet – wurde aber inhaltlich nie akzeptiert. Für die Erhaltung des Denkmals gibt es zwei Gründe: erstens wurden die neu aufgestellten historischen Figuren – z.T. durch Verfälschung ihrer geschichtlichen Rolle – vom sozialistischen System vereinnahmt; zweitens betrachtete sich das System als Nachfolger der Periode 1945–1948 und konnte schon deshalb keine radikalen Änderungen vornehmen, da es ja selber zu den vorhergegangenen Entscheidungen beigetragen hatte. Bloß das Grab des unbekannten Soldaten verschwand für eine Weile, und ein neues wurde erst 1956 wieder errichtet, das nunmehr aller ungarischen Gefallenen gedachte. Damit waren die nach 1945 begonnenen Veränderungen abgeschlossen. Seitdem ist das Millenniumsdenkmal unverändert.

Der quasi-sakrale Charakter des Platzes blieb aber auch nach 1945 erhalten, er wurde zu einem Platz für Partei- und Wahlveranstaltungen sowie für Massenaufmärsche. Erst mit der Aufstellung des Stalin-Denkmals in der Dózsa-György-Straße 1953 wurden die Massendemonstrationen auf diese in den Heldenplatz einmündende Straße verlagert. Zwar wurde ab 1957 der Platz von der neuen politischen Elite, die die Revolution des Jahres 1956 niedergeworfen hatte, vorübergehend wieder in Besitz genommen. Doch mit der Aufstellung des Lenindenkmals in unmittelbarer Nähe verlor der Platz – bis 1988 – seine symbolische Bedeutung.

Im Sommer 1988 war er Ausgangspunkt des Demonstrationszuges, der gegen die Vernichtung ungarischer Dörfer in Rumänien protestierte, und 1989 wurde der 1958 hingerichtete Ministerpräsident Imre Nagy am Heldenplatz feierlich aufgebahrt, im Anschluß fand die größte Massendemonstration im Zuge des politischen Systemwechsels statt. Auch beim Besuch von Papst Johannes Paul II. war der Platz vor dem Denkmal ein zentraler Veranstaltungsort.

Ausschnitt aus dem Kirchenportal von Ungarns schönster romanischer Kirche in Ják

GESCHICHTE

Von der Staatsgründung bis 1848

Die Gründung des ungarischen Staates durch Stephan den Heiligen

Bei der Landnahme Ende des 9. Jahrhunderts ließ sich der Großteil der ungarischen und chasarischen Stämme im Karpatenbecken nieder. Árpáds Volk wird auf 100000 bis 400000 Menschen geschätzt. Reitergruppen unternahmen zahlreiche Streifzüge Richtung Westen, um Beute zu machen und die neue Heimat militärisch zu sichern. Die Chroniken zählen 43 Feldzüge auf, meistens wurden diese im Sold fremder Herrscher geführt. Die Ungarn drangen so bis über die Pyrenäen vor. Ihre militärischen Erfolge verdankten sie einerseits dem Umstand, daß das Karolingerreich zu dieser Zeit durch innere Kämpfe geschwächt war, anderseits ihrer ungewohnten Militärtaktik: Durch scheinbare Flucht lockerten sie die Reihen der Gegner auf, kehrten dann plötzlich um und überraschten den Feind mit einem Pfeilhagel. Diese Überraschungstaktik wurde jedoch bekannt und funktionierte somit nicht allzu lange: Im Jahre 933 wurden die Ungarn bei Merseburg erstmals besiegt. Dennoch folgten weitere Streifzüge, bis 955 der deutsche König Otto I. das ungarische Heer bei Augsburg vernichtend schlug.

Im Jahre 972 wurde Géza, ein Urenkel Árpáds, Großfürst. Er sah sich mit einer neuen starken Macht, dem römisch-deutschen Kaiserreich konfrontiert. Géza verweigerte Kaiser Otto I. zwar den Lehenseid, strebte aber ein gutes Verhältnis mit dem Herrscher an und bat um die Entsendung von Missionaren. Er war zu dieser Zeit schon getauft, auch seine Frau Sarolt, die Tochter des Fürsten von Siebenbürgen, war Christin, wenn auch nach byzantinischem Ritus. Géza sah in der katholischen Kirche eine wichtige Stütze und verband die gewaltsame Verbreitung des christlichen Glaubens mit der Zerstörung alter Strukturen und Bräuche, der Zurückdrängung der Selbständigkeit der Stämme und dem Ausbau seiner eigenen Machtstellung. In Veszprém, dem Sitz der Großfürstin, gründete er das erste Bistum, in Pannonhalma begann er mit dem Bau eines Benediktinerklosters. Außenpolitisch umsichtig verheiratete er seine Töchter mit polnischen und bulga-

Die Basilika von Esztergom (Gran), Sitz des Kardinal-Primás von Ungarn

rischen Herzögen sowie mit dem Dogen von Venedig. Für seinen Sohn István (Stephan) bat er um die Hand der Tochter des bayerische Herzogs Heinrich, mit ihr kamen weitere Missionare sowie schwerbewaffnete deutsche Ritter ins Land.

Stephan übernahm 997 das Erbe seines Vaters und vollendete dessen Werk. Unter seiner Herrschaft vollzog sich die Umwandlung von der Stammes- zur Feudalgesellschaft. Der neue Großfürst zwang die Sippenvorsteher, große Teile ihrer Besitztümer abzugeben, und bildete daraus Burgkomitate, an deren Spitze die von ihm ernannten Gespane standen. Die Hälfte der Bevölkerung war zum Burgdienst verpflichtet, die Aufgabe der anderen Hälfte war die Versorgung der fürstlichen (später königlichen) und der herzöglichen Höfe. Die starke Zentralmacht stützte sich auf direkt zugängliche wirtschaftliche und militärische Ressourcen. Stammesverfassung und blutsverwandtschaftliche Bande verloren ihre Bindekraft. Parallel dazu stärkte Stephan die Position der Kirche. Zehn Bistümer entstanden, zwei davon, Esztergom und

Stephan I., der Heilige – Szent István

Briefmarke von 1938 zu Ehren des heiligen Stephan

Gézas Sohn wurde wahrscheinlich im Jahre 975 in Esztergom (Gran) geboren und bis zu seiner christlichen Taufe Vajk genannt. 996 heiratete er Gisela, die Tochter Herzog Heinrichs des Streitbaren von Bayern. Zwischen 997 und 1000 bekleidete er das Amt des Großfürsten. Nach dem Sieg über seine Widersacher ließ er sich zu Weihnachten des Jahres 1000 mit einer vom Papst Sylvester II. gesandten Krone zum König von Ungarn krönen. Der Begründer des ungarischen Staates starb 1038 in Buda. 1083 wurde er, zusammen mit seinem Sohn Imre, dessen frühen Tod (1031) er nicht hatte verwinden können, heilig gesprochen.

Kalocsa, als Erzbistümer. Italienische, deutsche und böhmische Mönche verbreiteten den christlichen Glauben und die christliche Kultur. Das Christentum gewann gegenüber dem ursprünglich heidnischen Glauben der Ungarn die Oberhand. Dieser verschwand aber nie völlig: noch im 20. Jahrhundert lebt er in Volksgebeten weiter.

Die tiefgreifenden politischen und gesellschaftlichen Veränderungen riefen Widerstand hervor, auch bei den Verwandten Stephans. So verlangte Koppány, ebenfalls ein Nachkomme Árpáds, die höchste Würde für sich, deshalb wollte er nach altem ungarischen Brauch auch Stephans Mutter heiraten. Der Großfürst besiegte ihn mit Hilfe deutscher Ritter. Auch gegen den Fürsten von Siebenbürgen mußte Stephan zur Sicherung seiner Macht in den Kampf ziehen. Nach dem Tode des Thronfolgers Imre (Emmerich) meldete Vazul, ein weiterer Verwandter, der mit dem heidnischen Glauben sympathisierte, seinen Machtanspruch an. Stephan ließ ihn blenden und Blei in seine Ohren gießen.

Tataren und Türken

Stephans Nachfolger hatten zwei große Aufgaben zu bewältigen: die Verteidigung der Unabhängigkeit Ungarns gegen das Heilige Römische Reich Deutscher Nation und das Kaiserreich Byzanz sowie die Stabilisierung des jungen Staates. Viele Untertanen waren mit den aufgezwungenen Diensten und dem neuen Glauben unzufrieden. Kirchliche und weltliche Würdenträger kämpften um Machtpositionen, beteiligten sich an Aufständen, deren Lasten die Armen trugen. Mehrmals verwickelten sich die königlichen Familien in innere Zwistigkeiten, die entweder in blutigen Auseinandersetzungen endeten oder zu Kompromissen führten, die ebenfalls die Einheit des Königtums gefährdeten.

Kluge Herrscher wie László I. (der Heilige) vermochten die Schwierigkeiten der Großmächte, etwa den zwischen dem Papsttum und dem Deutschen Reich ausgebrochenen Investiturstreit, für ihre Zwecke zu nutzen. László I. gelang es, das Land vom deutschen Druck zu befreien, ohne Vasall des Papstes zu werden. Die infolge der Schwächung von Byzanz durch den Angriff der Seldschuken möglich gewordene Eroberung Kroatiens und Dalmatiens öffnete das Tor zum Meer. Auch der Versuch Kaiser Manuels von Byzanz – dessen Mutter ungarische Königstochter war – Ungarn mit Byzanz zu vereinigen, konnte abgewehrt werden.

Im Jahr 1241 fielen die Mongolen unter Batu Khan in Ungarn ein und besiegten das ungarische Heer in der Schlacht von Muhi. Nach einem Jahr Besetzung hinterließen sie ein verwüstetes Land. Béla IV. war de facto gezwungen, den Staat neu gründen. Dies erforderte große Zugeständnisse an die Feudalherren, um sie zur Besiedlung – auch durch ausländische Kolonisten – der durch den Tatarensturm entvölkerten Gebiete zu motivieren.

Die nunmehr mächtigeren Grundherren bekämpften einander jedoch und versuchten, die Konflikte innerhalb der Königsfamilie für ihre Zwecke zu nutzen. Ende des 13. Jahrhunderts zerfiel das Land schließlich in einzelne, von Baronen beherrschte Teile, die sich wenig um den König kümmerten. Als im Jahre 1301 mit dem Tod András III. die männliche Linie des Árpádenhauses ausstarb, wurde Karl Robert aus dem Hause Anjou zum König gekrönt. Erst nach mehr als zehn Jahren gelang es ihm, die Oligarchien zu besiegen und die Einheit des Landes wiederherzustellen.

Anfang des 15. Jahrhunderts zog eine neue Gefahr herauf: Türkische Truppen fielen immer öfter in Kroatien und Siebenbürgen ein, verschleppten Menschen und plünderten Dörfer. Den Kampf gegen den neuen Feind erschwerten innere Schwierigkeiten, wie der Bauernaufstand in Siebenbürgen im Jahre 1437, vor allem aber sich verschärfende Konflikte zwischen den in sogenannten Ligen organisierten Baronen. Die Ligen der Cilleis und der Hunyadis traten hier besonders hervor. Eine führende Persönlichkeit war der aus einer rumänischen Familie Siebenbürgens stammende János Hunyadi, ein Feldherr, der am Hofe des ungarischen Königs lebte. Seine Hauptaufgabe sah Hunyadi in der Vertreibung der Osmanen aus Europa; dazu setzte er auch sein Vermögen als größter Grundbesitzer Ungarns ein. Hunyadi führte einen siegreichen Feldzug auf dem Balkan, verlor jedoch in der Schlacht von Varna (1444) und in der zweiten Schlacht auf dem Amselfeld (1448). Erst im Jahre 1456 gelang es ihm, das Vordringen der Türken zu stoppen. Als Sultan Mehmed II. Belgrad belagerte, kam Hunyadi mit einem Söldnerheer, das noch durch ein Adelsaufgebot verstärkt wurde, zur Hilfe. Hunyadi rief, unterstützt vom Franziskanermönch Johann Capistran, auch das Volk zu den Waffen. Sein Heer vertrieb die osmanischen Belagerer für Jahrzehnte. Das von Papst Calixtus III. verordnete Mittagsläuten erinnert bis zum heutigen Tage an diesen Sieg. Hunyadi selbst starb an der Pest, die in seinem Lager ausgebrochen war. Als der ungarische König László V. bald darauf ohne Nachkommen ebenfalls starb, wurde Mátyás (Matthias) Hunyadi, der jüngere Sohn János Hunyadis, vom auf der zugefrorenen Donau versammelten Adel zum König gewählt.

Der 15jährige König, der als Matthias I. Corvinus in die europäische Geschichte eingehen sollte, entledigte sich rasch der ihn bevormundenden Familienmitglieder und festigte die königliche Zentralgewalt durch die Beschränkung der Macht der Barone. Er stellte ein eigenes Söldnerheer auf, das „Schwarze Heer“, das ihm militärische Unabhängigkeit garantierte. Auch das Steuersystem organisierte er neu und vor allem strenger. So schuf Mátyás eine solide finanzielle Basis seiner Macht. In der Außenpolitik folgte er seinem Vater: Er führte einen Feldzug gegen die Türken, mußte jedoch erkennen, daß Ungarn alleine militärisch zu schwach war, das weitere Vordringen des Osmanischen Reiches aufzuhalten.

Deshalb plante er ein geeintes Reich der Donauvölker, stark genug, um dieses Ziel zu erreichen. Er schloß Frieden mit dem Sultan, wandte sich dem Norden zu und eroberte Mähren und Schlesien. Im Jahre 1485 nahm er Wien ein, wohin er auch seinen Königssitz verlegte und wo er 1490 starb. Matthias Corvinus war nicht nur ein starker Herrscher, sondern auch ein Förderer der Kunst und der Wissenschaften. Seine Ehe mit der Tochter des Königs von Neapel brachte einen neuen künstlerischen Stil nach Ungarn: Mátyás ließ den königlichen Palast in Buda (Ofen) im Renaissancestil erweitern, zog italienische Humanisten und berühmte ungarische Künstler an seinen Hof, wie Janus Pannonius, einen der bekanntesten mittelalterlichen Dichter dieser Region, der seine Werke in lateinischer Sprache verfaßte. Der Palast beherbergte auch seine berühmte Bibliothek. In der Erinnerung des Volkes lebt Mátyás, „der Gerechte", bis heute in vielen Volksmärchen weiter: Meist bereist er darin verkleidet das Land, bestraft die Habgierigen und steht den Armen bei. Sein unehelicher Sohn scheiterte bei dem Versuch, ihm auf den Thron nachzufolgen. Er konnte sich gegen die Barone nicht durchsetzen, rasch waren damit auch der Staat und die Zentralmacht wieder geschwächt.

1514 versammelte Bischof Tamás Bakócz, der sich erfolglos um die Wahl zum Papst bemüht hatte, in Ungarn ein Kreuzritterheer. Als König László II. (aus der Dynastie der Jagellonen) auf Druck der Barone das Heer auflöste, zogen die verbitterten Bauern nicht gegen die Türken, sondern gegen die Grundbesitzer. Angeführt von György Dózsa, einem Szekler aus Siebenbürgen, stürmten sie die Schlösser im ganzen Land und ließen sie in Flammen aufgehen. Doch die Feudalherren sammelten sich unter der Führung von János Szapolyai, dem Woiwoden von Siebenbürgen, zum Gegenstoß. Dózsa wurde gefangengenommen, und Szapolyai ließ den Bauernführer auf einen glühenden Thron setzen, seine Unterführer zwang man, von seinem Fleisch zu essen. Der Landtag sprach über die gesamte Bauernschaft die ewige Leibeigenschaft aus.

Das Land war noch von der Erinnerung an den Baueraufstand geprägt und von erneuten inneren Kämpfen der Barone erschüttert, als wiederum die Osmanen die Grenzen bedrohten. 1521 fiel Belgrad, 1526 begann Sultan Suleyman der „Prächtige" einen

Die Schlacht von Mohács

Am 29. August 1526 nahmen die Truppen König Ludwigs II. den Kampf auf. 25000 Soldaten des ungarischen Königs kämpften gegen fast 100000 gut ausgerüstete türkische Soldaten. Bis heute ist nicht klar, ob das 10000 Mann starke Heer des Woiwoden Szapolyai Ludwigs Truppen bewußt nicht zur Hilfe eilte. Die türkische Artillerie zersprengte das ungarische Heer, die Hälfte der Ungarn fiel auf dem Schlachtfeld, darunter zwei Erzbischöfe, fünf Bischöfe und viele Barone. Das Pferd des König stürzte bei dessen Flucht in den Csele-Bach und begrub den Monarchen unter sich. Im kollektiven Gedächtnis der Ungarn ist die Schlacht von Mohács bis zum heutigen Tag als katastrophale Niederlage fest verankert; mit ihr ging die Eigenständigkeit Ungarns für lange Zeit verloren. Seit 1976 befindet sich auf dem Schlachtfeld ein Denkmalpark, der an die gefallenen ungarischen – und türkischen – Soldaten erinnert.

Feldzug gegen Ungarn. König Ludwig II. (aus dem Hause Habsburg) versuchte eilends ein Heer zusammenzustellen, doch die Übermacht der Türken war erdrückend. Die vernichtende Niederlage in der Schlacht bei Mohács setzte dem selbständigen ungarischen Königreich ein Ende.

Die Dreiteilung

Ungarn war nach der Schlacht von Mohács ohne König, zahlreiche führende Persönlichkeiten waren gefallen. Die Königswitwe Maria von Habsburg ließ den Landtag einberufen, der János Szapolyai als János I. zum König wählte. Doch eine Gruppe von Baronen stellte den österreichischen Erzherzog Ferdinand von Habsburg als Gegenkönig auf, der von seinem Bruder, Kaiser Karl V., unterstützt wurde. János I. mußte ins Ausland fliehen. Später wandte er sich um Hilfe an den Sultan, der ihn in seiner Position bestärkte. So zerfiel Ungarn in zwei Teile, in den westlichen, österreichischen und in den östlichen, ungarischen. Nach der endgültigen Besetzung von Buda durch die Osmanen im Jahre 1541 brach das Land in drei Teile, das von den Türken besetzte Gebiet schob sich wie ein großer Keil, mit der Spitze nördlich von Buda, zwischen die beiden anderen Territorien. Im Osten entstand das Fürstentum Siebenbürgen, das lange Zeit versuchte, die ungarischen nationalen Interessen zwischen den beiden Rivalen Wien und Istanbul zu vertreten. Ständig war es mit dem Dilemma konfrontiert, ob „gemeinsam mit den Habsburgern gegen die Türken" oder „gemeinsam mit den Türken gegen die Habsburger" die bessere Lösung sei. Beide Wege gefährdeten die Unabhängigkeit Siebenbürgens, es verfolgte gerade deshalb eine Schaukelpolitik. Fürsten wie István Bocskai oder Gábor Bethlen wußten allerdings die Selbständigkeit Siebenbürgens zu sichern. Die Stärke ihrer Armeen beruhte auf der Kampfkraft der Szekler, die schon zu Zeiten der Geburt des ungarischen Staates die Grenzwachen stellten, und der Heiducken. Von diesen wird angenommen, daß sie ursprünglich Südslawen waren, die vor den Türken flüchteten. Sie waren als Viehtreiber sowie als zügellose und harte Kämpfer bekannt. Bocskai teilte ihnen Boden zu und befreite sie von Steuerlast und Fronarbeit, sie mußten dafür Waffendienst leisten.

Die Reformation hatte schon im ersten Jahrzehnt des 16. Jahrhunderts Anhänger in Ungarn gefunden, die damals aber verfolgt wurden. Nach der Niederlage von Mohács, die die ungarische Zentralmacht schwächte, verbreitete sich der Protestantismus rasch, die überwiegende Mehrheit des Landes schloß sich der neuen Glaubensrichtung an. So verwundert es nicht, daß Gábor Bethlen an der Seite der Protestanten in die Kampfhandlungen des Dreißigjährigen Krieges eingriff und Siebenbürgen damit internationale Bedeutung erlangte. Bethlen konnte die Habsburger von seinem Land fernhalten, auch von den Türken war er kaum abhängig. Gestützt auf seine Armee bedrängte er die kaiserlichen Truppen nicht nur, sondern besiegte sie auch. Durch ihn wurden die Husaren, die ungarische leichte Kavallerie, weltberühmt.

Die Nachfolger Bethlens besaßen weder seine Weitsicht noch sein Geschick, sie konnten der Hohen Pforte keinen Widerstand leisten. Tatarische Hilfstruppen des osmanischen Sultans suchten das Fürstentum heim, Städte wie Nagyvárad (Großwardein) fielen in türkische Hand. Die Bedeutung Siebenbürgens ging verloren. Österreich hatte kein wirkliches Interesse an der Befreiung Ungarns. Nur wenn Wien direkt bedroht wurde, ging es gegen die Türken vor.

So versagte der Wiener Hof den antitürkischen Bestrebungen des Grafen Miklós Zrínyi zum Beispiel seine Unterstützung. Zrinyi, Banus von Kroatien, war Feldherr, Politiker und Dichter.

Der Feldherr und Dichter Miklós Zrínyi, der Jüngere, in Kampf gegen die Türken 1664

Mit allen Mitteln versuchte er, sein Land aufzurütteln und für den Kampf gegen das Osmanische Reich zu rüsten. Doch Wien beachtete ihn kaum, nur für kurze Zeit wurde er zum Oberbefehlshaber der Armee ernannt. Sein Nachfolger Montecuccoli sah tatenlos zu, als die Türken die von Zrínyi erbaute Neue Festung an der Mur besetzten. Erst als sie erneut Wien bedrohten, nahm er den Kampf auf und schlug sie vernichtend bei Szentgotthard. In dem darauf folgenden Frieden von Vasvár (Eisenburg) blieben Nagyvárad und die Neue Festung dennoch in der Hand der Türken. Die Empörung in Ungarn war groß, 1670 versuchte eine Gruppe von Adeligen, einen Aufstand gegen die Habsburger zu organisieren – erfolglos, denn sie fanden keine Unterstützung. Zwei der Verschwörer eilten nach Wien und deckten, in der Hoffnung auf Gnade, die Pläne auf. Sie wurden aber mit anderen Teilnehmern an der Verschwörung hingerichtet. Nun hatte der Wiener Hof einen Vorwand, der Autonomie Ungarns ein Ende zu bereiten. Die ungarische Verfassung wurde aufgehoben, ein Reichsverweser eingesetzt, das Vermögen hunderter Großgrundbesitzer konfisziert. Tausende ungarische Flüchtlinge („Kuruzen“) verließen das Land und sammelten sich in Siebenbürgen.

Mit Imre Thököly, einem jungen Grafen, griffen sie 1678 die kaiserlichen Truppen – von den Ungarn „Labanzen“ genannt – an und eroberten in zwei Jahren ganz Oberungarn. Der Wiener Hof war zu einem Ausgleich mit Thököly gezwungen. So trat die ungarische Verfassung wieder in Kraft. Thököly, nunmehr „Fürst von Oberungarn“ vertraute der Regierung in Wien aber nicht und suchte nach einem Bündnis mit der Hohen Pforte, die erneut einen Feldzug gegen Wien führte. Sein Ziel war die Schaffung eines lehenspflichtigen, aber einheitlichen Ungarn. Die Türken erlitten jedoch bei Wien eine entscheidende Niederlage gegen eine deutsche und polnische Armee. Die vom Papst gegründete Heilige Liga zog mit einem internationalen Heer gegen Thököly und die Türken. Die Kuruzen liefen zu den Kaiserlichen über, um an dem lange erwarteten Kampf gegen den gemeinsamen Feind teilzunehmen. Thököly mußte mit einer kleinen Schar fliehen. Der internationalen Armee gelang es 1686, nach einer zweimonatigen blutigen Belagerung, Buda zu befreien. Zwei Jahre später wurde Belgrad zurückerobert. Doch die Kämpfe gegen die Türken dauerten noch Jahre. Erst der Friede von Karlóca (Karlowitz) beendete – mit Ausnahme kleiner Gebiete – ihre Herrschaft. Ungarn war nach 150 Jahren von den Osmanen befreit.

Bäuerlicher Aufstand und adeliger Widerstand

Ungarn war zwar von den Türken befreit, seine Unabhängigkeit dennoch nicht wiederhergestellt, Wien betrachtete es als eroberte Provinz. Dem verwüsteten und entvölkerten Land wurden zusätzliche Lasten auferlegt, den Protestanten im Zuge der Gegenreformation die Religionsausübung verboten. Hier und dort kam es zu Bauernaufständen; brotlos gewordene Soldaten besetzten Festungen, und auch der Adel war mit der neuen Situation unzufrieden. Alle diese Unruhen wurden jedoch vom kaiserlichen Militär erstickt.

1703 suchte eine Gesandtschaft organisierter Bauern den aus einer Siebenbürger Fürstenfamilie stammenden Ferenc Rákóczi auf, um ihn zu überreden, sich im Kampf gegen die Habsburger an ihre Spitze zu stellen. Rákóczi war der Enkel von Péter Zrínyi, einem von den Österreichern hingerichteten Banus von Kroatien, sein Stiefvater war Imre Thököly. Rákóczi hatte es 1697 noch abgelehnt, mit aufständischen Bauern zu kämpfen, und war nach Wien geflohen. Später beteiligte er sich an einer adeligen Verschwörung, wurde verhaftet und floh diesmal nach Polen. Sechs Jahre später, 1703, kam er der nochmaligen Bitte der Bauern nach. Aus dem Bauernaufstand wurde bald – als Adel und Städte sich anschlossen – eine nationale Erhebung. Das Kuruzenheer zeigte sich überlegen, nach vier Jahren Kampf war beinahe das ganze Land in seiner Hand. 1705 wurde Rákóczi zum Fürsten gewählt, Ungarn zu einer Konföderation. 1707 setzte der ungarische Landtag die Habsburger ab und führte eine allgemeine Besteuerung ein, auch der Adel mußte nun Steuern zahlen.

Der lange Krieg jedoch hatte die Widerstandskraft Ungarns aufgezehrt, und auch der Rückhalt in der Bevölkerung begann brüchig zu werden. Überdies blieb die erhoffte internationale Unterstützung aus. 1711 kam es zum Friedensschluß in Szatmár. Das Hauptziel, die Unabhängigkeit des Landes, konnte zwar nicht erreicht werden, doch mußte der Wiener Hof Zugeständnisse machen: neben einer Amnestie erhielten Ungarn und Siebenbürgen den Rechtsstatus von vor 1686 zurück. Auch die Religionsfreiheit wurde wiederhergestellt. Rákóczi mußte das Land allerdings verlassen. In der Türkei hoffte er, neue Verbündete zu finden. Doch seine Erwartungen wurden enttäuscht, und er starb verarmt in der Kleinstadt Rodostó, dem heutigen Tekirdag.

In den Jahren des Aufstands hatten viele Adelige gegen das österreichische Herrscherhaus gekämpft. Als sich aber im Jahre 1741 Maria Theresia als ungarische Königin auf dem Landtag in Pozsony (Preßburg) an die ungarischen Stände wandte, erhielt sie die gewünschte militärische Unterstützung. Die Adeligen schworen, *vitam et sanguinem,* „Leben und Blut“ für die Habsburger zu opfern. Was war in drei Jahrzehnten geschehen? Nach dem Frieden von Szatmár fühlte sich der Adel sicher und zufrieden. Er genoß beinahe uneingeschränkt seine Privilegien. Seine Zufriedenheit kam in dem Spruch *Extra Hungariam non est vita* – „Außerhalb Ungarns gibt es (für einen ungarischen Adeligen) kein Leben“ zum Ausdruck. Nun aber, da das Haus Habsburg nach dem Tod Karls VI. keinen männlichen Erben hatte und die weibliche Erbfolge von den europäischen Mächten nicht anerkannt wurde, kam es zu militärischen Auseinandersetzungen,

Ungarische Edelleute zu Beginn des 19. Jahrhunderts

feindliche Truppen standen im Reich, und dieses drohte zu zerfallen. Ungarische Regimenter entschieden etliche Schlachten im österreichischen Erbfolgekrieg für die Habsburger.

Maria Theresia war den Ungarn dankbar und wohlgesinnt. Ungarn bekam das Temescher Banat und die Hafenstadt Fiume, das heutige Rijeka, zurück. Sie schuf eine ungarische Auszeichnung, den Sankt-Stephan-Orden, gründete in Wien eine ungarische Schule und eine ungarische adlige Leibwache. Maria Theresia war auch gewillt, im Geiste der Aufklärung soziale Reformen durchzuführen, doch die ungarischen Adeligen wachten mit scharfen Augen über ihre Privilegien und protestierten bei deren vermeintlicher Gefährdung sofort.

Unter Maria Theresias Nachfolger, ihrem Sohn Joseph II., brach der Konflikt dann mit voller Kraft auf. Der neue Monarch verfolgte strikt einen aufgeklärten Absolutismus und ging sofort an die Verwirklichung einer Reihe von Reformen. Zuerst beschränkte er die Macht des Klerus, dann erließ er ein Toleranzedikt, das den Protestanten und den Griechisch-Orthodoxen ermöglichte, höhere öffentliche Ämter zu bekleiden. Dies fand auch in Ungarn positiven Widerhall, weniger allerdings seine Regierungsmethoden, die besonders beim Adel Mißfallen auslösten. Joseph II. ließ sich nicht zum ungarischen König krönen, so war er an frühere Eide nicht gebunden. Der Volksmund in Ungarn nannte ihn deshalb auch den „König mit dem Hut“. Er hob die Autonomie Ungarns wieder auf, teilte das Land in zehn Distrikte und setzte von ihm ernannte Beamte an deren Spitze. Auch die Privilegien der adeligen Grundbesitzer schmälerte er, indem er die Lage der Leibeigenen verbesserte, z. B. erlaubte er die Wahl des Wohnorts und schaffte die Bezeichnung „Leibeigener“ ab. Weiters wurde eine Besteuerung des Adels vorbereitet.

Den größten Widerstand löste aber der Versuch aus, Deutsch zur Amtssprache in Ungarn zu machen. Damit brachte Joseph II. das ganze Land gegen sich auf. Die Antwort war eine Wiederbelebung der ungarischen Sprache und Literatur. Unter dem Mantel der nationalen Entrüstung und unter Berufung auf das „Vaterland“ konnte der ungarische Adel seine alten Privilegien gegen eine Reihe von Modernisierungsversuchen und Reformen des Herrschers verteidigen. Auf dem Totenbett soll Joseph II. an seinen Reformen gezweifelt haben. Der ungarische Adel mußte jedoch angesichts seiner relativ schwachen Position einsehen, daß gewisse Veränderungen unumgänglich waren.

Erste Reformbestrebungen

Inzwischen war es im Westen Europas durch den Ausbruch der Französischen Revolution zu großen Veränderungen gekommen. Die revolutionären Ideen drangen bis nach Ungarn, zeigten aber nur auf einen kleinen Kreis beschränkte Wirkungen. Es entstanden Lesezirkel und Klubs, die französische Zeitschriften studierten. Besonders Vertreter der Intelligenz sogen die neuen Gedanken auf und wollten die rückständigen ungarischen Verhältnisse verändern. 1794 wurde die geheime „Gesellschaft der Reformatoren“ gegründet, der sich in erster Linie Adelige anschlossen, die gemäßigte Reformen und eine unabhängige ungarische Republik verwirklichen wollten. Eine zweite Organisation, die „Gesellschaft für Freiheit und Gleichheit", vereinte die radikalen Reformer, die ungarischen Jakobiner. Hauptorganisator war Ignác Martinovics, Soldatenpriester, Professor für Physik und später Geheimagent des österreichischen Königs Leopold II. Als ihn nach dessen Tod der neue König Franz I. entließ, wurde er zum Anführer derer, die er früher bespitzelt hatte. Im Sommer 1794 wurde er in Wien verhaftet und verriet seine Organisation. Die Regierung wollte ein Exempel statuieren: Sieben Angeklagte wurden auf einem Feld in Buda, das seitdem Blutwiese heißt, öffentlich hingerichtet, Dutzende Personen, darunter führende Dichter der ungarischen Aufklärung, zu Kerkerstrafen verurteilt.

Allemein fanden die Französische Revolution und auch die Napoleonischen Kriege in Ungarn jedoch keinen großen Widerhall, obwohl der Krieg immer näher rückte und 1809 die Truppen des französischen Kaisers ungarisches Territorium betraten. Sein Aufruf an die Ungarn stieß auf taube Ohren. Der ungarische Adel war wieder einmal bereit, mit allen Mitteln den Wiener Hof zu unterstützen. 1809 war das Jahr des letzten Adelsaufgebots. 20000 Insurgenten, ungarische Honvéd-Einheiten, nahmen an der Schlacht bei Győr (Raab) gegen die Franzosen teil, erlitten allerdings eine Niederlage. Jenen, die für eine Modernisierung Ungarns eintraten – Teile des städtischen Bürgertums und des aufgeklärten Adels – gab dies starken Auftrieb.

Da die Politik des Wiener Hofes nach den Napoleonischen Kriegen wieder eine konservativ-reaktionäre Linie verfolgte, erwachten die nationalen ungarischen Zielsetzungen erneut. Als nach dreizehnjähriger Pause 1825 der Landtag wieder zusammentrat, beschloß man neuerlich, über die Gründung einer Akademie der Wissenschaften sowie über Reformpläne, die vom Wiener Hof Ende der 90er Jahre des vorhergegangenen Jahrhunderts beiseite geschoben worden waren, zu verhandeln. Einige Jahre später, 1830, mußte Wien schließlich seine Zustimmung geben. Mit diesem Prozeß ist der Name des Aristokraten István Széchenyi untrennbar verbunden. Schon sein Vater hatte zur Errichtung zweier für die Herausbildung der nationalen Identität Ungarns bedeutender Institutionen beigetragen, nämlich des Nationalmuseums und der Nationalbibliothek.

Ein Teil des Adels war selbst mit den Vorschlägen Széchenyis, die vorrangig auf soziale und wirtschaftliche Veränderungen ziel-

István Széchenyi – ein moderner Unternehmer

István Széchenyi publizierte 1830 sein Werk „Kredit", in dem er eine Reihe von Fragen diskutierte, die er für die Modernisierung und für die bürgerliche Umgestaltung des Landes unumgänglich hielt. Széchenyi trat für den Aufstieg der ungarischen Nation ein und forderte die Trennung von grundherrlichem und bäuerlichem Grundbesitz, die Abschaffung des Frondienstes und der Abgabe des Zehnten, die Auflösung der Zünfte und die Freigabe der Preise. Er widmete sich aber auch anderen Problemen wie der Regulierung der Donau, der Entwicklung der Dampfschiffahrt, dem Ausbau des Straßennetzes oder dem Bau der 1848 fertiggestellten ersten festen Brücke über die Donau, der Kettenbrücke. Széchenyi beteiligte sich darüber hinaus an der Gründung der ersten Pester Walzmühle und förderte die Pferdezucht. Er war ein Organisator und moderner Unternehmer, der viel Geld für seine Ziele opferte. Nicht ohne Grund wurde Széchenyi wegen seiner vielfältigen Aktivitäten mit dem Beinamen „der größte Ungar" geehrt.

ten, nicht zufrieden, sondern wollte auch die politischen Machtverhältnisse ändern. So tauchten in den Debatten des Landtags immer häufiger liberale Gedanken auf. Unter den Adeligen zeichneten sich die Umrisse einer liberalen Gruppierung ab. Miklós Wesselényi, Ferenc Kölcsey, der Dichter der Nationalhymne, und Ferenc Deák seien hier genannt, vor allem aber Lajos Kossuth, der sich als junger Anwalt der Politik zuwandte. Als Privatbriefe getarnt und mit eigenen Kommentaren versehen, verschickte er seine Landtagsberichte. Im Jahre 1836 wurde der Wiener Hof dieser Aktivitäten überdrüssig und ließ die Anführer der „Landtagsjugend" verhaften und verurteilen.

Doch die oppositionelle Bewegung war nicht mehr aufzuhalten. 1839 und 1840 wurden vom Landtag weitere Reformschritte verabschiedet und auch die Freilassung der politischen Gefangenen erreicht. Kossuth nahm seine Tätigkeit sofort wieder auf, und in der von ihm herausgegebenen Zeitung *Pesti Hírlap* (Pester Nachrichtenblatt) erschienen seine Artikel. Kossuth und Széchenyi waren sich in den Zielen einig. Széchenyi vertrat jedoch eine gemäßigtere Linie, er wollte die Reformen nicht gegen den Willen der Wiener Regierung erzwingen. Kossuth stellte sich auf den Standpunkt, daß wirkliche Veränderungen nur im Konflikt mit dem österreichischen Absolutismus erreichbar waren.

1847 organisierte sich die oppositionelle Bewegung als politische Partei. Als Reaktion auf das Programm der Konservativen Partei wurde die von Ferenc Deák verfaßte „Proklamation der Opposition“ veröffentlicht. Darin trat sie für allgemeine Steuerpflicht, Abschaffung der Leibeigenschaft, Pressefreiheit und eine parlamentarische, unabhängige ungarische Regierung ein. In den 40er Jahren des 19. Jahrhunderts versammelten sich immer mehr gesellschaftliche Gruppen hinter diesen Forderungen: adelige Grundbesitzer, die Intelligenz, das städtische Kleinbürgertum und auch das jüdische Bürgertum.

Von 1848 bis 1946

Revolution und Freiheitskampf 1848/49

Die Nachrichten über die Wiener Revolution im März 1848 fanden in Pest und Buda regen Widerhall. Die „Märzjugend“, zu der Persönlichkeiten wie der Dichter Sándor Petőfi, der Historiker Pál Vasvári oder der Schriftsteller Mór Jókai gehörten, plante im Café Pilvax eine Demonstration: Ein knappes Dutzend Leute verließen tags darauf, am 15. März, das Kaffeehaus, das übrigens heute noch existiert, und schon kurze Zeit später hatten sie, bei einer öffentlichen Protestkundgebung in Pest, eine bis zu diesem Zeitpunkt noch nie gesehene Menge von 20000 Menschen hinter sich. In zwölf Punkten verlangten die Demonstranten die Aufhebung der Zensur, die Befreiung der Leibeigenen, die Gleichheit der Bürger vor dem Gesetz, eine unabhängige ungarische Regierung und die jährliche Einberufung eines Landtags. Vor dem Nationalmuseum feuerte Petőfi mit seinem „Nationallied“ und der Frage „Wollt ihr frei sein oder Knechte?“ die versammelte Menge an, die daraufhin eine Druckerei besetzte, wo der Aufruf Petőfis vervielfältigt wurde. Die Menge zog dann weiter zur Burg, zwang die Statthalterei, ihre Forderungen zu akzeptieren und befreite den radikalen Bauernpolitiker Mihály Táncsics.

Im Ständeparlament in Preßburg vertrat Lajos Kossuth, damals Oppositionsführer im Abgeordnetenhaus, im März 1848 dieselben Ziele wie Petőfi und seine Freunde. Das Herrenhaus nahm die Vorschläge Kossuths an. Durch die revolutionären Ereignisse des „Völkerfrühlings" in Europa und innerhalb des Reiches geschwächt, konnte der Hof die Forderungen nicht einfach ablehnen und versuchte deshalb, Zeit zu gewinnen. So unterzeichnete Ferdinand V. am 11. April als ungarischer König die Gesetze über eine unabhängige ungarische Regierung, über die jährliche Abhaltung eines Landtags in Pest, über ein neues Wahlrecht – damit erhielten 7% der Männer das Wahlrecht, mehr als in England zu dieser Zeit –, über die Aufhebung der Zensur sowie über die Entbindung der Bauern von den feudalen Fronpflichten. Die Revolution schien ohne Blutvergießen gesiegt zu haben, die rechtlichen Grundlagen für ein bürgerliches Ungarn waren gelegt, jedoch – wie sich bald zeigte – nicht alle gesellschaftlichen Voraussetzungen für entsprechende politische Veränderungen erfüllt.

Im April wurde unter der Führung des Grafen Lajos Batthyány, des Oppositionsführers des Oberhauses, eine neue Regierung gebildet, zu deren Mitgliedern sowohl István Széchenyi als auch Lajos Kossuth zählten. Ziel dieses Kabinetts war die Konsolidierung der Revolution. Doch die neue Regierung sah sich mit zwei Problemen konfrontiert, die für die folgenden Jahrzehnte zu zentralen Fragen der ungarischen Gesellschaft werden sollten: mit der Bauern- und der Nationalitätenfrage. Die Bauernschaft verlangte die Entbindung von weiteren Lasten, eine Forderung, der die Regierung aus finanziellen Gründen nicht nachkommen konnte. Die Vertreter der nicht-ungarischen Nationalitäten, z.B. der Slowaken, forderten die vollständige Gleichberechtigung mit den Ungarn. Die Regierung ging hingegen davon aus, daß Ungarn eine politische Nation sei, d.h. die Mitglieder der Nationalitäten die gleichen individuellen, aber keine besonderen kollektiven Rechte beanspruchen könnten. Die Bauernfrage und die Nationalitätenfrage waren in vielen Fällen miteinander verbunden, denn zahlreiche serbische, kroatische und rumänische Bauern betraf die Bauernbefreiung nicht. In ihren Wohngebieten hatten die April-Gesetze keine Gültigkeit oder wurden nicht beachtet. Bereits im Juni kam es zu einer Erhebung der serbischen Bauern. Die enge Verflechtung der Bauern- und Nationalitätenproblematik zeigt der Verlauf dieses Aufstandes: Das erste von den Aufständischen angegriffene Dorf war nicht von Ungarn, sondern von Rumänen bewohnt, eine andere heftig umkämpfte Gemeinde hatte deutsche Bewohner. Die Ungarndeutschen vertraten während der Revolution keinen einheitlichen Standpunkt, was auf ihre territoriale und soziale Vielfalt (Leibeigene, freie Bauern, Bürger und Adelige) zurückzuführen ist. Viele von ihnen schlossen sich enthusiastisch dem Freiheitskampf an, während andere Gruppen, vor allem die Sachsen, sich zum Beispiel gegen die Union von Ungarn und Siebenbürgen stellten, da sie den Verlust ihrer Privilegien befürchteten.

Der Ausbruch der Unruhen zwang die ungarische Regierung zu einer eigenständigen Militärpolitik. Zwar waren, als Nationalgarde getarnt, schon zuvor die ersten Einheiten einer selbständigen regulären Armee, zehn sogenannte Honvéd-Bataillone, aufgestellt worden, die Frage einer eigenen Landesverteidigung Ungarns blieb aber offen. Als dann im Juli Kossuth in einer berühmt gewordenen Rede die Aufstellung einer 200000 Mann starken Armee vorschlug, stimmte der kurz zuvor gewählte neue Landtag zu.

Der Wiener Hof verlangte nunmehr, die neugeschaffenen ungarischen Verteidungs- und Finanzministerien mit entsprechenden Wiener Ministerien zusammenzulegen. Damit war die ungarische Regierung vor die Wahl gestellt, entweder die wichtigsten Errungenschaften des März und April wieder aufzugeben oder den bewaffneten Widerstand gegen die Habsburger Dynastie zu wagen. Die Mehrzahl der neuen Minister legte in dieser Situation ihr Amt nieder, die Mehrheit des liberalen Adels stimmte jedoch für die bewaffnete Auseinandersetzung. An die Stelle der Regierung trat unter der Führung Lajos Kossuths ein Landesverteidigungsausschuß, dessen erste Handlung die generelle Mobilmachung war. Ungarn wurde zu diesem Zeitpunkt bereits von den Truppen des Banus von Kroatien, Josip Jelačić, mit Unterstützung Wiens angegriffen. Die neue revolutionäre Armee wehrte sich erfolgreich, doch bald folgte der Gegenschlag. Der neue Kaiser Franz Joseph I. entsandte unter Feldmarschall Fürst Alfred Windischgrätz Truppen nach Ungarn. Sie eroberten Pest und drangen bis Kolozsvár (Klausenburg) in Siebenbürgen vor. Batthyány versuchte zu vermitteln, Windischgrätz ließ ihn jedoch dabei verhaften. Der Landesverteidigungsausschuß mußte nach Debrecen fliehen, konnte jedoch weitere Bataillone aufstellen. In Siebenbürgen wurde der polnische General Joseph Bem zum neuen Kommandanten der ungarischen Truppen ernannt, der diesen Landesteil binnen drei Monaten befreite. Im Frühling gingen die ungarischen Truppen zum Gegenangriff über, zunächst verdrängten sie die kaiserlichen Truppen aus dem Gebiet zwischen Theiß und Donau, dann eroberten sie Pest zurück; Mitte Mai 1849 war Ungarn befreit.

Bereits im März hatte der Kaiser mit der Verfassung von Olmütz jedoch die Unabhängigkeit Ungarns aufgehoben. Kossuth hatte darauf am 14. April in Debrecen die Entthronung der Habsburger als ungarische Könige und die Unabhängigkeit Ungarns verkündet und war zum Reichsverweser gewählt worden. Ungarn hatte zwar seine Eigenstaatlichkeit und Freiheit von der absolutistischen Monarchie erkämpft, zur Konsolidierung seiner Unabhängigkeit hätte es aber der wohlwollenden Neutralität der europäischen Mächte bedurft. Doch weder Großbritannien noch Frankreich wa-

Lajos Kossuth

Lajos Kossuth wurde 1802 in einer verarmten Adelsfamilie in Monok geboren. 1824 erwarb er sein Anwaltsdiplom, seine Karriere begann er als Beamter im Komitat Zemplén. Von 1832 bis 1836 vertrat er im Parlament in Preßburg den Hochadel und war Redakteur politischer Zeitschriften. Wegen aufrührerischer Artikel wurde er verhaftet und zu vier Jahren Gefängnis verurteilt. 1840 kam er aufgrund einer Amnestie frei. Im folgenden Jahr gründete er die liberale Zeitung *Pesti Hírlap*. In den Jahren 1847/48 war er Führer der Opposition im Parlament. Nach der Revolution, im März 1848, wurde er Finanzminister der neuen Regierung. Im April 1849 wurden auf seine Initiative die Habsburger entthront und er selbst als neues Staatsoberhaupt Ungarns zum Reichsverweser gewählt. Schon im September, nach der Niederschlagung der Revolution, legte er sein Amt nieder und floh in die Türkei, wo er bald darauf interniert wurde. In den Jahren 1851/52 unternahm er eine Reise durch die USA, wo er als erster Ausländer seit dem französischen Politiker La Fayette von Senat und Kongreß offiziell empfangen wurde. Zwischen 1852 und 1861 lebte er in London, dann in Italien, wo er eine rege publizistische Tätigkeit ausübte und unter anderem den Plan zu einer Donaukonföderation veröffentlichte, die Kroatien, Rumänien, Serbien und Ungarn umfassen sollte. Im Exil war Kossuth einer der bedeutendsten Gegner des Ausgleichs von 1867 zwischen Österreich und Ungarn. 1894 starb er in Turin.

ren an der Entstehung neuer Nationalstaaten und an der dadurch ausgelösten Veränderung des europäischen Gleichgewichts interessiert. So blieb Ungarn isoliert, als der russische Zar Nikolaus I. der Bitte der Habsburger nachkam und Kaiser Franz Joseph Hilfe bei der Niederschlagung der Revolution versprach.

Auch die ungelösten innenpolitischen Probleme Ungarns wirkten sich destabilisierend aus. Eine kleine radikale Gruppe von Abgeordneten verlangte vergeblich weitere Schritte zur Befreiung der Bauern.

Die schwebende Nationalitätenfrage gefährdete die Machtposition der Regierung zusätzlich, obwohl sich hierfür die Umrisse einer Lösung abzeichneten. Nur wenige Vertreter des liberalen Adels erkannten, daß sich mit dem Verfassungsdiktat von Olmütz die politischen Rahmenbedingungen verändert hatten, da dieses eine Gleichberechtigung der Nationalitäten des Habsburgerreiches vorsah. In den Verhandlungen mit führenden Vertretern der rumänischen, slowakischen, kroatischen und serbischen Nationalitäten waren die ungarischen Verhandlungspartner zunächst nur dazu bereit, die Selbstverwaltung der Nationalitäten auf Gemeindeebene zu gewährleisten. Zu einem Verhandlungserfolg kam es erst im Juli 1849, als den Nationalitäten darüber hinaus das Recht zugestanden wurde, in jenen Komitaten, in denen sie die Bevölkerungsmehrheit bildeten, auch die Verwaltung zu übernehmen. Dieses für das damalige Europa unvergleichlich liberale Nationalitätengesetz wurde aber zu spät beschlossen: Denn bereits im Juni hatte der Angriff der russischen Truppen begonnen.

Den zum Teil schlecht ausgerüsteten 170000 ungarischen Soldaten standen 360000 Mann russischer und kaiserlicher Truppen unter einem neuen Oberbefehlshaber, dem Feldzeugmeister Haynau, gegenüber, den die Ungarn wegen seiner Greueltaten in Italien die „Hyäne von Brescia“ nannten. Trotz des verzweifelten Kampfes der Ungarn und einiger lokaler Siege hatte sich Anfang August die Übermacht der kaisertreuen Truppen durchgesetzt. Die einzige noch kampffähige ungarische Truppe stand unter dem Befehl des Generals Artúr Görgei, der unter der Bedingung, daß die höchsten militärischen und staatlichen Ämter in seiner Person vereint würden, versprach, in Friedensverhandlungen möglichst günstige Bedigungen für Ungarn auszuhandeln. Am 11. August traten deshalb sowohl die Regierung als auch Kossuth zurück und machten einer Militärdiktatur unter Görgei Platz. Nur zwei Tage später kapitulierte dieser bei Világos bedingungslos vor den russischen Truppen.

Nun führte Haynau einen Rachefeldzug gegen die Revolutionäre. Am 6. Oktober 1849 – dieser Tag gilt seitdem als nationaler Trauertag – wurden in Arad dreizehn hohe Offiziere hingerichtet. Ihre Namen (Aulich, Dajmanich, Dessewffy, Kiss, Knezich, Lázár, Lahner, Leiningen-Westerburg, Nagy-Sándor, Pöltenberg, Schweidel, Török, Vécsey) sind Zeugnis dafür, daß neben Ungarn auch Deutsche und Serben ihr Leben für die Revolution verloren. Ein Bild der Hinrichtung hing in den Privatgemächern von Kaiser Franz Joseph. In Pest wurde der ehemalige Ministerpräsident Batthyány von einem Erschießungskommando hingerichtet. Mehr als hundert Offiziere, Geistliche und Beamte teilten sein Schicksal. Hunderte wurden zu Haftstrafen verurteilt, Tausende zwangsrekrutiert.

Ungarn wurde in neue Verwaltungseinheiten aufgeteilt: Siebenbürgen wurde abgetrennt, zwei neue Kronländer auf dem Staatsgebiet der ungarischen Krone gebildet – die Serbische Woiwodschaft und der Temescher Banat – und der Kern des Landes in fünf Bezirke unterteilt. Diese ungarischen Gebiete wurden ohne jegliche Autonomie an Österreich angeschlossen, das österreichische Steuersystem eingeführt, es galten die österreichischen Gesetze. Die Behörden betrieben eine offene Germanisierung, die nicht nur die Ungarn, sondern auch die übrigen Nationalitäten betraf. Die absolutistische Macht des rigiden Innenministers Alexander Bach wurde durch die Präsenz kaiserlicher Truppen, durch eine neugegründete Gendarmerie und durch Agenten der Staatspolizei gestützt.

Da diese Maßnahmen den bewaffneten Kampf unmöglich gemacht hatten – es kam wiederholt zur Verhaftung und Hinrichtung von „Verschwörern" –, blieb als einzige Möglichkeit der passive Widerstand. Patrioten nahmen in diesen Jahren keine öffentlichen Ämter an, hielten sich von der Politik fern und verweigerten die Steuerleistung. Deshalb mußte z. B. im Jahre 1859 die Hälfte der direkten Steuern mit Militärgewalt eingetrieben werden, weitere 40% wurden nur auf Androhung von Gewaltmaßnahmen geleistet. Die Mehrheit der Bevölkerung übte auf diese Weise passiven Widerstand aus.

Doch die Willkürherrschaft der Ära Bach konnte die Ungarn nicht pazifizieren. Der Krieg der italienischen Nationalbewegung gegen die Habsburger ermutigte auch die Ungarn: Am 15. März 1860 – dem Jahrestag der 48er Revolution – fanden sich in Pest Studenten zu einer Demonstration zusammen, in deren Verlauf ein Demonstrant vom eingreifenden Militär getötet wurde; an seinem Begräbnis nahmen 60 000 Menschen teil.

Der berühmte Reformpolitiker István Széchenyi meldete sich mit einer anonymen Streitschrift gegen Bach zu Wort. Er hielt

Franz Joseph I.

Die politische Biographie des vorletzten Habsburger Monarchen ist besonders eng mit der ungarischen Geschichte verbunden. 68 Jahre lang – von 1848 bis 1916 – regierte er mit unterschiedlichen Verfassungen das Habsburger Reich, führte es schließlich in den Ersten Weltkrieg, der das Ende des Vielvölkerreiches besiegeln sollte. Seine Thronbesteigung im Dezember 1848 war eine unmittelbare Folge der Schwäche des Wiener Hofes gegenüber den bürgerlich-nationalen Revolutionen, die seinen Onkel Ferdinand V. zur Abdankung zwangen. Um einen Zerfall des Reiches abzuwenden, hatte die Niederwerfung des revolutionären, nach nationaler Unabhängigkeit strebenden Ungarn oberste Priorität. Franz Joseph gelang dies 1849, unter Ausnutzung des Interesses der europäischen Mächte an der Aufrechterhaltung des Kräftegleichgewichts der postnapoleonischen Ära und mit Hilfe der Truppen des russischen Zaren. Der folgende Versuch, Ungarn mit polizeistaatlichen Mitteln der österreichischen Krone einzugliedern und als Nation auszulöschen, scheiterte jedoch am passiven Widerstand der Bevölkerungsmehrheit. Der Widerstand und der wieder aufbrechende Konflikt mit Preußen führten zu einer Änderung seiner Politik gegenüber Ungarn und zur Suche nach einem Kompromiß.

Für diesen „Ausgleich“ mit Ungarn, die Gründung der k.u.k. Doppelmonarchie, steht der Name Franz Josephs im historischen Gedächtnis an erster Stelle und wird mit einer Ära relativen Friedens, politischer Stabilität und ökonomischer Prosperität um das Fin de Siècle verbunden. Im kollektiven Gedächtnis der Ungarn blieb aber das Bild des Kaisers als Despot, wenn auch in abgeschwächter Form, erhalten, während man der Sympathie seiner Frau Elisabeth für die Ungarn eine entscheidende Bedeutung für die Wiedererlangung der nationalen Unabhängigkeit beimißt. Elisabeth als ungarische Königin übertrifft Franz Joseph an Popularität bis heute.

Der österreichische Kaiser Franz Joseph I., wenige Jahre vor seiner Ernennung zum ungarischen König (Foto ca. 1860) und die junge Elisabeth (Foto ca. 1870)

sich zu diesem Zeitpunkt in einer Nervenheilanstalt in Döbling bei Wien auf, in der daraufhin die Polizei eine Hausdurchsuchung durchführte. Aus Furcht davor, in eine Irrenanstalt überführt zu werden, verübte Széchenyi Selbstmord. Seine Beisetzung war ein erneuter Anlaß zu nationalem Protest.

Der Weg zum Ausgleich von 1867

Franz Joseph zog aus der erfolglosen Unterdrückungspolitik zu Beginn der 60er Jahre endlich Konsequenzen, entließ Bach und „schenkte" seinen Völkern eine absolutistische Verfassung mit föderalen Elementen und einer damit verbundenen beschränkten Autonomie. Ein Reichsrat sollte gebildet werden. Doch die ungarische Öffentlichkeit war mit diesen Zugeständnissen keineswegs zufrieden, sie forderte die Rückkehr zu den Errungenschaften vom März 1848. Dies kam auch in der Stimmung des 1861 einberufenen Landtags zum Ausdruck, der die Verfassung einhellig ablehnte. Ferenc Deák, der einzige Reformer, der nach 1849 im

Land geblieben und zur Leitfigur des passiven Widerstands geworden war, schlug eine traditionelle Adresse an den Monarchen vor, die Mehrheit verweigerte aber die Anerkennung Franz Josephs als ungarischer Herrscher und bestand auf einem Parlamentsbeschluß. Diese Differenzen waren nicht bloß formaler Natur: Für Deák und seine Anhänger erschienen die Errungenschaften von 1848 als Maximum des Erreichbaren, für die Mehrheit des Landtags um László Teleki als Ausgangspunkt weitergehender politischer Rechte. Doch im Verlauf der Debatten wendete sich die Stimmung gegen Telekis Forderungen, und dieser verübte vor der entscheidenden Abstimmung Selbstmord. Deáks Vorschlag erhielt die Mehrheit, doch wurde seine Petition vom Hof abgewiesen und der Landtag aufgelöst.

In den folgenden Jahren ließen außenpolitische und wirtschaftliche Überlegungen die ungarische Bereitschaft zu einem Ausgleich wachsen. Von Franz Joseph kam ein deutliches Signal in dieselbe Richtung, als er die Verfassung von 1861 aufhob und 1865 den Landtag wieder einberief. Die Niederlage gegen Preußen in der Schlacht von Königgrätz im Jahr 1866 verstärkte die Bereitschaft des Wiener Hofes zu einem Kompromiß. Deák hatte bereits zu Ostern 1865 ein erneutes Ausgleichsangebot veröffentlicht. Aus langwierigen Verhandlungen ging dann 1867 der berühmt gewordene dualistische k.u.k. – kaiserlich österreichische und königlich ungarische – Staat hervor, mit zwei Regierungen, zwei Parlamenten und drei gemeinsamen Ministerien (Äußere Angelegenheiten, Verteidigung, Finanzen). Vergeblich warnte Kossuth aus der Emigration vor dem Ausgleich: In seinem berühmten „Kassandrabrief" prophezeite er, daß Ungarn sich mit allen übrigen Nachbarn verfeinden werde und der Ausgleich eine befriedigende Lösung der Nationalitätenfrage unmöglich mache. Trotz solch kritischer Stimmen verabschiedete das Parlament das Gesetz über den Ausgleich mit großer Mehrheit. Kurz darauf wurde Franz Joseph in Buda zum König von Ungarn gekrönt. Dieser Augenblick wurde zum Symbol des Ausgleichs: Ministerpräsident Gyula Almássy, ein ehemaliger Husarenoberst und Adjutant Artúr Görgeis, war nach der Niederlage der Revolution in Abwesenheit zum Tode verurteilt worden. Nun assistierte er dem König, seinem ehemaligen Richter, der in eine Husarenuniform gekleidet war, bei dessen Krönung.

Das dualistische System war ein Kompromiß zwischen der ungarischen und der österreichischen Führungsschicht auf Kosten der nicht-ungarischen und nicht-deutschen Völker der neuen Österreichisch-Ungarischen Monarchie. Es war ein System voller Widersprüche, das praktisch keine weiteren Reformen mehr zuließ, denn durch jede weitere Veränderung wäre das gesamte komplizierte Gleichgewicht in Gefahr geraten. Diese Erstarrung kann man am besten anhand des Wahlsystems verfolgen.

Im Jahr 1875 wurde Kálmán Tisza ungarischer Ministerpräsident und füllte diese Position fünfzehn Jahre lang aus. Seine Freiheitliche Partei, aus der politischen Gruppe um Deák hervorgegangen, blieb vierzig Jahre an der Regierung und verstand sich als Träger der Doppelmonarchie. Ihre Wahlerfolge waren in einem Wahlsystem begründet, das nur einem Bruchteil der Bevölkerung das Stimmrecht zugestand; jedwede Verbreiterung der Wählerbasis hätte das k.u.k. System gefährdet, da die dem Ausgleich ablehnend gegenüberstehenden, nicht-ungarischen Nationalitäten die Mehrheit der Bevölkerung bildeten. Erst zur Zeit der Volkszählung 1910 überschritt der Anteil ethnischer Ungarn an der Gesamtbevölkerung des Königreichs erstmals 50%. Daher konnten die Ungarn nur über das Wahlsystem ihre Vormachtstellung in ihrem Teil der dualistischen Monarchie sichern. Die politischen Gegner des Kompromisses mit dem Haus Habsburg bildeten den Kern der parlamentarischen Opposition, deren Wählerbasis die ungarische Bauernschaft war, weshalb auch ein Teil dieser Bauern

Die Zitadelle mit der Freiheitsstatue, die Kettenbrücke und der Königspalast bei Nacht

vom Stimmrecht ausgeschlossen blieb. Da das Wahlrecht zudem noch eine offene Abstimmung vorsah, konnten besonders in den Dörfern die Wähler von den lokalen Eliten leicht bei der Stimmabgabe „angeleitet" werden. In Ungarn galten Wahlen zu Ende des 19. Jahrhunderts deshalb als Synonym für Korruption, Betrug und Manipulation.

Sozioökonomische Strukturen nach dem Ausgleich

Dem eingeschränkten politischen Leben stand eine uneingeschränkte wirtschaftliche Entwicklung gegenüber. Die Jahrzehnte nach 1867 waren Jahrzehnte der Modernisierung und der Industrialisierung des Landes. In dieser „Gründerzeit" wurden etwa ein modernes Bank- und Kreditwesen aufgebaut – vor 1867 gab es keine bedeutende Großbank – und der Ausbau der Verkehrsnetze gefördert, das Eisenbahnnetz wuchs auf das Zehnfache an. Die ungarische Maschinenbauindustrie produzierte exportfähige Waren. Die agrarische Struktur des Landes wurde zur Grundlage einer hochentwickelten Lebensmittelindustrie, vor allem der Mühlenindustrie. Die Hauptstadt Budapest – 1873 aus der Vereinigung der Städte Buda, Pest und Óbuda hervorgegangen – verfügte über die größte Mühlenindustrie der Welt und wurde darin erst zu Ende des Jahrhunderts von amerikanischen Städten überholt. Das Nationaleinkommen verdreifachte sich, der Wohlstand wuchs: Aus einem armen und rückständigen Land wurde ein Staat, der alle Charakteristika der modernen Zivilisation aufwies. Diesen positiven Auswirkungen standen jedoch die alten, vom politischen System abgesicherten, feudal anmutenden Züge der ungarischen Gesellschaft gegenüber.

Die Gesellschaftsstrukturen, die sich in den Jahrzehnten nach dem Ausgleich herausgebildet und verfestigt hatten, blieben bis 1945 beinahe unverändert. Der Soziologe Ferenc Erdei beschrieb sie mit Hilfe des Bildes zweier Pyramiden. An der Spitze der einen Pyramide, die die traditionelle, feudale Gesellschaft widerspiegelt, befand sich der Hochadel: An die 200 fürstliche oder gräfliche Familien verfügten über Landbesitz von mehr als 6000 Hektar. Sie dominierten die hohe Politik und das diplomatische Korps und saßen darüber hinaus auch in den Vorständen der Großunternehmen. Die Aristokratie kapselte sich von den anderen Gruppen der Gesellschaft ab, heiratete untereinander und lebte in ihren Schlössern und Stadtpalästen unter sich. Am nächsten zur Hocharistokratie stand eine Schicht aus reichen, ebenfalls adeligen Grundbesitzern. Auch die ungarische Mittelklasse war aus diesen Adelsfamilien entstanden, deren größter Teil – 20000 von 30000 Familien – in der zweiten Hälfte des 19. Jahrhunderts ihren Landbesitz eingebüßt hatte, da sie im neuen agro-industriellen Konkurrenzkampf aufgrund veralteter Produktionsmethoden unterlag. Diese Gesellschaftsschicht nannte man in Ungarn nach englischem Muster Gentry. Für die Gentry galt es als unschicklich, Handel zu treiben oder sich der Industrie zu widmen; so blieb die Offiziers- oder Beamtenkarriere als Tätigkeit mit hohem gesellschaftlichem Prestige. Ein Drittel der führenden Beamten der Zentralverwaltung und zwei Drittel der Komitatsverwaltung stammten aus dieser Schicht. Adelsstolz, Patriotismus mit zunehmend nationalistischem Charakter und antidemokratische Haltungen prägten diese „herrschaftliche" Mittelklasse, die sich ebenfalls von den unteren Schichten abschloß. Das Fundament dieser ersten Pyramide bildete die Landbevölkerung, die durch das Vordringen des Kapitalismus gleichfalls differenziert worden war. Nur etwa die Hälfte waren noch Bauern, besaßen also eigenen Grund und Boden, die andere Hälfte machte das Heer der Tagelöhner und Landarbeiter aus – oder, wie der Dichter Gyula Illyés (1902–1983) sie rückblickend bezeichnet hatte, das „Volk der Puszta".

An der Spitze der zweiten Pyramide, die die moderne, kapitalistische Gesellschaft repräsentiert, befand sich eine kleine Gruppe von kaum hundertfünfzig Familien reicher Großunternehmer, die ebenso wie die Aristokratie ein abgekapseltes Leben führten. Ein bedeutender Teil dieser Fabrikbesitzer, Bankiers und Kaufleute war jüdischen Ursprungs, doch auch Nachkommen assimilierter griechischer, armenischer und serbischer Händler fanden sich dar-

Antisemitismus

In den 80er Jahren des 19. Jahrhunderts entwickelte sich in Ungarn das Phänomen des politischen Antisemitismus. Die Juden wurden von einigen Politikern beschuldigt, als Vertreter des Liberalismus und der Demokratie die „christliche Gesellschaft" zu zerstören. Damit reagierten Teile der ungarischen Gesellschaft auf die wachsende jüdische Einwanderung aus Galizien.
Im Jahr 1882 verschwand zur Zeit des jüdischen Osterfestes ein Mädchen aus der Gemeinde Tiszaeszlár, worauf die ortsansässigen Juden des Ritualmordes beschuldigt wurden. Eine Gruppe antisemitisch eingestellter Abgeordneter im Parlament begann mit einem Propagandafeldzug und versuchte besonders die Vertreter der (oppositionellen) Unabhängigkeitspartei für eine antisemitische Koalition gegen Ministerpräsident Kálmán Tisza zu gewinnen. Der traditionelle Antisemitismus katholischen Ursprungs vermischte sich mit einem wirtschaftlichen Antisemitismus, der einerseits einem Antikapitalismus und andererseits dem Konkurrenzkampf der Unternehmer entsprang, dazu kamen auch „moderne" Gedanken eines politischen Antisemitismus, der Elemente einer Rassentheorie enthielt. In der Unabhängigkeitspartei siegte jedoch die liberale Tradition. Ein bekannter Vertreter der Parteiführung, Károly Eötvös, übernahm die Verteidigung der Angeklagten. Auch der Ministerpräsident war von deren Unschuld überzeugt, die Regierung verbot die Gründung antisemitischer Vereine. Obwohl der Leichnam des ertrunkenen Mädchens gefunden wurde, kam es zum Prozeß. Die entschiedene Verteidigung und der Druck der Regierung zwangen jedoch das Gericht, die Angeklagten freizusprechen. Ein Jahr später wurde die Antisemitische Landespartei gegründet, die bei den Wahlen 1884 17 Mandate erreichte, im Parlament aber geächtet wurde. Zwar gab es in der ungarischen Bevölkerung antisemitische Stimmungen, doch wurden diese nie zum offiziellen Standpunkt, weil die schnelle Assimilierung der Juden dazu beitrug, daß die Ungarn um die Jahrhunderwende die Mehrheit der Bevölkerung ausmachten.

Die Synagoge in der Pester Dohány utca, erbaut 1859 im maurischen Stil, ist die größte Mitteleuropas

unter. Sie vertraten bürgerliche Werte wie Arbeitsmoral, Besitz, Risikobereitschaft und Geschäftssinn. Soziales Prestige versuchten sie zu erreichen, indem sie den Lebensstil der Aristokratie nachahmten. Ein Schloß, Landbesitz und vor allem ein Adelstitel gehörten dazu: Franz Joseph verlieh etwa fünfzig Unternehmern, darunter achtundzwanzig Juden, den Titel eines Barons. Die Basis der zweiten Pyramide bildete eine neue, wachsende Klasse, die Arbeiterschaft. Auch unter ihr fand man zahlreiche Nicht-Ungarn, besonders Einwanderer aus Böhmen und deutschsprachigen Gebieten. So hatte die Sozialdemokratische Zeitung *Népszava* in den 90er Jahren auch eine deutschsprachige Ausgabe, unter dem Titel „Volksstimme".

Die politische Situation zur Jahrhundertwende

Um Mitternacht des 31. Dezember 1895 ertönten überall im Land die Glocken: Die Feierlichkeiten zur tausendjährigen Wiederkehr der Landnahme nahmen ihren Anfang. Eine Reihe von glanzvollen Feiern unter Teilnahme des Monarchen, eine von ihm eröffnete prachtvolle Ausstellung, großangelegte Bauvorhaben in

Budapest – der Ausbau der Ringstraße, die Inbetriebnahme der ersten U-Bahn-Linie auf dem Kontinent, die Neugestaltung des königlichen Schlosses und des Heldenplatzes – sollten die erfolgreiche Entwicklung der ungarischen Nation nach dem Ausgleich repräsentieren. Ein Rückblick auf die vergangenen Jahrzehnte und Jahrhunderte war zweifellos gerechtfertigt, die Feiern sollten aber zugleich die wachsenden inneren Spannungen verdecken und das ungarische Hegemonialstreben gegenüber den übrigen Nationalitäten des Königreichs historisch legitimieren.

Schon bald überschatteten innenpolitische Auseinandersetzungen das Jubiläumsjahr. Eine erstarkende Arbeiterbewegung, ein aufsässiges Agrarproletariat, das mit Erntestreiks seinen Forderungen Nachdruck verlieh, und protestierende Nationalitäten verwiesen auf die ungelösten Probleme. Die nicht-ungarischen Nationalitäten, also v.a. Serben, Kroaten, Slowaken, Rumänen, machten zu diesem Zeitpunkt etwa die Hälfte der Bevölkerung aus, besaßen aber immer noch kaum demokratische Rechte. Im Jahr nach dem Ausgleich, 1868, war zwar ein Nationalitätengesetz verabschiedet worden, das den Gebrauch der Muttersprache in Dörfern, Städten und Komitaten und eine vollständige Grundschulausbildung in der Sprache der jeweiligen Nationalität ermöglichte, jedoch nicht überall wurde dieses Gesetz befolgt. Kollektive politische Rechte wurden den ethnischen Gruppen vorenthalten, da Ungarn an der Vorstellung festhielt, daß es aus politischer Sicht nur eine gemeinsame Nation gab, die ungarische. Kroatien erhielt durch den ungarisch-kroatischen Ausgleich (1868) eine beschränkte Autonomie, diese erschien der kroatischen Öffentlichkeit jedoch ebenfalls unzureichend.

Zur ersten großen Krise des dualistischen Systems kam es durch einen Wahlsieg der oppositionellen Koalition 1905, dem Ende der vierzigjährigen ununterbrochenen Regierung der Freiheitlichen Partei, die Befürworter des Ausgleichs gewesen war: Im ungarischen Parlament verlief die zentrale Konfliktlinie immer noch zwischen Befürwortern und Gegnern des Ausgleichs, nicht zwischen Konservativen und Liberalen wie im übrigen Europa. Franz Joseph ernannte jedoch keinen Politiker aus dem Kreis der Wahlsieger zum Ministerpräsidenten, sondern Géza Fejérváry, den Befehlshaber seiner Trabantenleibgarde. Dadurch wurden Erinnerungen an den nationalen Widerstand von 1848 wachgerufen und im gesamten Land Proteste ausgelöst, die von konservativen Grundbesitzern, Klerus und Gentry-Beamten getragen wurden. Reformversprechen wie Erweiterung des Wahlrechts, Verbesserung der Sozialpolitik und Einbeziehung der Sozialdemokratischen Partei in die Verhandlungen bewogen die oppositionelle Koalition jedoch zur Nachgiebigkeit und zur Bereitschaft, eine Regierung auf der Grundlage des Ausgleichs zu bilden. Auch die „nationalen“ politischen Parteien konnten zu dieser Zeit noch in die dualistische Struktur integriert werden. Die aus den bisher oppositionellen Parteien gebildete Regierung unterschied sich im Grunde nicht von ihren Vorgängern. Nachdem sie keine ihrer ursprünglichen Demokratisierungsforderungen realisiert hatte, wurde sie nach vier Jahren wiederum von der von István Tisza neuorganisierten, ehemaligen Freiheitlichen Partei abgelöst, die nun unter dem Namen Nationale Arbeitspartei auftrat.

Ungarn im Ersten Weltkrieg

Am 28. Juni 1914 fielen in Sarajewo folgenschwere Schüsse, der serbische Student Gavrilo Princip ermordete den österreichischen Thronfolger Franz Ferdinand und dessen Gattin Sophie. Dieses Attentat war für die Befürworter eines Krieges gegen Serbien ein willkommener Anlaß zum Angriff. Doch erfolgte das Ultimatum, in dem Serbien beschuldigt wurde, Mitwisser der Vorbereitungen des Attentats gewesen zu sein, nicht sofort. Denn der im Jahre 1913 zum Ministerpräsidenten ernannte István Tisza vertrat die Ansicht, daß die internationalen Kräfteverhältnisse für die k.u.k. Monarchie höchst ungünstig seien und diese deshalb nicht in Kampfhandlungen verwickelt werden dürfe. Zwei Wochen lang mußten ihn österreichische und deutsche Politiker überzeugen, bis er zustimmte und schließlich zu einem entschiedenen Befürworter des Krieges wurde.

Die Kriegserklärung löste eine Welle patriotischer Begeisterung im ganzen Land aus. Viele meldeten sich freiwillig zum Militärdienst. Von den Soldaten wurde feierlich mit Blumen und Musikkapellen Abschied genommen, die Truppen zogen fröhlich singend aus. Doch die Begeisterung verflog schnell, als klar wurde, was der moderne Krieg bedeutete, und die ersten Nachrichten von Niederlagen an den Fronten ins Heimatland gelangten. In den nächsten Jahren trauerte Ungarn um Zehntausende Tote und Verschollene, litt unter sich verschlechternden Lebensbedingungen, Not, Hunger, steigender Inflation. Wachsende Unzufriedenheit und Antimilitarismus waren die Folgen.

Am 21. November 1916 starb Kaiser Franz Joseph I. Zu seinem Nachfolger wurde Karl I. (in Ungarn Karl IV.) gekrönt. Der neue Monarch sah ein, daß nur die Verwirklichung unumgänglicher Reformen und ein baldiger Friedensschluß sein Reich retten könnten. Dazu hatte er jedoch keine Kraft. Alles blieb beim Alten, nur den in der ungarischen Bevölkerung immer mehr verhaßten Tisza vermochte er abzusetzen. Aber auch dessen Nachfolger waren für den Krieg.

Die Revolution der Herbstastern

Um die Jahreswende 1917/18 begann aufgrund der immer unerträglicheren wirtschaftlichen und sozialen Folgen der vier Kriegsjahre der Zusammenbruch der ungarischen Monarchie: Es kam zu Meutereien unter den Matrosen und Soldaten sowie zu Massenstreiks. Im April 1918 versammelten sich die Vertreter der Nationalitäten des Habsburger Reiches in Rom und faßten gemeinsam den Beschluß, aus dem k.u.k. Staat auszutreten. Der Hof in Wien reagierte verzweifelt, indem er Österreich zu einem föderativen Staat erklärte. Diese Verfügung Kaiser Karls galt zwar nur für die westliche, transleithanische Reichshälfte, ermutigte aber auch die Nationalitäten des ungarischen Königreichs, ihre Unabhängigkeit zu suchen.

Am 25. Oktober 1918 wurde – nach dem Vorbild der anderen Nationalitäten – auch ein Ungarischer Nationalrat mit Vertretern dreier Parteien unter dem Vorsitz von Graf Mihály Károlyi gegründet, der neben der sofortigen Beendigung der Kampfhandlungen für die Unabhängigkeit Ungarns, für das allgemeine, geheime Wahlrecht, für eine Bodenreform und für die kulturelle und kommunale Selbstverwaltung der Nationalitäten eintrat. Entgegen den allgemeinen Erwartungen ernannte der König jedoch nicht Károlyi, sondern Graf János Hadik zum Ministerpräsidenten, worauf am 28. Oktober eine Massendemonstration von der Budapester Innenstadt bis zum königlichen Schloß stattfand, die gewaltsam aufgelöst wurde. Einige Tage darauf wurde jedoch in Prag die Gründung der Tschechoslowakei verkündet und nur einen Tag später Österreich zu einer unabhängigen Republik erklärt. Die Monarchie war zerfallen.

In der Nacht vom 30. zum 31. Oktober gingen Arbeiter und eben erst von der Front heimgekehrte Soldaten in Budapest auf die Straße – als Bekenntnis zum Ungarischen Nationalrat. Auf Initiative eines zweiten, neuen Machtzentrums, des Soldatenrats, wurden öffentliche Gebäude besetzt, der Stadtkommandant festgenommen und – wie siebzig Jahre zuvor – die politischen Gefangenen befreit. Die Soldaten entfernten die Abzeichen der Monarchie von ihren Mützen und steckten Herbstastern an deren Stelle. Die Blumen gaben dieser Revolution ihren Namen.

König Karl war gezwungen einzulenken und ernannte endlich Károlyi zum Regierungschef, der aus den drei Parteien des Nationalrats ein Kabinett bildete. Ungarn besaß damit erstmals seit 1848 wieder eine unabhängige Regierung, die Revolution hatte ohne Blutvergießen gesiegt. Das einzige Opfer war der ehemalige Ministerpräsident István Tisza, der in seiner Villa von aufgebrachten Soldaten ermordet wurde.

Die Erwartungen der Bevölkerung an die neue Regierung waren sehr hoch, vor allem in Hinblick auf die Friedensverhandlungen. Doch die Entente sah Ungarn als Verlierernation an, und auch Károlyi, der früher wegen seiner Entente-Freundlichkeit angegriffen worden war, konnte keine Zugeständnisse für Ungarn erreichen. Im Gegenteil: Durch wiederholte Nicht-Einhaltung der immer enger gezogenen Demarkationslinien von Seiten der Siegermächte wurden die Grenzen zu ungunsten Ungarns verschoben, bis sie Anfang 1919 de facto festgelegt waren. Károlyis Versuch, durch Nachgiebigkeit die ungarische Position bei den Friedensverhandlungen zu verbessern, erwies sich als Illusion – die Expansionsbestrebungen der Nachbarstaaten stellten zeitweise sogar die Existenz eines eigenständigen ungarischen Staates in Frage. Die Herbstastern erschienen deshalb bald welk, und die nationale Begeisterung des Oktobers war verflogen.

Das Ende der demokratischen Ansätze

Die Unzufriedenheit der Bevölkerung wuchs auch durch Arbeitslosigkeit und eine sich rapide verschlechternde soziale Lage. Vielen erschienen die neuen demokratischen Institutionen, die von der Károlyi-Regierung repräsentiert wurden, höchstens als Ausgangspunkt für weitere, radikale Änderungen. Die Ideen der russischen Revolution, unter anderem von den aus Rußland heimgekehrten Soldaten überliefert, zeigten auch in Ungarn ihre Wirkung. In ländlichen Gebieten kam es vielerorts zu Unruhen. Das politische Spektrum des Landes begann sich zu polarisieren, und die anfangs breite Basis des demokatischen Systems wurde brüchig. Im November 1918 wurde unter der Führung Béla Kuns die Kommunistische Partei Ungarns mit dem Ziel der Errichtung einer proletarischen Diktatur gegründet, von heimgekehrten Soldaten, die sich dem Bolschewismus angeschlossen hatten, von linken Sozialdemokraten und revolutionären Sozialisten. Die neue Partei gewann in der Arbeiterschaft und unter den entlassenen Soldaten schnell an Einfluß.

Auch am rechten Rand des politischen Spektrums begannen sich unzufriedene Elemente zu sammeln, die der Demokratie feindlich gegenüberstanden und die Wiederherstellung der territorialen Integrität des Landes verfolgten. Ihr Ziel war die Rückkehr zum monarchischen politischen System der Vorkriegszeit. Neue Organisationen entstanden, wie der Verein der Erwachenden Ungarn, der bald mehrere hunderttausend Mitglieder hatte, oder der Ungarische Landesschutzbund, ein von Offizieren gegründeter, paramilitärischer Verband unter der Führung des Hauptmanns Gyula Gömbös.

Am 13. November erklärte Karl IV. seinen Verzicht auf den ungarischen Thron: Daraufhin löste sich am 16. November die Landesversammlung auf, und das Herrenhaus stellte seine Tätigkeit ein. Damit wurde der Ungarische Nationalrat, der in einer feierlichen Sitzung im Kuppelsaal des Parlamentsgebäudes die Volksrepublik ausrief, zum Schöpfer des neuen Staates. Da es kein gesetzgebendes Organ mehr gab, vereinigte die Károlyi-Regierung die exekutive und legislative Gewalt und wurde vom Nationalrat, dem Militärrat und den Arbeiterräten ermächtigt, sogenannte Volksgesetze zu verabschieden. Am 11. Januar 1919 wurde Károlyi zum Präsidenten gewählt. Er trat deshalb samt der von ihm gebildeten Regierung zurück.

Inzwischen hatten sowohl die konterrevolutionären Rechten wie die Kommunisten an öffentlichem Einfluß gewonnen, weshalb die Sozialdemokratie zu einer zentralen politischen Kraft wurde, von der das Schicksal der Demokratie abhing. Das neue Kabinett unter Dénes Berinkey versuchte das demokratische Regime mit ordnungspolitischen Mitteln zu konsolidieren: die Kommunisten wurden aus den Arbeiterräten ausgeschlossen, ihre Anführer verhaftet, auch der rechte Landesschutzbund wurde verboten und etliche konservative Politiker interniert.

Historisch gesehen war der wohl wichtigste Schritt der Regierung das nach langwierigen Diskussionen verabschiedete Gesetz über die Bodenreform. Károlyi begann zwar selbst auf seinem Gut mit einer Verteilung des Bodens an die Landlosen, doch zur Durchführung des Gesetzes kam es nicht mehr.

Am 17. März 1919 überreichte der französische Oberstleutnant Vyx dem ungarischen Staatspräsidenten eine Note, in der die Entente-Mächte eine 40 bis 50 Kilometer breite neutrale Zone entlang der Demarkationslinie zu Rumänien vorschrieben, die von der ungarischen Regierung geräumt werden sollte. Diese neutrale Zone war ein Entgegenkommen der Entente-Mächte an Rumänien, dem vor allem die Pariser Regierung eine entscheidende Rolle bei der Eindämmung der russischen Revolution zugedacht hatte. Aufgrund dieser Zonenregelung wären jedoch bedeutende ungarische Städte wie Debrecen aus dem ungarischen Hoheitsgebiet herausgenommen worden. Die Berinkey-Regierung trat – da sie keine Möglichkeit zu militärischem Widerstand gegen diese Entscheidung hatte – zurück, und Károlyi wollte die Sozialdemokraten mit der Bildung einer Einparteien-Regierung beauftragen. Doch es kam anders.

Am 21. März 1919 wurden, nach Verhandlungen zwischen den Sozialdemokraten und den inhaftierten Kommunisten, die strategischen Punkte der Hauptstadt besetzt. Die beiden Parteien vereinbarten die Bildung einer gemeinsamen Einheitspartei und die Übernahme der Macht. Die Diktatur des Proletariats wurde ausgerufen.

Die Macht übernahm ein Revolutionärer Regierender Rat, an dessen Spitze der Sozialdemokrat Sándor Garbai stand. Zum für Außenpolitik zuständigen Volkskommissar – wie die Minister nun bezeichnet wurden – wurde Béla Kun ernannt, der in Wahrheit die Regierungsgeschäfte führte. Da es kein gesetzgebendes Organ gab, wurde das Land auf der Grundlage von Dekreten regiert, Parteien und Vereine verboten, die Staatsmacht völlig reorganisiert: Sie beruhte nun auf einem Rätesystem, dessen Repräsentanten auf kommunaler Ebene im April direkt gewählt wurden. Bereits an diesen Wahlergebnissen ließ sich eine Spaltung der ungarischen Gesellschaft ablesen. In den ländlichen Gebieten, besonders Westungarns, blieben die Wähler den Urnen fern – die Wahlbeteiligung lag landesweit bei 50% –, und nur in Budapest fanden die neuen Organe eine breite Unterstützung.

Betriebe mit mehr als zwanzig Mitarbeitern, vor allem aber die Banken und die Verkehrs- und Bergbaubetriebe, wurden verstaatlicht. An ihrer Spitze standen Arbeiterräte, geleitet von dreiköpfigen Gremien, den sogenannten Direktorien.

Es folgte die Verstaatlichung des Schulwesens, was zu Konflikten mit der katholischen Kirche führte, dem wichtigsten Schulbetreiber in der Monarchie. Auch mittlerer und Großgrundbesitz wurden in staatliches Eigentum überführt. Eine Verteilung des verstaatlichten Bodens wurde jedoch – neben ideologischen auch aus wirtschaftlichen Gründen – wiederum nicht in Angriff genommen, was die Landlosen enttäuschte. In den neuen Staatsgütern blieben oft die ehemaligen, unbeliebten Gutsverwalter auf ihren Posten. Zwar konnte durch diese Kontinuität eine Hungersnot als Folge der revolutionären Besitzveränderungen vermieden werden, sie schmälerte jedoch den ohnehin schwachen Rückhalt der Räterepublik auf dem Lande weiter.

Die Entente-Mächte wurden vom Machtwechsel und der Ablehnung der Vix-Note durch die Räteregierung überrascht. Der neue kommunistische Staat durchkreuzte ihre Pläne eines *cordon sanitaire* um Sowjetrußland. Besonders Frankreich sprach sich für eine sofortige militärische Intervention in Ungarn aus. Vorerst verhandelte jedoch der alliierte General Jan Smuts in Budapest – ohne Vollmachten der Entente – weiter. Die Räteregierung lehnte die Einrichtung einer neutralen Zone erneut ab, worauf zunächst tschechische, in der Folge dann auch rumänische Truppen Ungarn angriffen. Die Ungarische Rote Armee war zu diesem Zeitpunkt erst im Aufbau begriffen. Bald standen deshalb die fremden Truppen im Osten Ungarns an der Theiß – eine Stunde von Budapest entfernt – und besetzten im Norden die Stadt Miskolc.

Anfang Mai kam es zu einer Wende im Kriegsgeschehen, nachdem auf Vorschlag Kuns die Arbeiterschaft mobilisiert worden war. Binnen zwei Wochen konnte so die zahlenmäßige Stärke der Armee verdoppelt werden. Da der Kampf der Roten Armee nationale Ziele verfolgte – die Befreiung der ungarischen Gebiete – kämpften in ihren Reihen auch antikommunistische Berufsoffiziere. Mit diesen gestärkten Verbänden war die ungarische Gegenoffensive im Norden erfolgreich, Miskolc wurde zurückerobert, dann Kassa (Kaschau, slowakisch: Košice) und Eperjes (Prešov) im ehemaligen Oberungarn (der heutigen Slowakei). Am 10. Juni erreichte die Ungarische Rote Armee die polnische Grenze. Weitere Städte in „Oberungarn" wurden zurückerobert und am 16. Juni die Slowakische Räterepublik ausgerufen.

Die Pariser Friedenskonferenz reagierte Anfang Juni mit einer ersten Note Clemenceaus auf die militärischen Erfolge der Räterepublik, in der er eine Beendigung der Kampfhandlungen forderte und unter dieser Bedingung eine Teilnahme der Räterepublik an den Friedensverhandlungen in Aussicht stellte, was einer Anerkennung der Räteregierung gleichkam. Daraufhin beendete Kun die ungarische Offensive. Einige Tage später folgte eine zweite Note Clemenceaus, die eine neue Festlegung der Grenzen enthielt: Diese wurden später vertraglich beschlossen und nach dem Ort des Friedensvertrags Trianon-Grenzen genannt. Die ungarischen Verbände sollten sich aus Oberungarn zurückziehen, im Austausch dafür die rumänischen Truppen Transdanubien räumen. Eine Ablehnung der Note hätte einen neuerlichen, für Ungarn kaum zu gewinnenden Mehrfrontenkrieg nach sich gezogen; der Rückzug aus den eben erst eroberten Gebieten, für den Kun sich entschied, demoralisierte wiederum die junge Armee. Entgegen dem Beschluß der Entente und trotz des Drängens der ungarischen Regierung blieben die rumänischen Truppen jedoch am Ostufer der Theiß stehen.

Die Räterepublik war aber nicht allein von äußeren Feinden bedroht, sondern auch durch den aktiven Widerstand von Teilen der Bevölkerung gegen das neue Regime. Bauern traten für das Privateigentum an Boden und Ackerland ein und rebellierten gegen die antiklerikale Politik des Staates. Diese Proteste wurden von den Sicherheitskräften, den sogenannten Lenin-Jungen, unterdrückt und Dutzende Aufständische ohne Gerichtsverfahren sofort erhängt. In Budapest versuchten Offiziersschüler vergeblich einen Putsch.

Im Ausland organisierten sich an mehreren Orten ungarische Offiziere und Politiker, deren Ziel die Beendigung der kommunistischen Macht war. In Wien wurde das Antibolschewistische Kommitee gegründet, in Graz versammelten sich königstreue Offiziere. Im von rumänischen Truppen besetzen Arad wurde eine Gegenregierung ausgerufen, die aufgrund rumänischer Proteste nach Szeged übersiedeln mußte, wo sie umgebildet wurde: Ministerpräsident wurde Gyula Károlyi, Außenminister Pál Teleki, Verteidigungsminister Miklós Horthy, sein Staatssekretär Gyula Gömbös. Diese konterrevolutionäre Gegenregierung begann ebenfalls Streitkräfte, die Ungarische Nationalarmee, zu organisieren.

Aufgrund der innen- und außenpolitischen Bedrohungen wurden auch die internen Auseinandersetzungen der Räteregierung immer deutlicher. Die ehemaligen Sozialdemokraten und Kommunisten vertraten in zentralen Fragen unterschiedliche Standpunkte, auch intern waren die beiden Lager in mehrere Gruppen gespalten.

Mitte Juli begann die Rote Armee an mehreren Stellen der Theiß einen Angriff gegen die rumänischen Truppen, um sie hinter die im Waffenstillstand mit der Entente festgelegten Grenzen zurückzudrängen. Doch bereits nach zwei Wochen brach die Offensive zusammen. In einem Gegenangriff setzten die Rumänen am 30. Juli 1919 bei Szolnok über den Fluß. Daraufhin hielt der Regierende Rat am folgenden Tag seine letzte Sitzung ab und beschloß seine Abdankung: Die Räterepublik war zusammengebrochen.

Vom revolutionären zum konterrevolutionären Staat (1919–1921)

Nachdem die zurückgetretene Spitze der Räterepublik die Macht an eine Gewerkschaftsregierung unter der Führung von Gyula Peidl übergeben hatte, begann eine Zeit der Rechtsunsicherheit und Instabilität: Das Land hatte weder ein gesetzgebendes Organ noch ein Staatsoberhaupt. Die Peidl-Regierung wurde schon nach einer Woche von putschenden Offizieren aus dem Amt gejagt und eine neues Kabinett unter István Friedrich gebildet. Der Ostteil Ungarns, die Hauptstadt Budapest und sogar Gebiete westlich der Donau wurden von rumänischen Truppen besetzt und ausgeplündert, während in Transdanubien von Szeged aus unter der Führung Miklós Horthys die Nationale Armee vorrückte.

Nach den beiden gescheiterten Revolutionen waren damit nicht nur das Land geteilt und bedeutende Gebiete von fremden Truppen besetzt, es herrschten auch in der ungarischen Innenpolitik chaotische Zustände: Die Parteien waren instabil, die politische Auseinandersetzung von Mißtrauen und Haß gekennzeichnet. Es gab keine politische Kraft, keine Persönlichkeit, die in der Lage war, eine von den Westmächten anerkannte Regierung zu bilden. Erst durch das direkte Eingreifen der Entente über den britischen Botschafter in Prag, George Clerk, kam eine Allparteienkoalition unter der Teilnahme christlich-nationaler, sozialdemokratischer und bürgerlicher Gruppierungen zustande. Horthy sicherte zunächst seine Unterordnung unter diese Allparteienregierung zu. Doch nach der Besetzung Westungarns – das von den rumänischen Verbänden auf Druck der Entente geräumt wurde – durch die von ihm geführte Nationale Armee und seinem feierlichen Einzug in Budapest am 16. November 1919 an der Spitze der Truppen erhob er Anspruch auf eine führende Rolle in der ungarischen Politik.

Nach dem Scheitern der Räterepublik im August 1919 griffen also in Ungarn jene politischen und militärischen Kräfte nach der Macht, die sich selbst offen als konterrevolutionär bezeichneten und nicht nur die Räterepublik, sondern auch die bürgerliche Revolution im Oktober 1918 ablehnten. Die Zeit des sogenannten Weißen Terrors begann, der an die 1200 Opfer forderte: Kommunistische Funktionäre wurden von Offizierskommandos verhaftet, gefoltert, ohne Verfahren eingekerkert oder hingerichtet. An manchen Orten kam es auch zu antisemitischen Ausschreitungen.

Auf Wunsch und unter Druck der Westmächte wurden im Januar 1920 Wahlen abgehalten. Es waren die ersten allgemeinen und geheimen Wahlen in der Geschichte Ungarns, erstmals

Miklós Horthy

Horthy wurde 1868 in Kenderes als Sohn eines adeligen Großgrundbesitzers geboren. Er absolvierte die k.u.k. Marineakademie in Fiume und begann eine Karriere als Marineoffizier. 1901 heiratete er, aus der Ehe gingen vier Kinder hervor. Zwischen 1909 und 1914 war Horthy Adjutant von Franz Joseph I. Im Ersten Weltkrieg war er Kommandant der Kriegsschiffe „Novara" und „Prinz Eugen" und wurde in der Schlacht von Otranto verwundet. Noch im Februar 1918 wurde er zum Konteradmiral ernannt.

Miklós Horty, von März 1920 bis Oktober 1944 Reichsverweser Ungarns

Seine politische Laufbahn begann Horthy im Juni 1919 als Verteidigungsminister der konterrevolutionären Regierung in Szeged. In der Folge organisierte er den von dieser Regierung unabhängigen Generalstab der Nationalen Armee. 1920 wählte ihn das Parlament zum Reichsverweser, in welcher Funktion er in der königlichen Burg in Budapest residierte. 1942 wurde zu seinem Stellvertreter sein Sohn István gewählt, der aber kurz darauf als Pilot fiel. Am 16. Oktober 1944 mußte Horthy – nach dem mißlungenen Versuch Ungarns, vom Verbündeten Deutschlands an die Seite der Alliierten zu wechseln – abdanken; die Nationalsozialisten stellten ihn in Bayern unter Hausarrest. Nach Kriegsende kam Horthy in US-Gefangenschaft und wurde mehrmals in Nürnberg verhört. Zwischen 1945 und 1948 lebte er mit seiner Familie in Bayern, 1949 ließ er sich in Portugal nieder, wo er 1957 in Estoril starb.

konnte auch die große Masse der ländlichen Bevölkerung ihre Stimme abgeben. Die Sozialdemokraten boykottierten sie allerdings aus Protest gegen den Terror.

Als stärkste Gruppierung ging die Partei der Kleinen Landwirte aus den Wahlen hervor; am zweitstärksten waren die Christlich-Nationalen. Eine Entscheidung über die Staatsform Ungarns – Republik oder Monarchie – war die zentrale Aufgabe des neugewählten Parlaments, der sogenannten Nationalversammlung. Eine republikanische Verfassung wurde von keiner der im Parlament vertretenen Politiker oder Parteien angestrebt, da die Idee der Republik mit den beiden Revolutionen verbunden wurde. Eine Rückkehr zum Königreich Ungarn warf jedoch die Frage nach der Besetzung des Thrones auf. Die Entente-Mächte schlossen eine Wiedererrichtung der Monarchie nicht aus, untersagten aber die Restauration der Habsburger Dynastie. Die Partei der Christlich-Nationalen Vereinigung vertrat dagegen die Ansicht, daß der Anspruch des Hauses Habsburg auf den Thron durch die Erklärung Karls IV. vom 13. November 1918 nicht erloschen war. Die Kleinen Landwirte widersetzten sich diesem Legitimismus und traten für eine freie Königswahl ein. Als Kompromiß bot sich die Wahl eines Reichsverwesers an. Diese Lösung kam den Wünschen der Entente ebenso wie der Regierung entgegen und entsprach auch den Machtansprüchen Horthys, der diesen Posten für sich reklamierte: So wurde Miklós Horthy am 1. März 1920 in der Nationalversammlung von der überwältigenden Mehrheit der Abgeordneten zum Reichsverweser gewählt. Der einzige „Schönheitsfehler" dieser Wahl war, daß das Parlamentsgebäude und seine nähere Umgebung von Offizieren besetzt waren.

Ungarn hatte nun ein mehr oder weniger demokratisch gewähltes Parlament, ein von diesem Parlament gewähltes Staatsoberhaupt und eine von den Entente-Mächten anerkannte Regierung. Doch für die internationale Anerkennung des Staates war die Unterzeichnung eines Friedensvertrages unumgänglich: Damit sah sich die Regierung, deren außenpolitisches Ziel eine „Revision" der Gebietsverluste aus der Niederlage im Ersten Weltkrieg war, gezwungen, zunächst den mit erheblichen territorialen Verlusten verbundenen Bedingungen der Entente für einen Frieden mit Ungarn nachzugeben.

Im Trianon, einem der Lustschlösser des Versailler Palais, wurde der Friedensvertrag am 4. Juni 1920 nach langwierigen Verhandlungen unterzeichnet. Die ungarische Delegation konnte keine Konzessionen oder Abänderungen jenes Diktats erreichen, das die Westmächte dem Land vorlegten. Neben der Verpflichtung zur Wiedergutmachung und der Begrenzung der zahlenmäßigen Stärke der Armee war die wichtigste und aus ungarischer Sicht tragische Folge des Vertrags die Festlegung neuer Staatsgrenzen. Das Staatsgebiet des Ungarischen Königreichs (mit Kroatien) wurde von 325 400 km^2 auf 92 900 km^2 verkleinert, die Einwohnerzahl von 20,8 Millionen auf 7,6 Millionen reduziert. Damit wurde Ungarn von einer Mittelmacht zu einem der Kleinstaaten der Region.

Ein Großteil der Bevölkerung der verlorenen Gebiete war nicht-ungarischer Nationalität und ihr Wunsch nach Unabhängigkeit verständlich. Doch auch 3,2 Millionen Ungarn lebten von nun an außerhalb der Grenzen, ein bedeutender Teil von ihnen in ethnisch homogenen, geschlossenen Siedlungsgebieten entlang der neuen ungarischen Grenzen, die im wesentlichen auch den Grenzen des heutigen Ungarn entsprechen. Von ethnischen Grenzen, von dem von US-Präsident Wilson formulierten Prinzip nationaler Selbstbestimmung als Grundlage der europäischen Nachkriegsordnung war keine Rede mehr. Der ungeheure Gebietsverlust und der Verlust eines Teils der ungarischen Bevölkerung wurden zu einem historischen Trauma, dessen Auswirkungen bis in die Gegenwart spürbar sind.

Eine Monarchie ohne König: Die Konsolidierung Nachkriegsungarns in der Ära Bethlen (1921–1932)

Als erste Schritte zu einer innenpolitischen Konsolidierung wollten die neuen Machthaber zur konservativen Politik der Vorkriegszeit zurückkehren, indem sie versuchten, einerseits die rechtsextremen Gruppierungen zurückzudrängen und den offenen Terror zu bekämpfen, andererseits der bäuerlichen Unzufriedenheit mit einer bescheidenen Bodenreform entgegenzuwirken. Nur 7% des Bodens wurden jedoch auf 260 000 neue Grundstücke verteilt, was zwar immerhin zwei Millionen Menschen zu

Grundbesitzern machte, jedoch die feudalen Grundstrukturen der ungarischen Landwirtschaft unverändert und die Bodenfrage als eines der grundlegenden Problem der ungarischen Gesellschaft weiterhin ungelöst ließ.

Dazu entstanden infolge der Niederlage im Ersten Weltkrieg neue Probleme: Aus den ungarischen Siedlungsgebieten, die nunmehr in den Territorien der neuen Nachbarstaaten Rumänien, Jugoslawien, Tschechoslowakei lagen, kam es zu einer Migrationswelle vor allem von Universitätsabsolventen und ihren Familien nach Ungarn. So entstand die Gefahr eines Überangebots an Akademikern auf dem Arbeitsmarkt, die von rechtsgerichteten Gruppen zu antisemitischer Propaganda benutzt wurde. Um diese Spannungen zu mildern, wurde der Zugang zum Universitätsstudium u.a. durch die Einführung eines „ethnischen" Numerus clausus begrenzt, aufgrund dessen die Studienplätze entsprechend dem Anteil der jeweiligen Gruppe an der Gesamtbevölkerung vergeben wurden – eine Maßnahme, die vor allem die jüdische Bevölkerung traf, die seit der zweiten Hälfte des 19. Jahrhunderts in den freien akademischen Berufen überproportional stark repräsentiert war.

Mit dem Amt und der Wahl des Reichsverwesers und der damit verbundenen Fortführung einer monarchischen Staatsform war auch die Frage einer erneuten Besetzung des ungarischen Königsthrones nicht aus der Welt geschafft worden, sondern im Gegenteil offen geblieben: Im März 1921 versuchte Karl IV. vor diesem legalen Hintergrund den Rücktritt Horthys zu seinen Gunsten zu erzwingen. Dieser Putschversuch scheiterte, Karl hielt seinen Anspruch auf den ungarischen Thron aber aufrecht, und damit blieb das Problem weiterhin auf der Tagesordnung.

Die Konsolidierung und Stabilisierung des neuen Regimes wird in erster Linie mit István Bethlen verbunden, der im April 1921 die Führung der Regierungsgeschäfte übernahm und mehr als zehn Jahre den Posten des Premierministers bekleidete. Er erreichte nach einem zweiten Putschversuch Karls IV., der heftige Proteste der Entente und der Nachbarstaaten zur Folge hatte, im Parlament die Verabschiedung eines Gesetzes über die Entthronung der Habsburger.

Bethlen vereinigte die beiden stärksten Parlamentsparteien zu einer politischen Gruppierung, was die politische Entmachtung der Partei der Kleinen Landwirte zur Folge hatte. Damit verlor die Bauernschaft ihre selbständige politische Vertretung; erst 1930 wurde die Partei wiederbegründet. Bethlen verhandelte auch mit der Sozialdemokratie und konnte die Partei der Arbeiter ebenfalls in das politische System einbinden: Die Sozialdemokraten mußten Zugeständnisse machen, sie durften weder die ländliche Bevölkerung noch die staatlichen Angestellten (Post, Eisenbahn) vertreten. In den Städten bekamen sie und die Gewerkschaften jedoch größere Bewegungsfreiheit und das Recht zur Teilnahme an den Parlamentswahlen.

Mit Bethlens Namen ist in Ungarn die Fortsetzung jenes politischen Systems verbunden, in dem der Premier nach wie vor unabhängig vom jeweiligen Wahlergebnis vom „Monarchen" bzw. vom Reichsverweser berufen wurde. Der Premier „wählte" die Regierungspartei, suchte also eine parlamentarische Mehrheit für seine Regierung: So blieb nach 1920, wenn auch unter verschiedenen Namen, immer dieselbe Partei an der Macht, ein Wechsel von den Oppositionsbänken in die Regierung war ausgeschlossen. Dieser „Stabilität" der Regierung diente auch ein 1922, zu Ende der ersten Legislaturperiode, per Dekret eingeführtes neues Wahlsystem, das eigentlich einen Schritt zurück bedeutete. In Budapest und zwölf anderen Städten konnten die Wähler zwar weiterhin geheim ihre Stimme abgeben, in den ländlichen Gebieten kehrte man aber zur offenen Stimmabgabe zurück – in Europa zu dieser Zeit bereits ein Kuriosum. Diese Regelung blieb, mit Veränderungen, bis 1939 in Kraft, als das geheime Wahlrecht endlich auf das ganze Land ausgedehnt wurde.

Ein weiteres Anzeichen der „Rückkehr" zu vorrevolutionären Zeiten war die 1926 als Gegengewicht zum Parlament wiederbegründete Zweite Kammer der Nationalversammlung, die einerseits den Charakter eines „Herrenhauses" hatte, in die also Mitglieder aus den Reihen der Hocharistokratie gewählt wurden, und die andererseits korporative Elemente aufwies: Kirchen, Kammern und Universitäten sowie Städte und Komitate entsandten ihre Vertreter. Dem entsprach eine durch die Einschaltung gesamtstaatlicher Organe beschränkte Autonomie der kommunalen Selbstverwaltung. Schließlich blieben die gesamten 20er Jahre über standrechtliche Bestimmungen in Kraft, die der Regierung ein von der unabhängigen Gerichtsbarkeit ungehindertes polizeiliches Durchgreifen auch gegen mißliebige Oppositionelle ermöglichten, von dem sie tatsächlich mehrmals Gebrauch machte.

Unter diesen Bedingungen kann Bethlen die Reorganisation der ungarischen Wirtschaft dagegen als eindeutiger Erfolg zugeschrieben werden. Der Frieden von Trianon hatte den Wirtschaftsraum der Habsburger Monarchie zerstört: Ein Großteil der ungarischen Schwerindustrie war zwar innerhalb der neuen Staatsgrenzen verblieben, die Rohstoffquellen und die Märkte lagen aber nunmehr außerhalb des Landes. Die Leichtindustrie war unterentwickelt, da der entsprechende Bedarf zu k.u.k-Zeiten durch „Importe" aus Böhmen gedeckt worden war.

Mit Hilfe von ausländischen Krediten, die vom Völkerbund garantiert wurden, konnte die ungarische Wirtschaft Mitte der 20er Jahre stabilisiert werden. Dazu trugen auch die relativ gute Infrastruktur und das entwickelte Bankwesen bei. So konnten neben der Industrie auch in der Landwirtschaft Erfolge und eine gewisse Dynamik erreicht werden. Auf einigen Gebieten war die Modernisierung nicht zu übersehen, ein Beispiel dafür ist die Elektrifizierung einer zentralen Eisenbahnlinie, von Budapest zur österreichischen Grenze nach Hegyeshalom. Die wirtschaftliche Entwicklung kam auch den Arbeitnehmern zugute: 1927 wurde die Kranken- und Unfallversicherung auf 90% der Arbeitnehmer ausgedehnt.

Der Friedensvertrag von Trianon hatte zur Folge, daß Ungarn weder mit militärischen Mitteln noch ökonomisch seine zu Zeiten der k.u.k. Monarchie führende Rolle in der Region aufrechterhalten konnte. Dieser Verlust sollte im Bereich der kulturellen und geistigen Entwicklung ausgeglichen werden. Im Zentrum der Bildungsreformen des Kultusministers Kúnó Klebelsberg – bis heute kulturpolitische Vorbildfigur – stand einerseits die Ausbildung einer modernen und hochqualifizierten, aber dennoch national gesinnten und vom Gedanken des Revisionismus überzeugten Elite, anderseits eine national-religiöse Schulbildung breiter Bevölkerungschichten. Das Volksschulgesetz des Jahres 1926 sah den Aufbau von 3500 Volksschulklassen und mehreren hundert dazugehörigen Lehrerwohnungen vor. Bereits im Jahre 1930 konnte die Analphabetismusrate Ungarns auf 10% gesenkt werden. Neben den bereits bestehenden Universitäten in Budapest und Debrecen begannen in Szeged und Pécs zwei neue ihre Tätigkeit, die symbolisch (und mit Teilen des Lehrpersonals) aus zwei Universitätsstädten der verlorenen Gebiete, Kolozsvár/Klausenburg und Pozsony/Preßburg übersiedelt wurden. Die postgraduierte Fortbildung wurde von einem Netz wissenschaftlicher Auslandsinstitute unter dem Namen Collegium Hungaricum unterstützt, in Wien, Rom, Berlin und Paris.

Außenpolitisch blieb Ungarn weitgehend isoliert: Zwar wurde das Land 1922 in den Völkerbund aufgenommen, doch die neuen Staaten in der Nachbarschaft schlossen sich zu einer Kleinen Entente gegen einen potentiellen ungarischen Revisionismus zusammen. Ebensowenig kam es zu einer engeren Zusammenarbeit mit den Großmächten: Frankreich unterstützte Jugoslawien, Rumänien und die Tschechoslowakei. Zwar zeigte Großbritannien etwas mehr Interesse an Ungarn, aber auch diese Beziehungen stagnierten während der 20er Jahre. An einer Annäherung an die demokratische Weimarer Republik zeigte die ungarische politische Führung kein Interesse. Erst Ende der 20er Jahre fand sich mit dem faschistischen Italien endlich ein Staat, mit dem Ungarn trotz seines Revisionismus engere Beziehungen knüpfen konnte. Bethlen unterzeichnete 1927 mit Rom ein Freundschaftsabkommen, das Ungarn die Möglichkeit einer aktiven Außenpolitik eröffnete. Unter dem Vorsitz des Schriftstellers Ferenc Herczeg wurde im selben Jahr die Ungarische Revisionsliga gegründet, mit dem Ziel, in der internationalen Öffentlichkeit um Sympathie für die Wiederherstellung des ungarischen Territoriums zu werben. Außenpolitisch blieb die Liga zwar erfolglos, innenpolitisch war diese rechtsgerichtete Vereinigung jedoch sehr populär und sicherte der revisionistischen Außenpolitik eine breite Unterstützung im Land.

Die Weltwirtschaftskrise erschütterte 1929 auch die mitteleuropäische Region. Als erstes wurden die ökonomischen Schwierigkeiten in der ungarischen Landwirtschaft spürbar, nachdem der Lebensmittelexport zusammengebrochen war. Die Krisensymptome griffen 1930 auch auf die Industrie über, die Produktion der Schwerindustrie fiel um 50%. Eine rasch wachsende Arbeitslosigkeit war die Folge, die bis zum Jahr 1932 auf 35% anwuchs. Der Zusammenbruch des internationalen Kreditsystems erreichte Ungarn 1931: Die Regierung untersagte Auslandszahlungen, rettete damit einige Unternehmen zwar vor dem Bankrott, setzte aber dem Kapitalimport ein Ende.

In dieser Situation versuchte Bethlen, mit antiparlamentarischen Mitteln einen Ausweg aus der Krise zu finden. Mit Unterstützung Horthys vertagte er die Sitzungen des Parlaments und wollte das Land durch Dekrete regieren. Dieser Versuch einer Wirtschaftsdiktatur schlug aber fehl. Der Konsens jener politischen und gesellschaftlichen Kräfte, die bislang die Regierungspolitik unterstützt hatten, löste sich auf. Bethlen zog daraus die Konsequenzen und trat im August 1931 zurück.

Die dreißiger Jahre

Nach dem Rücktritt Bethlens kamen für Horthy zwei Nachfolger für das Amt des Premierministers in Frage, beides Minister der bisherigen Regierung und Personen, die dem Reichsverweser persönlich nahestanden: Graf Gyula Károlyi und Gyula Gömbös. Mit dem Grafen verbanden Horthy verwandtschaftliche Beziehungen, Gömbös gehörte bereits 1919/20 in Szeged zu seinen engen Mitarbeitern. Beide vertraten jedoch unterschiedliche politische Positionen: Károlyi repräsentierte das traditionelle politische System Ungarns und eine Fortführung der Politik Bethlens, während Gömbös ideologisch weiter rechts stand und eine neue, radikale Politik als Antwort auf die Krisensituation vertrat.

Horthy entschied sich zunächst für Károlyi, doch die von diesem gebildete Regierung war nur von kurzer Dauer. Seine Position als Ministerpräsident war von Anfang an schwach, denn der einflußreiche Bethlen blieb weiterhin Vorsitzender der Regierungspartei. Zu den ersten Maßnahmen des neuen Ministerpräsidenten gehörte der Abbau der Staatsausgaben vor allem durch Lohnsenkungen im öffentlichen Sektor, die allerdings mit den Staatsangestellten die gesellschaftliche Basis des politischen Systems trafen. Die Dramatik der finanziellen Lage wird an einzelnen Sparmaßnahmen, wie etwa dem Verbot des Gebrauchs von Kraftfahrzeugen für Regierungsmitglieder, deutlich: Károlyi versuchte selbst beispielgebend zu wirken, indem er täglich zu Fuß von seiner Wohnung über die Kettenbrücke ging und dann mit der Standseilbahn an seinen Arbeitsplatz in die Burg fuhr. Doch die Einsparungen blieben unpopulär.

Zur Durchsetzung ihrer Finanzpolitik und zur Vorbeugung gegen soziale Unruhen griff die Regierung verstärkt auf polizeistaatliche Maßnahmen zurück. Mit Regierungsdekreten wurde das Standrecht erweitert, Demonstrationen und politische Versammlungen wurden verboten. Diese Politik war vor allem gegen die Arbeiterbewegung gerichtet. Die Wirtschaftskrise brachte aber nicht nur dieser verstärkten Zulauf, sondern auch rechtsradikalen und nationalsozialistischen Organisationen. So wurde 1931 die Nationalsozialistische Ungarische Arbeiterpartei gegründet. Ihre soziale Basis fand sie in den verarmten Dörfern Ostungarns, ihre Politik richtete sich gegen den Großgrundbesitz. Im Sommer des folgenden Jahres trat eine weitere rechtsextreme Partei an die Öffentlichkeit, die Ungarische Nationale Sozialistische Bauern- und Arbeiterpartei. Alle diese Organisationen versuchten, eine ungarische Variante des Nationalsozialismus zu gründen und wurden – nach dem Symbol der später führenden Partei des rechtsextremen Lagers – zusammenfassend „Pfeilkreuzler" genannt.

Der Regierung Károlyi gelang keine Lösung der wirtschaftlichen und politischen Probleme, und sie war vor allem einer zunehmenden Kritik durch die Vertreter der Landwirtschaft ausgesetzt. Deshalb wurde der Ministerpräsident nach nur einem Jahr Regierungstätigkeit von seinem eigenen Parteichef, István Bethlen, offen zum Rücktritt aufgefordert. Der Reichsverweser ernannte daraufhin 1932 den General a. D. Gyula Gömbös zum neuen Ministerpräsidenten. Seine Ernennung repräsentierte einen Generationenwechsel, vor allem aber einen sozialen Wandel der politischen Klasse Ungarns: Seine Vorgänger im Amt des Premierministers waren allesamt gräflicher Abkunft gewesen, Gömbös' Vater dagegen calvinistischer Lehrer ohne Adelstitel.

Mit dem Machtantritt des neuen Ministerpräsidenten vollzog Ungarn eine Abkehr vom konservativ-liberalen System Bethlens nach rechts und schloß sich damit dem europäischen Trend der 30er Jahre an. Gömbös trat die Regierungsgeschäfte – für das damalige Ungarn ungewöhnlich – mit einem in 95 Punkten zusammengefaßten sogenannten Nationalen Arbeitsprogramm an, dessen Grundidee die ungarische Gesellschaft als homogene Einheit war. Dieser nationalen Einheit sollte in der Politik der Aufbau eines autoritären, korporativen Staates nach dem Muster des italienischen Faschismus entsprechen.

Für die Veränderung des politischen Systems suchte er einen Kompromiß mit jenen Gruppen, die bisher Bethlen als graue Eminenz der Regierungspartei und als Garanten ihrer Interessen unterstützten: mit den Großgrundbesitzern und dem Großkapital. Den ersteren versicherte er, daß seine Reformpläne die großen Landgüter nicht antasten würden. Dem Großkapital, unter dessen Vertretern viele jüdischer Herkunft waren, kam er mit einer Korrektur seiner antisemitischen Ansichten entgegen, indem er feststellte, daß jene Bürger jüdischen Glaubens, die sich mit den Zielen der Nation identifizierten, auch als Teil der Nation zu betrachten seien. Die protektionistische Wirtschaftspolitik der Regierung brachte eine bescheidene Konjunktur sowie für einen Teil der Mittelschicht eine Verbesserung der Lage und war von sozialen Maßnahmen begleitet, etwa der Einführung der 48-Stunden-Woche. Die Position der Regierung stabilisierte sich.

Das ermutigte den Regierungschef dazu, die Umformung des politischen Systems in Richtung eines Einparteiensystems in die Wege zu leiten. 1932 erhielt die Regierungspartei einen neuen Namen, Partei der Nationalen Einheit. Im Frühling 1935 entließ Gömbös jene Minister aus der Regierung, die Bethlen nahestanden, und ersetzte sie durch eigene Gefolgsleute. Nach der Auflösung des Parlaments und der Ausschreibung frühzeitiger Parlamentsneuwahlen trat Bethlen mit seinen engsten Vertrauten aus der Partei aus. Mit Einschüchterungen und Manipulationen bei den Wahlen 1935 erreichte Gömbös schließlich sein Ziel: von den 245 Mandaten entfielen 170 auf die Regierungspartei. Hundert neue Abgeordnete, die „Gömbös-Küken" saßen in den Reihen der Partei der Nationalen Einheit. So gestärkt, wollte Gömbös nun mit dem Aufbau einer Massenpartei beginnen, als Mittel zum Ausbau eines totalitären Staates. Gombös scheiterte jedoch – der Widerstand in der Gesellschaft war zu stark. Die traditionellen konservativen wirtschaftlichen Eliten (mit der Symbolfigur Bethlen) wollten zwar keine Reformen, aber auch keine Diktatur. Sie waren es vor allem, die Gömbös zu Sturz brachten. Gegen die diktatorischen Bestrebungen formierte sich aber eine noch viel breitere Opposition, zum Schutze der Verfassung schlossen sich die liberalen Demokraten, ein Teil der Konservativen, später auch die Kleinen Landwirte, ja sogar die Sozialdemokraten zusammen. Die ungarische Linke war verständlicherweise dem Ministerpräsidenten feindlich gesonnen. Sie wollte Reformen mit Demokratisierung verbinden. Die einzige Möglichkeit für Gömbös wäre die Mobilisierung der unzufriedenen Gesellschaftsschichten gewesen, als Repräsentant des Mittelstandes widerstrebte ihm das jedoch.

Nach den stabilen 20er Jahren folgte auf den Rücktritt Gyula Károlyis eine Epoche, in der sich in zwölf Jahren acht Ministerpräsidenten ablösten. Gömbös starb, noch bevor der unzufriedene Horthy ihn entließ. Eine offene Diktatur bzw. eine Herrschaft der Pfeilkreuzler schien immer wahrscheinlicher. Auch wegen der immer größeren Nähe zu Deutschland hatte die ungarische Politik in den folgenden Jahren ständig mit diesem Dilemma zu kämpfen. Zu den ersten Aktivitäten Kálmán Darányis, des Nachfolgers von Gömbös, gehörte das Vorgehen gegen die rechtsextremen Parteien. Ihr bekanntester Anführer, Ferenc Szálasi, wurde verhaftet und verurteilt. Doch der Ministerpräsident glaubte, die Pfeilkreuzler würden früher oder später – mit der mächtigen deutschen Unterstützung im Rücken – doch an die Macht kommen. Deshalb sei es vorteilhafter, mit ihnen zu verhandeln. Als dies in der Öffentlichkeit bekannt wurde, mußte er auf Wunsch Horthys gehen. Béla Imrédy, sein Nachfolger, ließ Szálasi wieder verhaften, diesmal bekam der Anführer der Pfeilkreuzler drei Jahre Haft. Weiters wurde den Beamten und den Angestellten des öffentlichen Dienstes die Mitgliedschaft in der Pfeilkreuzlerpartei (und in der Sozialdemokratischen Partei) verboten. Die Regierung versuchte auch auf andere Weise, den rechtsextremen Strömungen den Wind aus den Segeln nehmen. Im Mai 1938 wurde (das schon von Darányi eingereichte) sogenannte erste Judengesetz verabschiedet. Diesem Gesetz zufolge durfte der Anteil der Juden in Presse und Handel, in der Anwalts-, in der Ingenieurs- und in der Ärztekammer maximal 20% betragen. Damit war der erste Schritt in Richtung der Aufhebung bzw. Einschränkung der Menschenrechte für eine Bevölkerungsgruppe getan. Die internationalen Erfolge Deutschlands blieben aber auch auf den Ministerpräsidenten nicht ohne Wirkung. Im September 1938 sprach er in einer öffenlichen Rede von einer „wundervollen Revolution", glich sich also in Wort und Ideologie Hitler und Mussolini an. Er versprach den Bauern die Lösung der Bodenfrage, die Lage der Arbeiter wollte er durch die Einrichtung von Arbeiterkammern verbessern. Teile der Mittelschicht versuchte er durch die Verabschiedung eines zweiten Judengesetzes hinter sich zu bringen. Dazu benötigte er jedoch ein Ermächtigungsgesetz, was das Parlament verweigerte. Zum ersten und letzten Mal wurde ein ungarischer Ministerpäsident gestürzt. Doch Ungarn war keine Demokratie, Horthy nahm die Abdankung des Regierungschefs nicht an, denn er fand die gegen Imrédy zustande gekommene „Koalition" genauso gefährlich. Imrédy versuchte dann – wie seine Vorgänger –, eine eigene Partei zu gründen. Als ersten Schritt organisierte er die faschistische Bewegung Ungarisches Leben, deren Symbole der Wunderhirsch (eine ungarische Sagengestalt) und der Totenkopf waren. Horthy geriet wieder in dieselbe Situation wie ein Jahr zuvor, er wollte den Ministerpräsidenten loswerden. Der Reichsverweser mußte nun aber auch die Position Deutschlands in Betracht ziehen, das Imrédy unterstützte. Bethlen präsentierte – mit Hilfe oppositioneller Politiker – Horthy Papiere, die bezeugten, daß einer der Urgroßväter Imrédys jüdischer Abstammung war. Erst mit diesem Druckmittel konnte der Ministerpräsident von seinem Posten entfernt werden.

Die Wende, die der Machtantritt Hitlers in Deutschland mit sich gebracht hatte, wirkte sich auch auf Ungarns Außenpolitik aus. In Ungarn wuchsen die Hoffnungen auf einen starken Verbündeten, der ebenso gegen das in Versailles begründete Friedenssystem eingestellt war wie Ungarn. Deshalb war Gömbös der erste ungarische Ministerpräsident gewesen, der nach Berlin reiste, nicht nur wegen seiner ideologischen Nähe zum Nationalsozialismus, sondern auch, weil Deutschland als guter Absatzmarkt für die ungarischen Agrarprodukte angesehen wurde. Hitler war aber höchstens dazu bereit, die ungarischen Revisionsforderungen gegenüber der Tschechoslowakei zu unterstützen. „Groß-Ungarn" in den Grenzen vor 1918 blieb weiterhin ein Traum.

Nach der Annexion Österreichs, die Ungarn eine Grenze zu Deutschland brachte, wandte sich Hitler der Aufteilung der Tschechoslowakei zu. Bei einem Treffen schlug er Horthy vor, das Nachbarland anzugreifen, Deutschland würde Ungarn mit Waffen unterstützen. Doch davor schreckte die politische Führung des Landes zurück. Neben der Schwäche der Armee spielte auch die Tatsache eine Rolle, daß man die Beziehungen zu den Westmächten nicht völlig verspielen wollte.

Ungarndeutsche und der Volksbund

Nach 1920 wurde Ungarn ein ethnisch weitgehend homogenes Land, der Anteil der Minderheiten lag unter 10%. Das Verhältnis zum nichtungarischen Bevölkerungsteil war ähnlich wie in der Monarchie: die Gesetzgebung liberal, die Praxis der Komitatsverwaltungen jedoch minderheitenfeindlich. Die größte ethnische Minorität bildeten mit 7% der Bevölkerung (1920) die Deutschen. Im Jahre 1924 wurde der Ungarländische Deutsche Volksbildungsverein gegründet. Die anfänglich noch guten Beziehungen zwischen Ungarn und Deutschen verschlechterten sich Anfang der 30er Jahre, ein Teil des UDV radikalisierte sich, suchte und fand Unterstützung in Deutschland. Die Lage der deutschen Minderheit in Ungarn wurde zu einem wichtigen Thema in den deutsch-ungarischen Beziehungen. Nach dem ersten Wiener Schiedsspruch wurde unter der Führung von Franz Basch der Volksbund der Deutschen in Ungarn gegründet, der eindeutig nationalsozialistische Positionen vertrat und nach dem zweiten Schiedsspruch zur einzigen zugelassenen Vertretung der Deutschen in Ungarn wurde. Während des Zweiten Weltkriegs betrachtete es der Volksbund als seine Aufgabe, das nationalsozialistische Dritte Reich zu unterstützen, sowohl wirtschaftlich als auch mit Soldaten. 1940 wurde erst illegal, dann mit Erlaubnis der ungarischen Behörden für die SS geworben, 40000 Ungarndeutsche traten ein. In einer weiteren Aktion wurden 80000 Soldaten für die Wehrmacht gemustert. Im vergrößerten Ungarn waren 40% der Deutschen Mitglieder des Volksbundes, insgesamt 70% standen unter seinem Einfluß. Dies trug wesentlich dazu bei, daß die Ungarn nach dem Krieg die Deutschen mit dem Volksbund gleichsetzten.

So war es nicht verwunderlich, daß Ungarn im Münchner Abkommen nur die Zusicherung bekam, mit der Tschechoslowakei über Gebietsfragen verhandeln zu können. Die Verhandlungen führten zu keinem Ergebnis, und so mußten Italien und Deutschland die Entscheidung treffen. Am 2. November 1938 wurde der erste sogenannte Wiener Schiedsspruch gefällt, der Ungarn ein etwa 12000 km² großes Gebiet der ehemaligen Tschechoslowakei zusprach. So konnte Ungarn doch noch einen Erfolg erzielen und eine den ethnischen Grenzen entsprechende Grenzkorrektur mit friedlichen Mitteln erreichen.

Die Doppelstrategie, Gebiete zurückzugewinnen, sich von militärischen Auseinandersetzungen aber fernzuhalten, zeigte auch in den nächsten zwei Jahren Erfolge: Die Rückeroberung der Karpato-Ukraine im Jahre 1939 (Ungarn wurde damit direkter Nachbar Polens) und der zweite Wiener Schiedsspruch, mit dem Ungarn Teile Nord-Siebenbürgens (43 000 km^2) zurückerhielt, sind auf die Unterstützung durch Deutschland zurückzuführen. Doch dies alles hatte seinen Preis. So unterzeichnete Ungarn 1939 den Antikominternpakt und trat 1940 dem Dreimächtepakt Italiens, Deutschlands und Japans bei. Innenpolitisch war das zweite Judengesetz 1939, das auf rassistischer Grundlage die wirtschaftlichen Möglichkeiten jüdischer Bürger einengte, die Konsequenz.

1940 wurde der Anführer der Pfeilkreuzler, Szálasi, aus der Haft entlassen, der bald alle rechtsextremen Gruppierungen in einer Partei vereinte. Dies alles bedeutete, daß Ungarn sich immer mehr an Deutschland band und damit sein politischer Spielraum stetig enger wurde. Während Ministerpräsident Teleki 1939 noch ablehnen konnte, daß Ungarn an der Seite Deutschlands am Krieg gegen Polen teilnahm, sogar deutschen Truppen den Durchzug nach Polen untersagte, einem Land, mit dem Ungarn historisch freundschaftlich verbunden war, bedeutete der Beitritt zum Dreimächtepakt aber die Aufgabe dieser „Neutralität". 1941, als Deutschland Jugoslawien angriff, erfolgte ein neuerliches Angebot Hitlers: Bei einer Beteiligung Ungarns würden alte Grenzen anerkannt. Teleki stand vor einem unlösbaren Dilemma: Als einer der Väter des Revisionsgedankens konnte er einem solchen Angebot nicht ausweichen, andererseits fand er diesen Schritt außenpolitisch zu riskant. Es gab auch moralische Bedenken, denn im Dezember 1940 hatte Ungarn mit Jugoslawien einen Vertrag über ewige Freundschaft unterzeichnet. Der Ministerpräsident sah für sich nur einen Ausweg: In der Nacht zum 3. April erschoß er sich. „Wir sind wortbrüchig geworden – aus Feigheit (...) Wir haben uns auf die Seite der Schurken gestellt (...) wir werden Leichenfledderer werden. Die widerlichste Nation. Ich habe es nicht verhindert. Ich bin schuldig", schrieb er in seinem an Horthy gerichteten Abschiedsbrief. Mit seiner Tat wollte er das Land aufrütteln. Doch sie blieb wirkungslos. Die ungarischen Truppen marschierten über die jugoslawische Grenze. Der Lohn blieb nicht aus: Das Gebiet Ungarns vergrößerte sich um weitere 11 500 km^2. Mit den Grenzänderungen seit 1938 hatten sich Bevölkerung und Territorium verdoppelt.

Ungarn im Zweiten Weltkrieg

Am 27. Juni 1941 verkündigte Ministerpräsident László Bárdossy im Parlament, daß Ungarn mit der Sowjetunion in den Kriegszustand getreten sei. Der Anlaß dazu war die Bombardierung der Städte Kassa, Munkács und Rahó. Offiziell verlautete, daß sowjetische Flugzeuge den Angriff durchgeführt hätten. Bis zum heutigen Tage wurde jedoch nicht geklärt, wer die Provokation tatsächlich verübt hatte. Sie kam der ungarischen Führung allerdings sehr gelegen. Im „Plan Barbarossa" der Deutschen Wehrmacht gegen die Sowjetunion waren die ungarischen Truppen nicht eingeplant. Doch nun ergab sich die Möglichkeit, daß auch Ungarn an dem Feldzug teilnehmen konnte. Dabei spielte einerseits die Sowjetfeindlichkeit des Regimes eine wichtige Rolle, anderseits die Hoffnung, durch die Teilnahme die bisherigen Gebietsgewinne sichern und nach einem deutschen Sieg eine gute Position einnehmen zu können. Ferner wurde davon ausgegangen, daß eine Nichtteilnahme Ungarns gegenüber einer Teilnahme Rumäniens sich nach dem Krieg als Nachteil erweisen könnte. Am 1. Juli wurden die nicht besonders gut ausgerüsteten ungarischen Truppen in den Kampf geschickt.

Mitteleuropäische Besonderheiten

Als Ungarn im Jahre 1941 der USA den Krieg erklärte, soll Präsident Roosevelt seinen Berater gefragt haben:
– Was für eine Staatsform hat dieses Ungarn?
– Es ist ein Königreich, Herr Präsident.
– Und wer ist der König?, fragte Roosevelt weiter.
– Es hat keinen König, nur einen Reichsverweser, den Konteradmiral Horthy.
– Konteradmiral? Das Land hat also eine starke Flotte?
– Nein, Herr Präsident, Ungarn hat nicht mal einen Zugang zum Meer.
Doch Roosevelt wollte mehr wissen:
– Das Land steht auch mit der Sowjetunion im Krieg?
Der Berater bejahte.
– Die Sowjetunion ist also der Hauptfeind der Ungarn?
– Nein, der Hauptfeind ist Rumänien.
– Und auch mit Rumänien steht Ungarn im Krieg?
– Nein, Rumänien ist der Verbündete Ungarns.

Die Beteiligung Ungarns an den Kriegshandlungen gegen die Sowjetunion hatte außenpolitische Folgen. Im Dezember forderte Großbritannien Ungarn in einem Ultimatum auf, seine Truppen vom Boden der Sowjetunion zurückzuziehen, andernfalls trete der Kriegszustand ein. Die ungarische Regierung tat nichts. Nach der Aggression Japans erklärte Ungarn den USA den Krieg.

In den Sommer- und Herbstmonaten erlitten die ungarischen Truppen in der Sowjetunion dermaßen schwere Verluste, daß sie im Dezember von der Front abgezogen werden mußten. Bereits im Sommer hatte die deutsche Führung neuen Nachschub verlangt. Horthy und seine Umgebung versuchten dem zu widerstehen, mußten aber schließlich in die Entsendung von 200000 Soldaten der II. Ungarischen Armee an die Ostfront einwilligen. Sie trafen im Sommer 1942 am Don ein und unterstanden – ähnlich den rumänischen Truppen – der deutschen Heeresführung. Die weiterhin schlecht bewaffnete und dem Feind unterlegene Armee sollte einen 200 km langen Abschnitt des Flußufers verteidigen. Als im Januar 1943 ein Großangriff der Roten Armee begann, wurde die II. Armee binnen kurzer Zeit vernichtend geschlagen. In eisiger Kälte zogen sich die verstreuten Truppenteile zurück. 40000 Soldaten blieben auf dem Schlachtfeld, über 70000 gerieten in Gefangenschaft. Die Regierung konnte das Ausmaß der Katastrophe vor der Bevölkerung verheimlichen, sie war aber im weiteren trotz des Drucks der deutschen Armeeführung und des Drängens der heimischen rechtsextremen Kräfte nicht mehr bereit, neuerlich Soldaten an die Front zu schicken. Die Ungarn übernahmen Besatzungsaufgaben. Die ungarische Wirtschaft wurde der deutschen immer stärker untergeordnet: Bald wurde der größte Teil der Bauxitförderung, der Rüstungsproduktion, der Erdölförderung und der Agrarprodukte dem Verbündeten geliefert, der dafür aber nichts zahlte; lediglich die Verschuldung Deutschlands gegenüber Ungarn wuchs.

Die durch die Schlacht bei El Alamein, vor allem aber durch den Sieg der Sowjetarmee bei Stalingrad hervorgerufene Wende im Zweiten Weltkrieg öffnete vielen Ungarn die Augen. Selbst die Regierung begann vorsichtig mit Großbritannien und den USA Kontakt aufzunehmen. Emissäre wurden nach Istanbul, Stockholm und in die Schweiz entsandt, um über einen Waffenstillstand zu verhandeln. Horthy und die ihm nahestehenden politischen

Gruppen erhofften eine Landung der westlichen Alliierten auf dem Balkan und dadurch eine Vermeidung der Verhandlungen mit der Sowjetunion. Inzwischen hatte der Reichsverweser wieder einmal seinen Ministerpräsidenten zum Rücktritt gezwungen und Miklós Kállay an die Spitze der Regierung gestellt, der den Austritt Ungarns aus dem Krieg zwar bejahte, die drohende Besetzung des Landes durch die Deutschen aber nicht riskieren wollte.

Die geheimen Verhandlungen blieben den deutschen Geheimdiensten nicht verborgen. Der Druck Hitlers verstärkte sich, da er einen Austritt Ungarns und einen damit verbundenen Verlust des ungarischen Wirtschaftspotentials nicht dulden konnte. Schon im März 1944 traf er sich mit Horthy, und nach heftigen Auseinandersetzungen willigte der Reichsverweser ein, den Ministerpräsidenten zu entlassen, den Krieg weiterzuführen und in der Innenpolitik Änderungen durchzuführen.

Am 19. März besetzen deutsche Truppen Ungarn. Horthy durfte sein Amt weiterhin behalten, neuer Ministerpräsident wurde der den Deutschen freundlich gesinnte Döme Sztójay, der ehemalige Botschafter in Berlin.

Mit den Soldaten kam auch die Gestapo, die aufgrund vorbereiteter Listen Massenverhaftungen durchführte. 3000 Personen, unter ihnen prominente Politiker wie Miklós Kállay, gerieten in die Hände der Deutschen oder mußten wie István Bethlen in ausländischen Botschaften Zuflucht suchen. Deutschfeindliche Parteien und Zeitungen sowie die Gewerkschaften wurden verboten.

Der einzige, der mit der Waffe in der Hand die Gestapo erwartete, war Endre Bajcsy-Zsilinszky, eine der interessantesten Persönlichkeiten der damaligen Zeit. 1919 gehörte er zum engsten Kreis Horthys, später schloß er sich der Partei für Rassenschutz an. 1930 gründete er seine eigene Partei, die Nationalradikale Partei, die aus rechten Positionen für die Bodenreform kämpfte und sich 1936 der Kleinlandwirtepartei anschloß. Langsam gab er seine früheren antisemitischen, antisozialistischen Anschauungen auf und befürwortete die Zusammenarbeit der Kleinen Landwirte mit den Sozialdemokraten. (Er trat sogar in einem Kommunistenprozeß als Zeuge der Verteidigung auf.) Im November 1944 wurde er aus der Haft entlassen und schloß sich dem bewaffneten Widerstand an. Durch Verrat fiel er in die Hände der Pfeilkreuzler, die ihn hinrichteten.

Holocaust

Bereits vor dem März 1944 – vor der Besetzung Ungarns durch deutsche Truppen – verloren die Juden in Ungarn aufgrund der sogenannten „Judengesetze" ihre Bürgerrechte und wurden zur Leistung eines Arbeitsdienstes gezwungen. Das 1941 verabschiedete dritte „Judengesetz", folgte eindeutig dem Geist der Nürnberger Gesetze: Es verbot nicht nur die Heirat zwischen Juden und Nicht-Juden, sondern auch jeden sexuellen Kontakt. Durch eine Neuregelung galt nun jede Person als Jude, die zwei Großeltern ursprünglich mosaischen Glaubens hatte.

Horthy und die ungarische Regierung widerstanden zwar dem Druck, auch die ungarischen Juden in die „Endlösung" miteinzubeziehen. Doch nach der Besetzung des Landes begannen die Gestapo und das Eichmann-Kommando unter Mithilfe der ungarischen Verwaltung, vor allem der Gendarmerie, die ungarischen Juden in Ghettos zu konzentrieren. Im Mai 1944 begannen die Deportationen nach Auschwitz. Praktisch die gesamte jüdische Bevölkerung außerhalb Budapests wurde deportiert, nur ein kleiner Teil überlebte. Einer der wenigen Überlebenden, zugleich einer der bedeutendsten zeitgenössischen ungarischen Schriftsteller, Imre Kertész, hat diesem Schicksal der ungarischen Juden und dem Konzentrationslager als Herausforderung der Menschlichkeit im 20. Jahrhundert sein literarisches Lebenswerk gewidmet.

Als auch die Budapester Juden im Sommer 1944 mit einem Schlag nach Deutschland gebracht werden sollten, trat Horthy – von heimischen und ausländischen Protesten gedrängt – dagegen auf und verhinderte ihre Deportation. Damit konnte wenigstens ein Teil der 200000 Juden der Hauptstadt, die unter schwersten Bedingungen großteils in einem überfüllten Ghetto leben mußten und den Gewalttaten der Pfeilkreuzler ausgesetzt waren, überleben.

Die Hilfsbereitschaft von Teilen der Bevölkerung war groß, auch kirchliche Organisationen versuchten den Verfolgten zu helfen. In Budapest spielten Diplomaten, vor allem der Schwede Raoul Wallenberg, eine wichtige Rolle bei der Rettung von Juden. Von den ca. 800000 Juden, die im Jahre 1941 in Ungarn lebten, wurden jedoch mehr als 560000 ermordet. Auch die ungarischen Roma waren vom Völkermord betroffen, 50000 von ihnen kamen in den Konzentrationslagern um.

Als sich Rumänien im August 1944 auf die Seite der Sowjetunion stellte und dadurch die Position der Deutschen Wehrmacht in der Region bedeutend geschwächt wurde, eröffnete dies für

Ungarn einen neuen Spielraum. Doch Horthy wechselte nur den Ministerpräsidenten aus, einen offenen Bruch mit Deutschland wagte er nicht. Die Verhandlungen mit den Westmächten wurden wieder aufgenommen, diese machten jedoch klar, daß Ungarn mit der Sowjetunion verhandeln müsse. Dies und vor allem die Besetzung des Landes durch die Rote Armee wollte Horthy auf jeden Fall vermeiden. Um dieser zuvorzukommen, versuchten ungarische Truppen – erfolglos – den Süden von Siebenbürgen zu besetzen. Im September flog dann doch insgeheim eine Delegation nach Moskau, wo sie am 11. Oktober das vorläufige Friedensabkommen unterzeichnete. Den Austritt aus dem Krieg bereitete Horthy aber völlig unzulänglich vor. Er stützte sich dabei nur auf seinen engsten Kreis und lehnte jegliche Hilfe ab, so auch das Angebot des sich verstärkenden illegalen Widerstandes. Im Mai 1944 hatten sich nämlich Kommunisten, Sozialdemokraten, Kleine Landwirte und Legitimisten in der Ungarischen Front vereint. Die Verhandlungen zwischen deren Vertretern und Horthy führten aber zu keinem Ergebnis. Deshalb bekam auch die Ungarische Front keine Informationen über den bevorstehenden Seitenwechsel.

Als am 15. Oktober der Reichsverweser im Radio verkündete, daß er sich für einen Waffenstillstand entschieden hatte, traf das zwar die ungarische Bevölkerung und die Armee unvorbereitet, nicht aber die Deutschen. Schon vor der Proklamation wurde Horthys Sohn, der das sogenannte Absprungbüro leitete, von der Gestapo verhaftet. Die deutschen Truppen besetzten in Budapest, ohne auf ernsten Widerstand zu stoßen, die strategisch wichtigen Punkte. Horthy brach seelisch zusammen. Durch die Verhaftung seines Sohnes erpreßt, ernannte er Szálasi zum Ministerpäsidenten und verhalf damit den Pfeilkreuzlern an die Macht. Nicht nur Horthy persönlich hatte versagt, sondern auch das System und die herrschende Elite. Seine Machbasis hatte ihn im entscheidenden Augenblick im Stich gelassen.

Szálasi versuchte seiner Macht eine „legitime" Basis zu verschaffen, vom Rest des Parlaments – viele Abgeordnete waren verhaftet oder in der Illegalität untergetaucht – wurde er auf der Grundlage eines neuen Gesetzes zum „Führer der Nation" gekürt. Seine Regierung führte selbstverständlich den Krieg weiter. Im September überschritten sowjetische Truppen die ungarisch-rumänische Grenze, das Land wurde für 194 Tage zum Kriegsschauplatz.

Die Folgen des Krieges

Als im April 1945 im größten Teil Ungarns die Kampfhandlungen zu Ende gingen, hatte der Krieg tiefe Spuren im Land hinterlassen. Die Menschenverluste betrugen – allein auf das heutige, um etwa zwei Drittel verkleinerte Staatsgebiet gerechnet – mehr als 500 000, von denen etwa die Hälfte Opfer des Holocaust waren. Etwa eine Million Männer befanden sich in Kriegsgefangenschaft, und auch das Vorrücken der Roten Armee war mit schweren Gewalttaten, Raub, Vergewaltigung und Verschleppung von ungarischen Bürgern verbunden.

Auch die Sachschäden waren wegen der mehr als sechsmonatigen Kriegshandlungen auf ungarischem Boden enorm: 40% des Nationaleigentums waren vernichtet, das Fünffache des BIP des Jahres 1938. Die Infrastruktur war großteils zerstört: Die deutschen Truppen hatten auf ihrem Rückzug alle Brücken über Donau und Theiß gesprengt, der Zugverkehr war wegen der zerstörten Wagen und Gleisanlagen beinahe zum Stillstand gekommen. Der Produktionsrückgang der Industrie betrug 40–50%. Ein Großteil des Viehbestands war umgekommen. Eine Hungerkatastrophe drohte. Zu diesen Zerstörungen kamen noch die Lasten der Wiedergutmachung von 300 Millionen US-$ (Warenlieferungen) an die Sowjetunion, Jugoslawien und die Tschechoslowakei, sowie die Versorgung des Alliierten Kontrollrats: dies machte zusammen ca. 30% des Nationalprodukts der Jahre 1945/46 aus.

Die politischen Eliten und Parteien der Zwischenkriegszeit hatten sich durch die Befürwortung der Teilnahme am Krieg, durch ihre Beziehungen zu Nazi-Deutschland und durch das Scheitern eines rechtzeitigen Wechsels an die Seite der Alliierten – wie ihn etwa Finnland oder Rumänien erfolgreich vollzogen hatten – desavouiert. Nun traten die ehemaligen Oppositionsparteien an die Spitze des politischen Systems, um die schon lange nötigen demokratischen Reformen durchzuführen: die Partei der Kleinen Landwirte, die Sozialdemokratische Partei und die (1939 illegal gegründete) Nationale Bauernpartei, die aus der Bewegung der volkstümlichen Dichter entstanden war. Auch die Kommunistische Partei trat aus der Illegalität hervor. Durch die Anwesenheit der Roten Armee ermutigt und unterstützt, wurde sie als erste

Partei nach Kriegsende wiederbegründet. Bis zum Frühjahr 1946 gewann sie 600000 Mitglieder und war damit etwa so stark wie die Kleinen Landwirte oder die Sozialdemokraten.

Anfang Dezember 1944 hatten die Partei der Kleinen Landwirte, die Ungarische Sozialdemokratischen Partei, die Kommunistische Partei Ungarns, die Nationale Bauernpartei sowie die kleine Bürgerlich-Demokratische Partei in Szeged die Ungarische Nationale Unabhängigkeitsfront gegründet, die das Aktionsprogramm der KP als Arbeitsgrundlage annahm. Die wichtigsten politischen Ziele der Unabhängigkeitsfront waren die Beendigung des Krieges, Demokratisierung und Wiederaufbau. Drei Wochen später, am 21. Dezember, bildeten die Vertreter der Parteien in Debrecen eine provisorische Landesversammlung: Die Abgeordneten aus den Ortschaften der bereits befreiten Gebiete erhielten ihr Mandat in Wahlversammlungen per Akklamation. Tags darauf wählte das Parlament eine provisorische Regierung. Das Amt des Ministerpräsidenen bekleidete Béla Miklós, ein General der Horthy-Armee. Neben drei Kommunisten, zwei Sozialdemokraten, zwei Vertretern der Kleinen Landwirte und einem der Nationalen Bauernpartei wurden drei weitere Generäle sowie der Sohn des ehemaligen Ministerpräsidenten Teleki zu Ministern ernannt. In Westungarn herrschte zu diesem Zeitpunkt noch Krieg, und gerade zu dieser Zeit begann die Belagerung von Budapest. Die Hoffnung war, durch die symbolische Wirkung einer solchen Zusammensetzung der Regierung die noch an der Seite der Deutschen kämpfenden ungarischen Truppen zur Aufgabe zu bewegen.

Die Provisorische Landesversammlung trat mehrmals zusammen: Zu ihren wichtigsten Ergebnissen zählte die Bestätigung der Bodenreform, die aufgrund eines Dekrets der Regierung vom 17. März 1945 durchgeführt wurde. Im Osten Ungarns, wo in der Bauernschaft revolutionäre Traditionen weiterlebten, wurden Ausschüsse gebildet, um den verlassenen Grundbesitz aufzuteilen: Ein Großteil der Grundbesitzer, Adelige und Beamte, war aus Angst vor der Roten Armee geflohen. Die beschlossene radikale Bodenreform sah die Aufteilung von Grund- und Waldbesitz über 100 Katastraljoch (rund 57 Hektar) vor, jedoch auch eine Entschädigung für die Enteigneten (die allerdings nie ausbezahlt wurde). Damit verschwand mit einem Schlag der Großgrundbesitz aus Ungarn – und mit ihm eine ganze Welt. Wie man damals formulierte, wurde der jahrhundertealte Streit zwischen Bauern und Großgrundbesitz zugunsten der ersteren entschieden. Die Bodenreform traf aber nicht nur diese gesellschaftliche Elite, die damit ihre wirtschaftliche Basis verlor, sondern auch die katholische Kirche, die einer der größten Landbesitzer in Ungarn war und nur einen Bruchteil ihres Besitzes behalten durfte.

Demokratische Wahlen 1945

Mit dem Vormarsch der Sowjetarmee wurde das Parlament schrittweise erweitert. Doch die politischen Kräfteverhältnisse sollten durch freie Wahlen geklärt werden. Dazu kam es im November 1945. Die Sowjetunion versuchte über den Alliierten Kontrollrat Druck auszuüben, daß die Koalitionsparteien auf einer gemeinsamen Liste kandidieren sollten. Nach Protesten der Westmächte und der ungarischen Parteien kam es jedoch nicht dazu. So wurden 1945 die ersten demokratischen Wahlen in der Geschichte Ungarns abgehalten. Die Mitglieder der nunmehr aufgelösten rechtsextremen Organisationen waren zwar von den Wahlen ausgeschlossen, doch hatten 60% der Bevölkerung das Wahlrecht – im Jahre 1939 waren es wegen des damals gültigen Wahlzensus bloß 40% gewesen. Aus den Wahlen ging die Partei der Kleinen Landwirte mit 53% der Stimmen als klarer Sieger hervor, gefolgt von den Sozialdemokraten (17,4%), der Kommunistischen Partei (17%) und der Nationalen Bauerpartei (7%).

Bereits bei der Regierungsbildung durch den Politiker der Kleinen Landwirte, Zoltán Tildy, konnten die Kommunisten ihre Position gegenüber dem Wahlergebnis bedeutend verbessern: Sie erreichten, daß die Wahlsieger nur die Hälfte der Ministerposten erhielten – eine Alleinregierung kam gar nicht in Frage – die übrigen fielen an die drei linken Parteien. Aufgrund sowjetischen Drucks erhielt ein Vertreter der Kommunisten den wichtigen Posten des Innenministers. Polizei, Armee und vor allem die Geheimpolizei waren zu diesem Zeitpunkt bereits unter Kontrolle der KP. Auch mit der Leitung des Sekretariats des Wirtschaftshauptausschusses – der für die Vergabe von Rohstoffen, für die Preis- und Lohnfestsetzung zuständig war, also die wichtigste Wirtschaftsmacht darstellte – wurde ein Repräsentant der Kom-

„Das Land gehört dem Besteller“ –
unter diesem Motto stand die große Landreform von 1945. –
Foto: AKG, Berlin

munisten betraut. Damit ging die Wirtschaftspolitik praktisch in die Hand der KP über, da in dieser Phase des Wiederaufbaus die Rolle des Staates von eminenter Bedeutung war.

Kriegsverbrecher wurden vor sogenannte Volksgerichte gestellt, deren Urteile oft Züge von Rache annahmen und in keinem Verhältnis zu den verübten Verbrechen standen. 189 Todesurteile wurden vollstreckt, unter ihnen an drei ehemaligen Ministerpräsidenten der Kriegszeit (Bárdossy, Imrédy, Sztójay).

Ungarn war formal gesehen immer noch ein Königreich, jetzt aber nicht nur ohne König, sondern auch ohne Reichsverweser. Nach der Regierungsbildung stand auch die Frage der Staatsform auf der Tagesordnung. Die Sozialdemokraten, die Kommunisten und die Nationale Bauernpartei sowie einige Vertreter der Kleinen Landwirte plädierten für eine Republik, im konservativen Flügel der Kleinen Landwirtepartei fanden sich aber auch Befürworter der Monarchie. Vor allem die katholische Kirche unter dem Primás von Ungarn, Kardinal Mindszenty, trat vehement für die Aufrechterhaltung des Königtums ein. Doch weder die innen-

Salamitaktik

Nachdem bei den Wahlen 1945 die Partei der Kleinen Landwirte gewonnen hatte, versuchte die Kommunistische Partei diesen wichtigsten Konkurrenten um die Macht mit anderen Mitteln zu schwächen. Im Frühjahr 1946 verbündete sich die KP mit der Sozialdemokratie und der Nationalen Bauernpartei – innerhalb der Regierungskoalition – zu einem Linksblock, der Druck auf die Kleinen Landwirte ausübte, sich von rechten Gruppierungen innerhalb der Partei zu „befreien". So wurde die stärkste Parlamentspartei schrittweise zersplittert, sozusagen wie eine Wurst „aufgeschnitten", wobei die KP sich auch der Hilfe der Geheimdienste und der Sowjetarmee bediente.

politische noch die außenpolitische Kräftekonstellation begünstigte diesen Standpunkt. Am 1. Februar wurde die Republik ausgerufen und Zoltán Tildy vom Parlament zum Präsidenten gewählt. Auf dem Posten des Ministerpräsidenten folgte ihm Ferenc Nagy.

Die neue Regierung war mit zwei großen Fragen konfrontiert: dem desolaten Zustand der Wirtschaft und dem Abschluß eines Friedensvertrages.

Die wirtschaftlichen Schwierigkeiten, verursacht durch niedrige Produktionskapazitäten und Warenmangel, führten zu einer wachsenden Preissteigerung, die in die größte Inflation der Weltgeschichte mündete: Im Sommer 1946 stiegen die Preise stündlich, die Zahlen auf den Geldscheinen waren praktisch unaussprechbar. Am 1. September 1946 wurde deshalb der Forint als neue Währung eingeführt, zu einem Wechselkurs von 1 Forint zu 400 000 Quadrillionen Pengő (eine Zahl mit 29 Nullen).

Der Regierung gelang es nach der Währungsreform, aus eigener Kraft eine ausreichende Warenversorgung zu gewährleisten, die Wirtschaft zu stabilisieren und den Staatshaushalt ins Gleichgewicht zu bringen – ein kleines „Wirtschaftswunder". Die Rückgabe der von den USA beschlagnahmten ungarischen Gold- und Silberreserven trug auch zur Stabilisierung der neuen Währung bei (die ebenfalls nach Kriegsende beschlagnahmte ungarische Königskrone wurde allerdings erst im Jahre 1978 unter Präsident Carter feierlich an Ungarn zurückgegeben).

Der Friedensvertrag von Paris

Die internationale Position Ungarns war – wie nach dem Ersten Weltkrieg – schwach. Wieder stand das Land auf der Verliererseite, wieder fand es keine Verbündeten: Die Nachbarstaaten Tschechoslowakei und Jugoslawien gehörten zu den Siegern, und auch Rumäniens Stellung war aufgrund des Wechsels auf die Seite der Alliierten besser. So war es nicht verwunderlich, daß bei den Friedensverhandlungen in Paris die Grenzen von Trianon erneut bestätigt wurden und selbst die kleinsten Grenzkorrekturvorschläge Ungarns ohne Widerhall blieben. Die Tschechoslowakei konnte über die Trianon-Grenzen hinaus erreichen, daß beim sogenannten Brückenkopf von Bratislava Ungarn drei Dörfer am rechten Donauufer verlor.

Doch dies war nicht der einzige Konflikt mit dem Nachbarstaat. Die tschechoslowakische politische Führung strebte ein homogenes, slawisches Land an und verlangte die Aussiedlung der Deutschen und Ungarn, die nach dem Krieg ihre Bürgerrechte praktisch verloren hatten. Im Jahr 1946 war Ungarn gezwungen, mit der Tschechoslowakei einen Vertrag über einen Austausch der Bevölkerung zu unterzeichnen, der erlaubte, soviele Ungarn auszuweisen, wie Slowaken aus Ungarn freiwillig in die Slowakei übersiedeln wollten. An die 70 000 in Ungarn ansässigen Slowaken folgten der Aufforderung, und die gleiche Zahl von Ungarn mußte ihre Heimat verlassen. Weitere 20 000–30 000 Ungarn, die sich nach 1938 im damaligen „Oberungarn" angesiedelt hatten, wurden ausgewiesen.

Die Volkszählung von 1949 zeigt, daß insgesamt 380 000 Menschen in Ungarn lebten, die vor 1938 im Ausland geboren waren: Das heißt, daß auch in anderen Nachbarländern zahlreiche Ungarn ihre Heimat verlassen hatten.

Genauso führte Ungarn den Beschluß der Siegermächte über die Zwangsaussiedlung der Ungarndeutschen durch: Bis 1947 mußten insgesamt 200 000 Deutsche Ungarn verlassen.

40 Jahre Sozialismus

Die Durchsetzung politischer Systeme sowjetischen Typs in Ostmitteleuropa folgte einem gemeinsamen „Drehbuch", das über die Kontrolle der Schlüsselpositionen des Staates und der Wirtschaft sowie die Ausschaltung von politischen Parteien und Privateigentum in den Einparteienstaat führte. Zugleich waren die Ausgangspunkte in den nationalen politischen Kulturen, die jeweiligen Traditionen verschieden und führten zu eigenständigen, nationalen Entwicklungswegen auch innerhalb des sogenannten Ostblocks. Diese nationalen Besonderheiten sollten gerade für Ungarns Position auf der sich neu formierenden geopolitischen Landkarte Europas um und nach 1989 von entscheidender Bedeutung werden.

Schritte auf dem Weg zum Einparteienstaat

Das Vorgehen der KP gegen die stärkste Partei, die der Kleinen Landwirte, umfaßte neben den politischen Methoden zunehmend auch „administrative" Maßnahmen: Anfang 1947 wurde durch die Geheimdienste eine „Verschwörung" gegen die Republik „aufgedeckt". Aufgrund erpreßter Geständnisse gelang es in der Untersuchung, eine Verbindung der „Verschwörer" zum Generalsekretär der Landwirtepartei zu konstruieren, der deshalb von der sowjetischen Militärbehörde verhaftet wurde. Bald wurde auch der Ministerpräsident beschuldigt, Teilnehmer der Verschwörung zu sein: Ferenc Nagy hielt sich in der Schweiz auf, als er mit den „Beweisen" konfrontiert wurde. Er wurde von den Kommunisten zum Rücktritt gezwungen und kehrte nie mehr nach Ungarn zurück. Mit ihm verließen viele die Partei, manche auch das Land.

Auch bei den vorgezogenen Neuwahlen des Jahres 1947 versuchte die KP mit „administrativen Maßnahmen" politische Vorteile zu gewinnen: Trotz heftiger Proteste von Koalitionsparteien und aus den Reihen der Opposition blieben 460000 Wahlberechtigte aus politischen Gründen von den Wahlen ausgeschlossen. Bei diesen Wahlen schreckten die Kommunisten auch vor Wahlbetrug nicht zurück. Sie nutzten die Möglichkeit einer Stimmabgabe außerhalb des Wohnortes und ließen ihre Aktivisten mit den dafür vorgesehenen Stimmzetteln mehrmals an verschiedenen Orten abstimmen. Bis heute ist nicht eindeutig geklärt, wieviele Stimmen dieses Vorgehen der KP einbrachte, Schätzungen sprechen von 60000 bis 200000 Stimmen.

Trotz dieser Manipulationen erreichte die KP keine Mehrheit, wurde aber mit 23% zur stimmenstärksten Partei. Die großen Verlierer dieser Wahlen waren die Kleinen Landwirte mit nur 15% der Stimmen. Die Mehrheit der Bevölkerung (55%) gab jedoch weiterhin bürgerlichen Parteien ihre Stimme, und auch die sozialdemokratischen Wähler traten für ein demokratisches politisches System ein. Deshalb wurde wiederum eine Vierparteienkoalition gebildet und erneut ein Politiker der Kleinen Landwirte, Lajos Dinnyés, zum Ministerpräsidenten ernannt.

Doch mit Beginn des Kalten Krieges nahm die KP eindeutig Kurs auf die Ausschaltung der bürgerlichen Parteien, des Mehrparteiensystems und des Parlamentarismus. Der geheime Plan zur Machtübernahme wurde Schritt für Schritt verwirklicht. Mit Hilfe neuer Fälle von „Landesverrat" – die Geheimpolizei ÁVÓ erpreßte Geständnisse – wurde zuerst die Ungarische Unabhängigkeitspartei ausgeschaltet, darauf die Demokratische Volkspartei, die stimmenstärkste Oppositionspartei. Im Sommer 1948 wurden KP und Sozialdemokratische Partei unter dem Namen Partei der Ungarischen Werktätigen (PUW) vereinigt. Im Januar 1949 wurden die übrigen Parteien zur Eingliederung in eine Ungarische Unabhängigkeitsfront gezwungen – wie der damalige KP-Führer Mátyás Rákosi in einer geheimen Rede erklärte, mit dem Ziel einer „Liquidierung" der Parteien. Eine gemeinsame Kandidatur der Unabhängigkeitsfront mit der Partei der Werktätigen unter der Bezeichnung Volksfront bei den im selben Jahr ausgeschriebenen Wahlen sicherte ein Übergewicht der Kommunisten im damit bedeutungslos gewordenen Parlament. Nach den Wahlen im Mai 1949 stellten die Komitees der Volksfront ihre Tätigkeit ein, und damit war auch den Aktivitäten der Parteien – außer der PUW – ein Ende gesetzt. Offiziell verbot man sie aber nie. Politische Gegner wurden von der Geheimpolizei eingeschüchtert, verhaftet, in die Emigration gezwungen. Die PUW wurde zum alleinigen Akteur des politischen Lebens, das Ziel Einparteiensystem war erreicht.

Die Verabschiedung der Verfassung im August 1949, der ersten geschriebenen Verfassung des Landes, verankerte den Übergang zu einem politischen System sowjetischen Typs auch rechtlich. Ungarn wurde Volksrepublik, das Parlament verlor seine Bedeutung, an die Stelle des Staatspräsidenten trat der Vorsitzende des Präsidialrates der Volksrepublik, eines vom Parlamant gewählten Organs.

Mátyás Rákosi, der Generalsekretär der PUW, versuchte als „bester ungarischer Schüler Stalins" nicht nur mit diesem Grundgesetz dem „Beispiel der großen Sowjetunion" zu folgen. Die Uniformen der Soldaten, aber auch die der Briefträger wurden dem sowjetischen Vorbild angeglichen. Im neuen Staatswappen gerieten die nationalen Elemente in den Hintergrund.

Parallel zu den politischen Umwälzungen änderten sich auch die Besitzverhältnisse in der Wirtschaft. Die ersten Verstaatlichungen von Bergwerken und Kraftwerken waren im Jahre 1947 erfolgt, dann die der Versicherungsgesellschaften und Banken. Bereits 1946/47 war der Staat der dominante Eigentümer in der ungarischen Wirtschaft, und ein wesentlicher Teil der Großindustrie hing vom Staatsapparat ab. Im Jahr 1948 verfügte man die Verstaatlichung aller Betriebe, die mehr als 100 Arbeitnehmer beschäftigten. Die Börse schloß, ein Jahr später wurden auch die Kleinbetriebe verstaatlicht.

Die Ausschaltung der Parteien ging mit der Zurückdrängung und Eliminierung anderer Teile der Zivilgesellschaft einher, besonders im religiösen Bereich. Die katholische Kirche leistete Widerstand, vor allem Primás Mindszenty widersetzte sich den Kommunisten. Die Verstaatlichung der konfessionellen Schulen verschärfte den Konflikt: 1949 führten die kommunistischen Machthaber deshalb einen Schauprozeß gegen den Primás und entfernten ihn mit einer Verurteilung zu lebenslanger Haft aus dem öffentlichen Leben. Die Orden wurden aufgelöst und die Bischöfe durch Verhaftungen gezwungen, einen Eid auf die Volksrepublik abzulegen. Damit war auch die katholische Kirche politisch ausgeschaltet.

Die sogenannte Salamitaktik kam auch innerhalb der Partei zur Anwendung. Die Macht in der PUW lag in den Händen des

„Dreigespanns" Mátyás Rákosi (Generalsekretär), Ernő Gerő (Wirtschaft) und Mihály Farkas (Armee). Manchmal wird als vierter noch József Révai, der Chefideologe, genannt. Im Mai 1949 wurde der ehemalige Innenminister László Rajk verhaftet und im selben Jahr in einem spektakulären Prozeß, dem ersten großen stalinistischen Schauprozeß in Ungarn, wegen einer „titoistischen Verschwörung" zum Tode verurteilt. Ein Jahr später kamen die ehemaligen Sozialdemokraten an die Reihe. Auch im Jahre 1951 gingen die Verhaftungen weiter: nun verschwanden unter anderem der Außenminister Gyula Kállai und der damalige Innenminister János Kádár aus dem politischen Leben.

Diese polizeistaatlichen Methoden trafen nicht nur die Eliten, sondern auch weite Kreise der Bevölkerung. In den Kartotheken der gefürchteten Geheimpolizei ÁVH (die frühere ÁVÓ) waren Daten über 1,5 bis 2 Millionen Staatsbürger erfaßt. Zwischen 1951 und 1953 verfolgte die Polizei aus politischen Gründen 850000 Staatsbürger, die Gerichte gingen gegen 650000 Personen vor, 380000 wurden zu Strafen unterschiedlichen Ausmaßes verurteilt. Es gab kaum eine Familie, die nicht von diesen Maßnahmen betroffen war.

Aus Budapest und anderen größeren Städten wurden Tausende Familien wegen ihrer – zum Teil bloß behaupteten – Zugehörigkeit zur ehemals herrschenden Klasse zwangsausgesiedelt. Nach sowjetischem Muster richtete man auch Arbeitslager ein, in denen etwa 45000 Menschen, zum Teil ohne Gerichtsverfahren, unter unmenschlichen Umständen gefangen gehalten wurden. Der Terror von Polizei und Justiz war flächendeckend und konnte jederzeit jeden treffen. Denunziation war – wie 1944 unter der deutschen Besatzung – an der Tagesordnung. Selbst kleine Vergehen wurden hart bestraft. Ein Feuer auf einem noch nicht abgeernteten Feld konnte für den Bauern die Todesstrafe bedeuten. Überall suchte man nach Feinden und Saboteuren, denen man die Schuld dafür geben konnte, daß die hochgesteckten wirtschaftlichen Planziele nicht erreicht wurden.

Ungarn sollte ein „Land des Stahls und Eisens" werden, obwohl keine natürlichen Ressourcen dafür vorhanden waren. Der Aufbau eines großen schwerindustriellen Sektors stand im Mittelpunkt des ersten Fünfjahresplans nach sowjetischem Muster. Neue Betriebe und Fabriken wurden aus dem Boden gestampft.

Das wohl bekannteste Projekt war die Eisenhütte von Sztálinváros (Stalinstadt, später Dunaújváros), verbunden mit der Errichtung einer für den Stalinismus charakteristischen „sozialistischen Stadt“, einer Wohnsiedlung für die Arbeiter, vergleichbar etwa dem polnischen Nova Huta.

Die Wirtschaft wurde mit den Methoden der Kriegswirtschaft gelenkt, die Landwirtschaft ausgebeutet und der Lebensstandard in ländlichen Regionen gedrückt. Die ungarischen Bauern mußten infolge der rücksichtslos vorangetriebenen Kollektivierung der Landwirtschaft Genossenschaften beitreten. Die Ausbeutung der landwirtschaftlichen Produktion ging im Winter 1952/53 so weit, daß zwei Drittel der lebensmittelproduzierenden Bauern weder für Brot noch für die nächste Saat Korn übrig hatten – ein einmaliges Ereignis in der Geschichte Ungarns.

Im Jahr 1952 erreichte der Lebensstandard der Nachkriegszeit seinen Tiefpunkt, gerade als der Parteiführer Rákosi mit der Übernahme des Amtes des Ministerpräsidenten den Höhepunkt seiner Macht feierte und seinen 60. Geburtstag mit einem Festakt in der Budapester Oper beging: Rákosi wurde mit ähnlichem Personenkult wie Stalin umgeben, mit Geschenken überhäuft und in Gedichten gepriesen.

Der neue Kurs

Wiederum bestimmte Moskau das Schicksal des Landes. Im März 1953 starb Stalin. Schon im Mai luden die neuen Kreml-Herren Rákosi nach Moskau ein und rieten ihm zu einer Kurskorrektur, die er jedoch verweigerte. Daraufhin wurde eine Parteidelegation in die Sowjetunion befohlen und dazu „überredet“, einen politischen und ökonomischen Kurswechsel zu vollziehen: Der Ausbau der Schwerindustrie sollte gedrosselt, die Produktion von Konsumgütern verstärkt, die Kollektivierung der Landwirtschaft auf die Basis der Freiwilligkeit gestellt werden. Auch der Polizeistaat wurde eingeschränkt. Es folgte eine Generalamnestie sowie die Auflösung der Arbeitslager.

Die Kursänderung zog auch personelle Konsquenzen nach sich: Imre Nagy wurde Ministerpräsident. Er war es auch, der im Parlament mit der neuen Politik vor die Öffentlichkeit trat, weshalb die Bevölkerung seine Person mit diesen Veränderungen verband.

Nagys Popularität resultierte auch daraus, daß er zur Zeit der Bodenreform 1945 Landwirtschaftminister gewesen war. Imre Nagy gehörte, wie die stalinistische Parteiführung, zur Moskauer kommunistischen Emigration, nach 1949 jedoch war er wegen Meinungsverschiedenheiten in der Agrarpolitik aus der politischen Führungsspitze gedrängt worden. Doch das Schicksal Nagys hing von Moskau ab, denn Rákosi, der immer noch den Posten des Generalsekretärs bekleidete, die Gruppe um ihn sowie der mächtige Parteiapparat widersetzten sich der Durchführung der Reformen. Nachdem auch in der Sowjetunion die ersten Schritte der sogenannten Entstalinisierung gebremst wurden, gelang es Rákosi, die politische Macht zurückzugewinnen: Im März 1955 wurde Imre Nagy aller seiner Ämter enthoben, im Dezember sogar aus der Partei ausgeschlossen. Der Sturz Nagys bedeutete ein Ende der Wirtschaftsreformen und die Rückkehr zu den stalinistischen Methoden der Zeit vor 1953. Die Partei nahm diese Wende ergeben hin.

Gruppen aus der Intelligenz wollten sich mit dieser Entwicklung jedoch nicht abfinden. Viele Schriftsteller und Journalisten waren nach 1949 radikale Befürworter der stalinistischen Politik zur Errichtung eines sozialistischen Ungarn gewesen. Nach 1953 gerieten sie, angesichts der bekanntgewordenen Repressionen, die mit dieser Politik verbunden waren, in eine moralische Krise und waren nun nicht mehr bereit, Rákosi erneut zu folgen. So protestierten sie etwa gegen Zensurmaßnahmen wie das Verbot des Nationaldramas „Tragödie des Menschen“ von Imre Madách und des Balletts „Der wunderbare Mandarin“ von Béla Bartók. Rákosi konnte diese Kritiker zwar aus der Partei ausschließen, doch zu weiteren Repressalien hatte er keine Kraft mehr.

Vor allem durch die öffentliche Diskussion über den Rajk-Prozeß, der nach einem Treffen Chruschtschows mit Tito aufgrund der Entspannung der Beziehungen zu Jugoslawien fragwürdig geworden war, wurde Rákosi nun vollends sowohl für die eigene Partei wie auch für Moskau zu einer Belastung. Im Juli 1956 enthob ihn das Zentralkomitee deshalb – offiziell aus gesundheitlichen Gründen – seines Amtes. Doch damit war der Stalinismus in Ungarn noch nicht zu Ende. Zwar kam es zur Freilassung eines weiteren Teils der politischen Häftlinge, und einige Parteimitglieder wurden rehabilitiert und wieder in die Führung kooptiert, doch führte Rákosis Nachfolger Ernő Gerő ansonsten dieselbe politische Linie weiter.

1956: Eine antistalinistische Revolution

Die kaum veränderte Parteispitze konnte die politische Krise nicht mehr beherrschen. Im gesamten Land organisierten Intellektuelle Diskussionszirkel, in denen die Kritik an der Parteiführung immer lauter wurde. Auch Journalisten griffen die Debatte auf, und im August und September erschien eine Reihe von kritischen Beiträgen in Tages- und Wochenzeitungen. Am 6. Oktober 1956 (dem nationalen Trauertag) wurde der 1949 hingerichtete László Rajk – der damals anonym beigesetzt worden war – öffentlich noch einmal bestattet. An der Trauerzeremonie, die zu einer Kundgebung gegen den Stalinismus wurde, nahmen etwa hunderttausend Menschen teil: Nach der Zeremonie zogen Studentengruppen in einem Protestmarsch zum Mahnmal des 1849 hingerichteten Ministerpräsidenten Lajos Batthyány.

An den Universitäten und Hochschulen organisierten sich die Studenten nun in einer Vereinigung außerhalb des kommunistischen Jugendverbandes, die am 22. Oktober einen Katalog politischer Forderungen formulierte, die wichtigsten darunter: die Ernennung Imre Nagys zum Ministerpräsidenten, der Abzug der Sowjettruppen, Mehrparteienwahlen, die Wiedereinführung des Kossuth-Wappens als Staatswappen. Am folgenden Tag wollten die Studenten für diese Forderungen – sowie aus Solidarität zu den Reformen in Polen unter Parteichef Gomulka – in Budapest auf die Straße gehen. Das Innenministerium plante zunächst ein Verbot der Demonstration, doch dann gab die Parteiführung nach, und in seiner Ausgabe vom 23. Oktober unterstützte das Zentralorgan der PUW die Demonstration und forderte die Parteimitglieder sogar zur Teilnahme auf. Die Demonstranten versammelten sich am Denkmal des Dichters Petőfi, zogen zum Denkmal des polnischen Generals Bem (eines Mitkämpfers in der Revolution 1848/49) und anschließend zum Parlament. Hier war die Menge schon auf etwa 200 000 Menschen angewachsen, die Imre Nagy zu sehen verlangten, dessen kurze Ansprache die Anwesenden aber eher enttäuschte. Auch an anderen Stellen der Stadt kam es zu Kundgebungen, so beim Stalindenkmal, das noch

Revolution vom Oktober 1956

am selben Abend gestürzt wurde, und vor dem Rundfunkgebäude, wo die ersten Schüsse fielen.

In dieser Krisensituation kooptierte das Zentralkomitee Imre Nagy und einige seiner Vertrauten und empfahl, Nagy zum Ministerpräsidenten zu ernennen, der dieses Amt am folgenden Tag übernahm. Die Entscheidungen der Parteiführung waren aber widersprüchlich: Zugleich mit diesem Nachgeben gegenüber dem Volkswillen beurteilte sie die Proteste als Werk konterrevolutionärer und faschistischer Elemente und wandte sich deshalb um Hilfe an die Sowjetunion. Das Standrecht und ein Versammlungsverbot wurden verhängt. Die Budapester Bevölkerung antwortete mit einem Generalstreik. Am 24. Oktober erschienen sowjetische Truppen in der Hauptstadt und provozierten durch ihr Eingreifen bewaffneten Widerstand: die Revolution schlug in einen Unabhängigkeitskampf um.

In den nächsten Tagen verbreitete sich der Aufstand in ganz Ungarn. In zahlreichen Städten und Ortschaften fanden Demonstrationen statt, und im ganzen Land wurden Ausschüsse gebildet, die die öffentliche Verwaltung in die Hand nahmen und in den Betrieben Arbeiterräte organisierten.

Am 25. Oktober hob die Regierung das Versammlungsverbot wieder auf. Vor dem Parlament versammelte sich eine riesige Menschenmenge, doch endete diese Kundgebung in einem Blutbad: Eine – bis heute unbekannte – Einheit eröffnete das Feuer auf die Versammelten, was mehr als hundert Tote und viele Verwundete zur Folge hatte. Auch in mehreren anderen Städten ereigneten sich schwere Zwischenfälle, nachdem Einheiten der Staatssicherheit oder der Armee auf die versammelten Menschenmengen geschossen hatten. In der westungarischen Stadt Mosonmagyaróvár zum Beispiel starben mehr als hundert Bürger, darunter Frauen und Kinder. Das bewaffnete Eingreifen schürte den Haß gegen die Staatssicherheit und die Vertreter des Einparteienstaats, es kam zu Fällen von Lynchjustiz. Die aufgepeitschten Emotionen trugen auch zum Sturm auf die Parteizentrale der PUW in Budapest bei, bei dem zwei Dutzend Mitarbeiter, Offiziere und einfache Soldaten ums Leben kamen.

Auf Vorschlag zweier nach Budapest gereister Emissäre der sowjetischen Parteiführung wurde daraufhin Ernő Gerő abgesetzt. An seine Stelle als Erster Sektretär der Partei der Ungarischen Werktätigen trat János Kádár. Zugleich bildete Imre Nagy die Regierung um: Zoltán Tildy und Béla Kovács, Politiker der aufgelösten Partei der Kleinen Landwirte, und der Philosoph Georg Lukács wurden ins Kabinett aufgenommen.

Am 28. Oktober beschloß das ZK der PUW – in Anwesenheit der sowjetischen Genossen – eine Neubewertung der jüngsten Ereignisse: Es war nicht mehr die Rede von Konterrevolution, sondern von einer demokratischen Bewegung, die gegen das autokratische Regime mit gerechten Forderungen auftrete. Diese politische Wende der Partei ging auf einen Vorschlag von Imre Nagy zurück und war im ZK von János Kádár vorgetragen worden. Konkrete Schritte folgten: Imre Nagy verkündete in einer Radioansprache eine Feuerpause, die Auflösung der verhaßten Geheimpolizei ÁVH, die Wiedereinführung des Kossuth-Wappens. Die Regierung nahm mit der Sowjetunion Verhandlungen über den Abzug ihrer Truppen aus Ungarn auf, der am 30. Oktober begann. Da die UNO die Situation in Ungarn auf ihre Tagesordnung setzte, erhielt die Regierung auch internationale Unterstützung. Ende Oktober änderte Imre Nagy erneut die Zusammensetzung seiner Regierung in eine Koalition der vier wichtigsten Parteien von 1945: Neben der PUW waren nunmehr auch die Kleinen Landwirte, die Nationale Bauerpartei und die Sozialdemokraten vertreten.

Das Einparteiensystem war zu Ende: In den letzten Tagen des Oktober erwachten die Parteien, die nach 1945 bis zur Machtübernahme der Kommunisten tätig gewesen waren, zu neuem Leben. Doch auch neue Gruppierungen, vor allem christlichdemokratische, traten an die Öffentlichkeit.

Die Macht des Einparteienstaats war gebrochen, die Armee verunsichert und die herrschende Partei zerfallen. Am 31. Oktober wurde die PUW aufgelöst und unter der Führung von János Kádár eine neue kommunistische Partei, die Ungarische Sozialistische Arbeiterpartei gegründet, die sich deutlich von der stalinistischen Vergangenheit distanzierte: Am 1. November sprach Kádár im Radio vom glorreichen Aufstand des Volkes. Doch diese Ansprache war eine Bandaufnahme, denn Kádár war schon untergetaucht. Er war zu den Sowjets übergelaufen, die ihn nach Moskau brachten. Inzwischen hatte sich nämlich der sowjetische Standpunkt geändert: Statt der bisherigen Toleranz hatte sich die Großmacht nunmehr für die militärische Niederschlagung der Revolution entschieden. Die sowjetische Führung hatte dafür die Unterstützung der anderen kommunistischen Länder, auch von Titos Jugoslawien. Die Regierung unter Imre Nagy setzte aber ihre Politik, auch die Verhandlung über den Abzug der sowjetischen Truppen, fort: Ungarn sollte aus dem Warschauer Vertrag austreten und – nach österreichischem Muster – einen neutralen Status erhalten. Die ungarische Verhandlungsdelegation – darunter Verteidigungsminister Pál Maléter und Ferenc Erdei, ein Politiker der Nationalen Bauernpartei – wurde jedoch am 3. November von KGB-Chef Iwan Sjerow verhaftet.

Der Beginn der sowjetischen Invasion setzte jeder weiteren politischen Entwicklung ein Ende: In den frühen Morgenstunden des 4. November eröffneten fünf sowjetische Divisionen den Angriff auf die Revolutionäre. Nach einem letzten Hilferuf an die Weltgemeinschaft via Radio mußte Ministerpräsident Imre Nagy das Parlamentsgebäude verlassen. Er floh mit einigen Mitarbeitern in die jugoslawische Botschaft.

Trotz der Besetzung Ungarns durch 100 000 sowjetische Soldaten versuchten viele, auch nach Abklingen der bewaffneten

János Kádár

János Kádár (eigentlich Csermanek) wurde 1912 als uneheliches Kind eines Dienstmädchens in Rijeka geboren. Er absolvierte eine Mechanikerlehre und erhielt 1929 den Meisterbrief. Seit 1932 Mitglied der illegalen Kommunistischen Partei, wurde er in den 30er Jahren mehrmals verhaftet und verurteilt. 1942 stieg er ins Zentralkomitee der KP auf, ab 1943 war er einer der Sekretäre der Partei. Im April 1944 verhaftete man ihn erneut und verurteilte ihn zu zwei Jahren Gefängnis. Im April 1945, nach der Befreiung, wurde er zum Parteisekretär von Budapest, ein Jahr später zum stellvertretenden Generalsekretär gewählt. Zwischen 1948 und 1950 bekleidete Kádár das Amt des Innenministers. Im Jahr 1951 wurde er verhaftet, des „Titoismus" und der Spionage beschuldigt und zu lebenslanger Haft verurteilt. Nach seiner Rehabilitation 1954 kehrte er in die Politik zurück. Ab Sommer 1956 war er wieder Mitglied von ZK und Politbüro. Während der Revolution 1956 war Kádár Generalsekretär, lief am 1. November zu den Sowjets über und bildete mit deren Unterstützung eine Gegenregierung. Unter seiner Führung wurde die Partei der Ungarischen Werktätigen aufgelöst und die Ungarische Sozialistische Partei gegründet, deren Generalsekretär er bis 1988 blieb. 1956 bis 1958 sowie 1961 bis 1965 fungierte er zudem als Ministerpräsident. Im Mai 1988 wurde Kádár entmachtet und zum Parteivorsitzenden ehrenhalber ernannt. Ein Jahr später enthob man ihn auch dieses Amtes. Im Sommer 1989 starb er in Budapest.

Kämpfe, Widerstand zu leisten. Bis in den Dezember gab es an vielen Orten Streiks und Demonstrationen. In mehreren Ortschaften wurde wieder in die Menge geschossen. In Budapest versuchte der Zentrale Arbeiterrat sogar, mit der von den Sowjets eingesetzten Regierung zu verhandeln, doch mit dem Verbot der Arbeiterräte war auch dieser letzte Rückhalt des Widerstands gebrochen. Ende des Jahres 1956 war das Land wieder „ruhig".

Die Kádár-Ära

Der Niederschlagung der Revolution folgte eine Politik von „Zuckerbrot und Peitsche". Wieder einmal in der Geschichte Ungarns verhängte man das Standrecht und weitete die Todesstrafe auch auf Streiktätigkeit aus. Mehr als 20000 Menschen wurden zu Gefängnisstrafen verurteilt, mehr als 200 hingerichtet, Tausende interniert, Zehntausende verloren wegen ihrer Aktivitäten während der Revolution ihren Arbeitsplatz oder wurden von den Hochschulen religiert, etwa 200000 flohen in den Westen.

Die politischen Führer der Revolution verfolgte man besonders hart: Im Juni 1958 wurden Imre Nagy und einige seiner Mitstreiter in einem Geheimprozeß zum Tode verurteilt, hingerichtet und in anonymen Gräbern verscharrt.

Trotz dieses blutigen Terrors griff Kádár nicht auf die Methoden des Rákosi-Regimes zurück, und der vor der Revolution nach Moskau geflohene Rákosi selbst blieb dort bis zu seinem Tode in „ärztlicher Behandlung". Die „Unbescholtenen" wurden in Ruhe gelassen; es gab Lohnerhöhungen, man mußte keine „freiwilligen" Friedensanleihen – wie zu Anfang der 50er Jahre – mehr zahlen, stattdessen wurde 1957 eine Lotterie gegründet. Die Bauern durften aus den Landwirtschaftlichen Produktionsgenossenschaften austreten, und vor allem wurden sie von der an den Staat abzuliefernden Quote ihrer Produktion befreit, die die Bauernschaft seit 1941 belastete.

Die Ereignisse von 1956 wurden in den offiziellen Darstellungen als „Konterrevolution" bezeichnet und die USAP als Retterin des Volkes vor dieser Gefahr gefeiert. Jede andere Deutung unterdrückte die Zensur. Die Vergeltung gegen die Revolutionäre war anfangs hart, doch bereits in der ersten Hälfte der 60er Jahre – nachdem die Position Kádárs innerhalb des Landes und auch international gefestigt war – kamen in den Amnestien von 1960 und 1963 die meisten Akteure der Revolution frei. Politische Öffentlichkeit blieb ihnen jedoch verwehrt.

Der Oktober 1956 war für die kommunistische Parteiführung ein traumatisches Erlebnis, doch sie vermochte daraus Konsequenzen zu ziehen. Die Machtstrukturen blieben zwar gleich, aber die Methoden der Machtausübung änderten sich. Kádárs Politik war durch die Parole „wer nicht gegen uns ist, ist mit uns" gekennzeichnet – im Gegensatz zu Rákosis „wer nicht mit uns ist, ist gegen uns". Damit konnte Kádár den inneren Frieden sichern. Die Regierung gewann die Loyalität der Bevölkerung durch steigenden Wohlstand und die Gewährung kleiner, beschränkter und jederzeit widerrufbarer Freiheiten. Die Menschen mußten nicht wie im Stalinismus tagtäglich ihre Loyalität ge-

Gulaschkommunismus

genüber dem System bezeugen; man gewährte ihnen Freiräume, die Möglichkeit, sich ins Privatleben zurückzuziehen. Der Lebensstandard stieg, ab der zweiten Hälfte der 60er Jahre ging es weiten Kreisen der Bevölkerung materiell immer besser. Bescheidener Wohlstand trat ein, für viele Familien verschwand im 20. Jahrhundert erstmals der Hunger. Im „goldenen Jahrzehnt" der Kádár-Ära, zwischen 1965 und 1975, erreichten neue Konsumgüter wie Waschmaschine, Kühlschrank und Fernsehgerät den durchschnittlichen Haushalt. Auch Privatautos waren keine Seltenheit mehr. Im Rahmen eines Wohnungsbauprogramms wurde 1 Million Wohnungen gebaut. Immerhin ein Drittel der ungarischen Familien zog in eine neue Wohnung, wenn auch in meist nicht besonders freundlichen Plattenbausiedlungen.

Gulaschkommunismus

Der wachsende Wohlstand und die für einen sozialistischen Staat vergleichsweise gute Versorgung mit Waren in Ungarn ab den 60er Jahren fanden sowohl im Osten als auch im Westen Anerkennung. Der dafür geprägte Begriff des Gulaschkommunismus wird auf den sowjetischen Parteichef Chruschtschow zurückgeführt, der damit den Erfolg der ungarischen Entwicklungen hervorheben wollte, wurde dann aber vor allem von der westlichen Presse aufgegriffen, um die spezifischen Züge des ungarischen Systems zu charakterisieren. Als dessen Grundlage galt ein Tauschgeschäft der Bevölkerung mit der herrschenden Elite: politische Enthaltsamkeit gegen wachsenden Wohlstand.
In Ungarn wurde der Begriff „Gulaschkommunismus" kaum bzw. kritisch benutzt: Orthodoxe Kommunisten befürchteten ein Dahinschwinden der kommunistischen Ideale aufgrund des wachsenden Konsums. National orientierte Schriftsteller führten den Rückgang der Geburtenziffern darauf zurück und begannen in den 60er Jahren eine Diskussion über diese „Gefährdung der Nation" unter der pejorativen Bezeichnung „Kühlschranksozialismus".
All dies interessierte die Bevölkerung kaum: In Ungarn entstand eine Art „Lebensstil-Nationalismus", ein Gefühl des Stolzes auf ein besseres Leben als in den benachbarten sozialistischen Bruderländern.

Die Wirtschaftsreformen: Vorwärts und zurück

Ungarn blieb als Teil des kommunistischen Blocks von den generellen Linien sowjetischer Politik abhängig: So mußte auch in Ungarn die Kollektivierung der Landwirtschaft vollzogen werden, was nicht ohne Gewaltanwendung und politischen Druck vor sich ging. Dennoch konnte ein eigenes Modell der Landwirtschaftlichen Produktionsgenossenschaften etabliert werden, so daß bäuerliches Fachwissen nicht ganz verlorenging und Ungarn ab den 60er Jahren die Versorgung der eigenen Bevölkerung sichern konnte und wieder zu einem Agrarexportland wurde.

Zwar blieb auch die Planwirtschaft bestehen, ab 1968 drängte jedoch eine Reform die Methoden der Kommandowirtschaft in den Hintergrund und führte marktwirtschaftliche Elemente ein. So sollten etwa Preise und die Rentabilität der Betriebe eine größere Rolle spielen.

Der Zeitpunkt war jedoch nicht gerade günstig, denn im August 1968 rollten die Panzer des Warschauer Paktes in die Tschechoslowakei und machten die Hoffnungen des Prager Frühlings zunichte. An der Invasion mußte auch Ungarn teilnehmen. Die Wirtschaftsreform im Nachbarland ähnelte der in Ungarn, wurde nun aber von den übrigen sozialistischen Ländern verurteilt. So erhielten die ungarischen Reformgegner, orthodoxe Parteikader, politischen Rückenwind, und 1972 wurden die meisten Reformschritte wieder rückgängig gemacht. Auch die Periode vorsichtiger kultureller Liberalisierung war vorbei, Partei und Behörden gingen wieder gegen kritische Intellektuelle vor, die in einigen Fällen von ihren Arbeitsplätzen entlassen und aus der Partei ausgeschlossen wurden. Es kam zu mehreren politischen Prozessen, in erster Linie gegen LPG-Vorsitzende, wichtige Betreiber der Wirtschaftsrefomen. Reformpolitiker wurden aus der politischen Führung entfernt.

Die Rückkehr zu den Methoden der Wirtschaftslenkung löste Mitte der 70er Jahre eine Krise der ungarischen Wirtschaft aus, die durch den sogenannten Ölpreisschock noch verstärkt wurde. Der Abstand Ungarns zur weltwirtschaftlichen Entwicklung vergrößerte sich, die ungarischen Waren verloren zusehends an Ex-

Witze aus den 60er Jahren

Die erste ungarische Schönheitskönigin wird gewählt. An dem Ereignis nimmt auch der Parteivorsitzende Kádár teil und gratuliert der Siegerin. Höflich fragt er sie:
– Haben Sie einen Wunsch?
– Öffnen Sie die Grenzen zum Westen.
– Sie wollen nicht in süßer Zweisamkeit mit mir bleiben?

– Was geschieht, wenn auch in der Sahara der Sozialismus eingeführt wird?
– In zehn Jahren werden sie Sand importieren!

Ergänzung eines alten Traumbuchs:
– Von einem Panzer träumen: ein guter Freund kommt.

Ein Betrunkener torkelt auf der Straße, er hat nicht die geringste Ahnung, wo er sich befindet. Endlich fragt er einen Fußgänger:
– Wo bin ich jetzt?
– An der Ecke Lenin-Ring und Majakowskij-Straße.
– Ja,ja, aber in welchem Land?

portfähigkeit. Die Politik einer kontinuierlichen Steigerung des Lebensstandards – die Legitimationsbasis des politischen Systems der Kádár-Ära – konnte nur durch die Aufnahme von Krediten aufrecht erhalten werden. Eine notwendig gewordene radikale Austeritätspolitik wollte die Parteiführung politisch nicht riskieren, sie konnte sich höchstens eine Verlangsamung der Wachstumsdynamik des Wohlstands vorstellen. Die Verschuldung stieg schnell: 1971 betrug sie 1,3 Milliarden US-Dollar, 1978 6, 1981 7,4, 1986 10, und 1988 17 Milliarden.

Der Unmut der Bevölkerung stieg mit der Verlangsamung des Wohlstandswachstums: Bei den letzten Parlamentswahlen des Einparteienstaats im Jahr 1985, bei denen erstmals in jedem Wahlkreis zwei Kandidaten konkurrierten, versuchten einerseits demokratische Oppositionelle als Kandidaten akzeptiert zu werden, wurden jedoch nicht zugelassen. Zugleich erhielten etliche führende Vertreter der Partei nicht die nötigen Stimmen für ein Mandat.

Die Parteiführung um Kádár war Mitte der 80er Jahre nicht mehr in der Lage, die Situation des Landes realistisch einzuschätzen und wirksame politische Antworten zu finden, die über einen Austausch des Ministerpräsidenten hinausgingen. Die Unterstützung seitens der Bevölkerung bröckelte, die Wirtschaftsdaten verschlechterten sich. Oppositionelle Gruppen, kritische Intellektuelle meldeten sich zu Wort. Die Krise schien unvermeidlich.

Die Budapester Elisabethbrücke

POLITIK UND GESELLSCHAFT

Die „ausgehandelte Revolution"

Die Erosion des sozialistischen Systems

Am 14. November 1987 erschien in der Budapester Tageszeitung *Magyar Nemzet* ein Interview mit dem damaligen Vorsitzenden der Patriotischen Volksfront, Imre Pozsgay. Teil dieses Interviews war eine am 27. September im Rahmen eines Oppositionstreffens in Lakitelek – einem Dorf an der Theiß – verfaßte Erklärung: Damit berichtete die von der Zensur überwachte ungarische Presse erstmals von politischen Bewegungen außerhalb der Staatspartei und durchbrach das offizielle Schweigegebot in bezug auf die politische Opposition. Die Erklärung selbst war – über ausländische Nachrichtenquellen – allen interessierten Staatsbürgern längst bekannt.

Ab Mitte der 80er Jahre waren die Erosion des politischen Systems und die Unfähigkeit der politischen Führung, auf ökonomische Herausforderungen adäquat zu reagieren bzw. Alternativen anzubieten, immer sichtbarer. Besonders deutlich zeigte sich diese Entwicklung, als im Jahre 1985 ein neuer Fünfjahresplan verabschiedet wurde, dessen Ziele nicht erfüllbar waren.

Politischer Protest und die Auseinandersetzung mit den Symptomen der Krise beschränkten sich vorerst auf Teile der intellektuellen Elite. Zwar spürte die gesamte Bevölkerung die wachsenden Schwierigkeiten, der Regierung war es aber Anfang der 80er Jahre noch einmal gelungen, die Stimmung durch Reformen zu beruhigen. Neben der staatlichen Wirtschaft wurde die Schattenwirtschaft für das Funktionieren des ökonomischen Systems immer bedeutender, zumal Partei- und Staatsführung nun auch neue wirtschaftliche Organisationsformen tolerierten. Tausende sogenannter wirtschaftlicher Arbeitsgemeinschaften und Kleingenossenschaften entstanden, die Zahl der Kleingewerbetreibenden verdoppelte sich in den 80er Jahren. Manche Arbeitnehmer arbeiteten nach dem Ende der offiziellen Arbeitszeit am selben staatlichen Arbeitsplatz für ihren privaten Gewinn weiter. Das bedeutete zum einen eine zunehmende Selbstausbeutung, in einigen Fällen Arbeitstage bis zu 14 Stunden, zum anderen aber auch die Chance, die steigenden Lebenshaltungskosten durch Zweitjobs auszugleichen. Etwa zwei Drittel der Bevölkerung waren in irgendeiner Weise in dieser sogenannten Zweiten Wirtschaft beschäftigt.

Breitere Kreise der Bevölkerung erfassende Unmutsäußerungen konnten so – unter den Bedingungen einer „weichen Diktatur" – vorerst vermieden werden, das System blieb aber immer noch ein diktatorisches. Abweichende Meinungen wurden unterdrückt, gegen politisch unerwünschte Gruppierungen gingen Polizei und Sicherheitsdienste vor. Oppositionelle wurden verfolgt, zu größeren Verhaftungswellen und Prozessen kam es in der zweiten Hälfte der 80er Jahre allerdings nicht mehr. Die Abhängigkeit Ungarns von westlichen Krediten sowie die Rahmenbedingungen von Perestroika und Glasnost in der Sowjetunion zwangen die Regierung, sich im Rahmen des Helsinki-Abkommens zu bewegen und deshalb die Grund- und Freiheitsrechte so wenig als unter Aufrechterhaltung ihres Machtmonopols möglich einzuschränken.

Die „kleinen Kreise der Freiheit", die mehr oder weniger beschränkten Freiheiten in den Bereichen Kunst und Wissenschaft, waren seit 1956 politischer und gesellschaftlicher Konsens. Dies hatte zur Folge, daß auch oppositionelle intellektuelle und politische Strömungen in der ungarischen Gesellschaft (weiter)existieren konnten. Mit dem Zerfall des Einparteienstaates begann sich darüber hinaus aber die gesamte Gesellschaft vorsichtig zu repolitisieren, und das politische Interesse nahm in der ausgehenden Kádár-Ära wieder zu.

Für die 80er Jahre müssen vor allem drei wichtige kulturelle und politische Strömungen genannt werden, aus denen politische Bewegungen des Systemwechsels hervorgingen.

Die national-volkstümliche Bewegung – getragen vor allem von Schriftstellern und Historikern – stellte die Beschäftigung mit den nationalen ungarischen Werten, mit dem ungarischen Charakter, mit der Bauernschaft und den Problemen der ländlichen Bevölkerung ins Zentrum. Die Suche nach dem „ungarischen Weg", die Auseinandersetzung mit nationalen Schicksalsfragen wie der Gefährdung der nationalen Kultur, der demographischen Entwicklung und der Problematik der Selbstmorde – Ungarn hat seit Jahrzehnten die weltweit höchste Suizidrate – war charakteristisch für die Volkstümler. Gegenüber der Marktwirtschaft hatten sie ein ambivalentes Verhältnis und betonten den Widerspruch zwischen den materiellen und den moralischen Werten der ungarischen Gesellschaft.

Die urban-demokratische Bewegung hatte mehrere Wurzeln: das Anknüpfen an die politischen Ideen des Jahres 1956, an die Traditionen einer bürgerlich-radikalen Politik und an liberale sozialistische Ansätze der Zwischenkriegszeit sowie die Renaissance einer systemkritischen, marxistischen Theorie im Ungarn der zweiten Hälfte der 60er Jahre. In den 80er Jahren fand diese Bewegung in der Demokratischen Opposition eine organisatorische Form, distanzierte sich vom Marxismus, vertrat liberale Werte und forderte demokratische Rechte und Institutionen. Ihre Repräsentanten versuchten gegen die von der Staatspartei bevormundete „offizielle Öffentlichkeit" eine „zweite Öffentlichkeit" zu organisieren.

Eine dritte Gruppierung bestand aus Wirtschaftsexperten und Sozialwissenschaftlern, die als „Reformintelligenz" bezeichnet wurden und anfänglich vor allem innerhalb des staatlichen politischen und ökonomischen Apparats an Wirtschaftsreformen arbeiteten. Schrittweise bezog diese technokratische Intelligenz dann auch andere gesellschaftliche Bereiche in ihre Reformkonzepte mit ein.

Die Vertreter aller drei Gruppierungen trafen sich 1985 – illegal – in Monor zu einem Gedankenaustausch über grundlegende Probleme der ungarischen Gesellschaft. Daraus entstand aber, im Gegensatz zu Polen, der Tschechoslowakei, Slowenien und der ehemaligen DDR, keine breite Oppositionsbewegung, die die unterschiedlichen regimekritischen Gruppierungen umfaßt hätte. Ein Grund dafür ist wahrscheinlich, daß das kollektive Erlebnis der oppositionellen Kräfte – die Revolution 1956 – im Vergleich etwa zu Polen schon weit zurücklag und daß die „weiche" Diktatur eine Differenzierung der Opposition bereits in der Kádár-Ära erlaubte.

Ein wichtiges Jahr für den Systemwechsel war 1987, als eine neue politische Organisation, das Ungarische Demokratische Forum (UDF), gegründet wurde, die eine demokratisch und national gesinnte Bewegung organisieren und eine Plattform des Dialogs über Krisen und Probleme des Landes schaffen wollte. 1987 war auch das Jahr, in dem wirtschaftliche und politische Reformprogramme verfaßt wurden, die zwar nur in der illegalen oder halblegalen, der „zweiten" Öffentlichkeit kursierten, dennoch aber maßgebliche Teile der meinungsbildenden Intelligenz erreichten – so etwa der „Gesellschaftsvertrag", der von Mitgliedern der Demokratischen Opposition formuliert wurde. Dieser Vertrag erscheint aus heutiger Perspektive als ein eher moderates Programm zur Umgestaltung des politischen Systems; 1987 rührte aber bereits der erste Satz – „Kádár muß gehen" – an Tabus. Die Vorschläge der Opposition bestimmten ab diesem Zeitpunkt jedenfalls die Grundthemen des politischen Diskurses. Ab Herbst 1987 aber verfolgte der Staat das öffentliche Auftreten der Opposition nicht mehr.

Selbst in der herrschenden Staatspartei, der Ungarischen Sozialistischen Arbeiterpartei (USAP), hatte ein langsamer Erosionsprozeß eingesetzt. Die Entwicklungen führten schließlich im Mai 1988 zu einer außerordentlichen Parteikonferenz und in der Folge zu bedeutenden personellen und politischen Veränderungen. Es kristallisierten sich drei größere Gruppen in der Parteiführung und den Reihen der aktiveren Parteimitglieder heraus: die „Altkonservativen" um den ersten Sekretär János Kádár, die nichts verändern wollten; die „Neokonservativen" um Károly Grósz, die wirtschaftliche Reformen sehr wohl unterstützten, aber das politische System unangetastet lassen wollten; und die „Reformer", eine heterogene Gruppierung, die neben den Wirtschaftsreformen auch die Demokratisierung des politischen Systems – wenn auch anfangs auf sozialistischer Basis – anstrebten. Die Neokonservativen setzten sich parteiintern durch, János Kádár und andere führende Persönlichkeiten der letzten Jahrzehnte mußten abtreten. Damit ging eine mehr als 30jährige Epoche ungarischer Politik zu Ende. Neuer Parteichef wurde Ministerpräsident Károly Grósz, einige Reformer, wie Imre Pozsgay, wurden in das Politbüro aufgenommen.

Im Frühling des Jahres 1988 erwachte die ungarische Gesellschaft endgültig aus ihrem jahrzehntelangen Dornröschenschlaf. Mitglieder der illegalen Demokratischen Opposition organisierten Mitte März eine neue Bewegung, das Netzwerk Freier Initiativen. Zwei Wochen später wurde der Verband der Jungen Demokraten als erste, von der USAP völlig unabhängige politische Jugendorganisation gegründet, und damit kam es zum Bruch mit dem neostalinistischen politischen System nach 1956. Der Mai

1988 gilt auch als Geburtsdatum der demokratischen Gewerkschaftsbewegung: Wissenschaftler und Universitätsangestellte gründeten eine von der staatlichen Einheitsgewerkschaft unabhängige Interessenvertretung. Insgesamt war 1988 durch ein wahres Gründungsfieber unabhängiger, ziviler und politischer Klubs und Vereine gekennzeichnet. Viele dieser politischen Organisationen waren von Anfang an mit einem Problem konfrontiert: mit der Selbstdefinition als zivile Bewegung oder als politische Partei. Als Ergebnis dieser internen Auseinandersetzungen gingen drei der wichtigsten Parteien des Systemwechsels – und bis heute Akteure der ungarischen Innenpolitik – hervor: Das UDF und später auch die Jungen Demokraten (Fidesz) deklarierten sich zu politischen Parteien, und aus dem Netzwerk ging die Allianz der Freien Demokraten hervor. Diese neuen Parteien entwickelten sich, entlang den Bruchlinien der intellektuellen und kulturellen Elite, zu zentralen Repräsentanten eines konservativ-nationalen Lagers (UDF, heute auch die in ihren Anfängen linksliberalen Jungdemokraten) und eines linksliberalen (Freie Demokraten).

Um die Jahreswende 1988/89 wurden dann auch die sogenannten „historischen“, 1948/49 verdrängten Parteien reorganisiert: die Partei der Kleinen Landwirte, die Sozialdemokratische Partei und die Christlichdemokratische Volkspartei.

Auch in der USAP selbst suchte eine innerparteiliche Reformbewegung nach Wegen der Veränderung. 1988 emanzipierte sich das 1985 – noch unter Kontrolle der USAP – gewählte Parlament langsam von seinem Scheindasein, da der Druck gesellschaftlicher Entwicklungen stärker wurde. Im Januar 1989 beschloß es nach einer breiten, auch außerhalb des Parlaments geführten Diskussion ein neues Vereins- und Versammlungsgesetz. Die rechtliche Basis für die Gründung von Parteien war damit zwar noch nicht geschaffen, de facto entwickelte sich aber bereits ein Mehrparteiensystem, das die USAP schon im folgenden Monat offiziell anerkennen mußte.

Im Februar 1989 wurde auch die historische Legitimationsbasis der USAP, die sich jahrzehntelang auf die Rettung der ungarischen Gesellschaft vor den Schrecken der Konterrevolution 1956 berufen hatte, von einem ihrer eigenen Gremien in Frage gestellt: Imre Pozsgay, unter anderem auch Vorsitzender einer historischen Kommission der USAP zur Neubewertung der jüngsten

Geschichte, erklärte in einem Interview, daß die Ereignisse des Oktober 1956 nicht als Konterrevolution, sondern als Volkaufstand zu bezeichnen seien. Diese Aussage ging zwar noch nicht soweit, 1956 als Revolution zu bezeichnen, wie es die Opposition tat, doch auch die Bezeichnung Volksaufstand delegitimierte die Staatspartei.

Ende 1988 hatte der junge Miklós Németh Károly Grósz als Ministerpräsidenten abgelöst. Nach einigen Monaten veränderte Németh die Zusammensetzung seines Kabinetts, und mit der neuen Regierungsmannschaft übernahmen die technokratischen Wirtschaftsreformer, die sich mit ihrer Reformpolitik zunehmend von der Staatspartei entfernten, die Macht.

Verhandlungen am Runden Tisch

Innerhalb der heterogenen Opposition zeichneten sich zu dieser Zeit bereits Konfliktlinien ab, die aber vom Kampf gegen den gemeinsamen Feind noch verdeckt wurden. Die Staatspartei versuchte zwar die Differenzen für ihre Zwecke zu nutzen und mit den neuen Gruppierungen jeweils einzeln zu verhandeln, diese Taktik wurde aber durch die Gründung des Nationalen Runden Tisches im März 1989 vereitelt. Die Verhandlungen begannen im Juni 1989. Eigentlich bildete der nach polnischem Vorbild entstandene Runde Tisch ein Dreieck: auf der einen Seite die Verhandlungsdelegation der Opposition, auf der anderen jene der Staatspartei bzw. der Regierung, an der dritten Seite eine Reihe von Organisationen, die früher stark mit der Staatspartei verbunden waren, jetzt aber ein eigenständiges Profil zu zeigen versuchten. In den langwierigen Verhandlungen auf mehreren Ebenen (ca. 1000 Gesprächsrunden sind dokumentiert) vollzog sich in Ungarn die „ausgehandelte Revolution“. Ergebnis war die Festlegung der Rahmenbedingungen des friedlichen Systemwechsels, jener Gesetze, die die Verfassung radikal änderten, das Verfassungsgericht institutionalisierten, das Wahlrecht revidierten und die Zulassung der Parteien ermöglichten.

Aufgrund der spezifischen Bedingungen der „weichen Diktatur“ und der wiederholten Reformen, die seit 1956 von der USAP begonnen worden waren, zeichnete sich der demokratische Übergang in Ungarn zwar durch ein Erstarken der Zivilgesellschaft

Die feierliche Aufbahrung des im Juni 1958 hingerichteten Imre Nagy auf dem Budapester Heldenplatz sollte die Nation aussöhnen. – Foto: Hans-Horst Skupy

(*civil society*) aus, weniger aber durch Massenkundgebungen, wie in Prag, Dresden, Leipzig und Berlin – mit Ausnahme zweier Ereignisse von hoher Symbolkraft:

Im September 1988 fand eine Großkundgebung gegen den von Ungarn gemeinsam mit der Tschechoslowakei geplanten Bau eines Staudammes an der Donau bei Bős/Nagymaros statt. Die angestrebte Verhinderung des Großprojekts war nicht vorrangig ein Zeichen für wachsendes Umweltbewußtsein und ökologische Anliegen, sondern vor allem ein Symbol des Widerstands gegen das sozialistische System.

Zur größten oppositionellen Kundgebung kam es bereits im Frühsommer 1989: Im Juni wurde der 1958 hingerichtete ehemalige Ministerpräsident Imre Nagy – nach seiner offiziellen Rehabilitierung – am Budapester Heldenplatz feierlich aufgebahrt und anschließend mit seinen Kampfgefährten wiederbestattet. Dieses feierliche Staatsbegräbnis war das Ergebnis von Verhandlungen mit der Regierung und wurde von der ungarischen Armee im Zusammenwirken mit den nun legalisierten Oppositionsgruppen organisiert. 200000 Menschen nahmen an der Trauerzeremonie teil, in deren Rahmen Viktor Orbán, damals die führende Persönlichkeit des Verbands der Jungen Demokraten, erstmals mit einer antikommunistischen Rede vor die ungarische Öffentlichkeit trat. Zum ersten Mal wurde die Gesellschaft auch offiziell mit den Geschehnissen nach der Niederschlagung der Revolution 1956 konfrontiert.

Die neue Verfassung und die erste Volksabstimmung

Die als kommunistisches Parlament gewählte Versammlung der Abgeordneten wandelte sich zu einem Reformparlament, ähnlich wie das Ständeparlament im Jahre 1848. Zwar wurde keine neue Verfassung ausgearbeitet, doch die Verfassung von 1949 wurde entsprechend den Bedingungen eines demokratischen Staates umgeformt: Sie schrieb nun die Prinzipien der Gewaltenteilung, des Pluralismus und die Garantie der Bürgerrechte fest.

Am 23. Oktober 1989 wurde die – dritte – ungarische Republik ausgerufen. Schon das an die Revolution von 1956 erinnernde Datum zeigt, an welche Traditionen das neue System anknüpfen wollte. Ungarn wurde von einer Volksdemokratie zur parlamentarischen Demokratie, mit einem vom Parlament auf 5 Jahre gewählten Staatspräsidenten. Es entstanden neue Institutionen: nach österreichisch-deutschem Muster das Verfassungs-

Das ungarische Wahlsystem

Ungarn hat ein Zwei-Stimmen-System. Von den 386 Abgeordneten werden 176 direkt in Einzelwahlkreisen gewählt; kommt keine absolute Mehrheit zustande, so genügt im zweiten Wahlgang die relative Mehrheit. 152 Mandate werden in 20 territorialen Wahlkreisen (jedes Komitat und die Hauptstadt Budapest) vergeben, hier entscheiden die Wähler für eine Partei. Die Reststimmen sowohl aus den Einzelwahlkreisen als auch aus den territorialen Wahlkreisen werden zusammengezählt, und auf dieser Grundlage weitere 58 Plätze der Landesliste verteilt.
Um ins Parlament zu gelangen, müssen Parteien in Ungarn eine 5% Hürde überspringen, sonst können sie höchstens über die Einzelmandate ins Parlament gelangen. Damit soll die Zahl der Parlamentsparteien möglichst niedrig gehalten und eine stabile Regierung gewährleistet werden.

gericht und nach skandinavischem Muster vier (allerdings erst 1995 gewählte) Ombudsleute – für Staatsbürgerrechte, für die ethnischen und nationalen Minderheiten sowie für Datenschutz. Ein Rechnungshof wurde bestellt, der als parlamentarisches Organ die Staatsfinanzen kontrollieren soll. Auch das Wahlrecht wurde völlig neu konzpiert.

Inzwischen war der Zerfallsprozeß innerhalb der Staatspartei weiter fortgeschritten, die verschiedenen Gruppierungen waren nicht mehr zusammenzuhalten. Anfang Oktober 1989 fand der letzte Kongreß der USAP statt, auf dem die Partei aufgelöst und von den Reformern die Ungarische Sozialistische Partei (USP) gegründet wurde, mit dem Ziel, eine moderne, sozialdemokratische Partei zu formen. Einige Wochen später versammelten sich orthodoxe Kommunisten zur Neugründung der USAP.

Die Spaltung der Opposition hatte sich bereits im September 1989 wieder bemerkbar gemacht, vor allem in der Frage des Datums der Staatspräsidentenwahl. Die Allianz der Freien Demokraten war für einen Termin nach den Parlamentswahlen, was eine Wahl durch das Parlament bedeutete, und ein wesentlicher Teil der oppositionellen Kräfte entschied sich für diese Option. Die USP plädierte hingegen für eine Direktwahl, da ihr Kandidat Imre Pozsgay sehr populär war. Der Kompromiß am Runden Tisch entschied zwar für die Direktwahl, das Schlußdokument wurde von den Freien und den Jungen Demokraten jedoch weder unterzeichnet, noch abgelehnt oder modifiziert. Die Regierung brachte die ausgearbeiteten Gesetzestexte vor das Parlament, wo sie im großen und ganzen unverändert verabschiedet wurden.

Unzufrieden startete die Allianz der Freien Demokraten eine Unterschriftensammlung für eine Volksabstimmung. Formal gesehen ging es um den Zeitpunkt der Wahl des Staatspräsidenten, tatsächlich wurde über eine verfassungsrechtliche Konstruktion entschieden, in der ein starkes und unabhängiges Parlament im Mittelpunkt des politischen Systems steht, auf dem die Regierung beruht und das auch den Präsidenten wählt. Die Freien Demokraten verbanden diese Frage, wohl auch aus taktischen Gründen, mit drei anderen Themen, für die bisher das Parlament zuständig war: der Auflösung der Arbeitermiliz, dem Verbot der Gründung von Parteiorganisationen am Arbeitsplatz und der Forderung nach einem Rechenschaftsbericht der USP über ihr von der USAP übernommenes Vermögen. Die Kampagne der AFD schuf aber eine antikommunistische Stimmung und verhalf den davor wenig populären Liberalen zu landesweiter Bekanntheit. Am 25. November endete die Volksabstimmung, die vom konservativen UDF boykottiert wurde, mit einer knappen Mehrheit für das Ziel der Freien Demokraten, den Präsidenten nach den Parlamentswahlen zu wählen. Das war ein schwerer Rückschlag für die USP und deren populären Kandidaten Imre Pozsgay und bedeutete auch das Ende von dessen politischer Karriere.

Die dritte Republik

Ungarn wählt wieder demokratisch

Mit der Pluralisierung der politischen Landschaft traten – bis auf faschistische Gruppierungen – nahezu alle politischen Strömungen Ungarns der letzten 100–150 Jahre wieder an die politische Öffentlichkeit. Anfang 1990 bewarben sich beinahe 80 Parteien und Parteiverbände um die Gunst der Wähler. Am 25. März und am 8. April fanden die ersten demokratischen Wahlen seit 1945 statt. Zwar waren immer noch sowjetische Truppen im Land stationiert, doch das beeinflußte die Innenpolitik in keiner Weise mehr.

Knapp 90% der Stimmen entfielen auf oppositionelle politische Organisationen, und dieses Wahlergebnis war zugleich eine Volksabstimmung gegen das staatssozialistische System. Sechs Parteien konnten in dem im Mai 1990 zusammengetretenen Parlament eine eigene Fraktionen bilden – und beinahe alle spielen bis zum heutigen Tag eine wichtige Rolle in der ungarischen Innenpolitik:

Zur mandatsstärksten Partei wurde das Ungarische Demokratische Forum, das offensichtlich mit dem Slogan der „ruhigen Kraft“ besonders im zweiten Wahlgang mehr Erfolg bei der Wählerschaft hatte als die ADF mit ihrem radikal-antikommunistischen Auftreten. Als Wahlsieger bildete der Parteivorsitzende József Antall mit der Unabhängigen Partei der Kleinen Landwirte und der Christlichdemokratischen Volkspartei, zwei historischen Parteien, eine national-konservative Koalition mit etwa 60% der Mandate.

Das ungarische Wappen

Wahlplakat des UDF (1990): Das neue Staatswappen tritt an die Stelle des sozialistischen

Das heutige Wappen besteht aus dem bereits im 13. Jahrhundert verwendeten Doppelkreuz und aus einem rot und silber gestreiften Feld, das angeblich auf das Familienwappen des ersten ungarischen Königshauses, der Árpáden, zurückgeht. Erst unter den Habsburgern setzte sich die Verbindung von gestreiftem Feld und auf einem dreifachen Hügel stehendem Doppelkreuz durch. Ende des 16. Jahrhunderts setzte man die ungarische Krone über das Wappen. Bis in die Zwischenkriegszeit des 20. Jahrhunderts wurden die silbernen Streifen als die vier bekanntesten Flüsse Donau, Theiß, Drau und Save gedeutet, der dreifache Hügel mit den Gebirgen Mátra, Tátra und Fátra gleichgesetzt, was die geographische Ausbreitung Ungarns in den Grenzen vor 1918 symbolisiert.

Nach der Revolution 1918 wurde – als Rückgriff auf die Unabhängigkeitstradition von 1848/49 – eine Variante ohne Krone geführt, die bis heute den Namen Kossuth-Wappen trägt. Das konterrevolutionäre Horthy-System kehrte nach 1919 zur Monarchie und damit zum Wappen mit Krone zurück.

Nach der Ausrufung der Republik 1946 wurde erneut das Kossuth-Wappen verwendet. Mit der sozialistischen Verfassung 1949 kreierte die Regierung ein völlig neues Wappen. Im Oktober 1956 entfernten die Aufständischen das offizielle Wappen von den öffentlichen Plätzen und schnitten es aus den Fahnen heraus. (Die Fahne mit dem Loch im Mittelteil spielte auch im Zuge des Systemwechsels 1989/90 als Protestsymbol eine Rolle.) Die Parteiführung unter János Kádár ließ 1957 ein Wappen entwerfen, in dem die nationalen Züge wieder etwas stärker hervortraten. Es blieb bis 1989/90 in Kraft.

Die Verfassungsänderung 1989 entfachte die Diskussion um das Staatswappen neu. 1990 stimmten 80% der Abgeordneten für die Variante mit der Krone. Auch ca. 70% der Bevölkerung identifizieren sich mit diesem Wappen. Die Stephanskrone als Zeichen legitimer Herrschaft ist im kollektiven Gedächtnis Ungarns über sämtliche Änderungen des politischen Systems hinweg fest verankert geblieben.

Stärkste Oppositionskraft wurde die Allianz der Freien Demokraten, gefolgt von der Ungarischen Sozialistischen Partei und dem Verband der Jungen Demokraten (Fidesz).

Die beiden stärksten Parteien von Regierung und Opposition, also UDF und AFD, schlossen unmittelbar nach den Wahlen einen Pakt, der die Stabilität der Regierung sichern sollte und die Macht und Unabhängigkeit des Parlaments im Vergleich zu den ursprünglichen Vorstellungen beschränkte. Die Verfassungsänderung führte nach deutschem Muster das konstruktive Mißtrauensvotum ein und verminderte die Zahl der Gesetze, deren Beschluß bzw. Abänderung eine zwei Drittel-Mehrheit benötigt, was die Handlungsfreiheit der Regierung vergrößert. Und schließlich wurde auch über das alte/neue Staatswappen entschieden.

Ein zweites Element des Paktes beeinflußte das politisch-institutionelle System ebenfalls grundlegend: Auf Vorschlag der AFD wurde Árpád Göncz vom Parlament zum Staatsoberhaupt gewählt. Damit trat – ähnlich wie in der Tschechoslowakei – ein Schriftsteller aus der ehemaligen Opposition an die Spitze des demokratischen Staates: Nach 1956 wegen der Teilnahme an der Revolution verurteilt, verdiente Göncz lange als Hilfsarbeiter, später als Übersetzer literarischer Werke seinen Lebensunterhalt. Als Präsident, dessen zweite und letzte Amtsperiode bis ins Jahr 2000 geht, führt Göncz seit Jahren die Beliebtheitsskala der ungarischen Politiker an.

Das ursprünglich schwach konzipierte Präsidentenamt der neuen Demokratie erhielt aufgrund des Paktes entscheidende zusätzliche Kompetenzen dadurch, daß Gesetze erst mit der Verkündung durch den Präsidenten rechtskräftig werden.

Die Regierung Antall und die Parlamentsmehrheit fällten in der Folge in etlichen sensiblen Problembereichen Entscheidungen, deren demokratischen und/oder verfassungskonformen Inhalt der Präsident in Frage stellte. In dieser Auseinandersetzung der Gewalten trat als vierter Akteur das Verfassungsgericht auf: Der Staatspräsident wandte sich mehrmals in brisanten Fragen an den Verfassungsgerichtshof (so in der Frage von Entschädigung und Wiedergutmachung der Enteignungen und in bezug auf die Kontrolle der öffentlich-rechtlichen Medien). Aufgrund der Entscheide des Verfassungsgerichts in beiden Fragen war das Parlament gezwungen, etliche Paragraphen neu zu formulieren, ehe die gesetzlichen Bestimmungen rechtskräftig werden konnten.

Nationale Feiertage: Der 15. März

Am 15. März 1848 begann in Ungarn die mit dem identitätsstiftenden Unabhängigkeitskampf gegen die Habsburger verbundene Revolution. Der Tag wurde zum Symbol nationalen Widerstandes. Nach 1867 wurden März-Feiern von den ungarischen Machthabern zwar geduldet, die „Ideologie" des Ausgleichs stand jedoch im Widerspruch zur bedingungslosen Bejahung des 15. März. Deshalb wurde der 11. April, der an die Beschlußfassung der 1848er Gesetze erinnert, aber nicht mit revolutionärem Pathos verbunden ist, zum Nationalfeiertag erklärt. Die Bevölkerung sympathisierte jedoch mit dem 15. März.

Das konterrevolutionäre, autoritäre Horthy-Regime der Zwischenkriegszeit war mit revolutionären und liberal-demokratischen ungarischen Traditionen zwar nicht vereinbar, die ideologische Fixierung auf die alte Idee einer ungarischen Reichsnation führte dennoch zu einer politischen Funktionalisierung nationaler Inhalte und der Symbolik des 15. März. Zum staatlichen Feiertag wurde er erst 1928, blieb es jedoch über 1945 hinaus.

Die Hundertjahrfeier 1948 nützten die Kommunisten zum Versuch, die Partei durch historische Verweise zu legitmieren: neben Petőfi und Kossuth setzten sie ebenbürtig das Bild Rákosis auf die Dekorationen. 1951 wurde der 15. März aus der Gruppe der arbeitsfreien Tage gestrichen, nur in den Schulen blieb er unterrichtsfrei.

Das Kádár-System subsumierte in den 70er Jahren den 15. März unter die „revolutionären Jugendtage", gemeinsam mit dem 21. März (Ausrufung der Räterepublik 1919) und dem 4. April (Befreiung durch die Rote Armee 1945): Ereignisse aus unterschiedlichen historischen Kontexten wurden unter dem revolutionären Gedanken für die Zwecke des staatssozialistischen Regimes funktionalisiert. Oppositionelle Gruppen begingen um so mehr den 15. März als Symbol ungarischer Freiheitstraditionen.

Im Zuge des Systemwechsels wurde der 15. März nationaler Feiertag, hinzu kam als neuer staatlicher Feiertag der 23. Oktober, der einzige „moderne" ungarische Feiertag mit einem „nach 1945-Bezug", der an die Revolution 1956 ebenso erinnert wie an den feierlichen Beschluß der geänderten Verfassung 1990, der symbolisch an die 56er Tradition anknüpft.

Laut Umfragen bezeichnen heute jedoch 50% der Ungarn den 15. März als *den* nationalen Feiertag (knapp 40% den 20. August, den Tag des Hl. Stephan, und nur 4% den 23. Oktober): er erscheint somit als *das* zentrale Datum nationaler Identät des heutigen Ungarn.

Durch diese politisch gewollte Gewaltenteilung, in der sich Regierung und Parlament auf der einen, Präsident und Verfassungsgericht auf der anderen Seite mehr oder weniger ausbalancieren, konnte in wichtigen Fragen ein weitgehender Konsens hergestellt und damit das junge demokratische Institutionensystem stabilisiert werden.

Die Krise der ersten Regierungskoalition

Bereits an den Ergebnissen der ersten demokratischen Kommunalwahlen im Herbst 1990 war zu sehen, daß die Popularität der Regierungskoalition rasch abgenommen hatte, vor allem wegen der Enttäuschung darüber, daß der politische Systemwechsel nicht zu einer schnellen Verbesserung der ökonomischen Lage geführt hatte. Bislang unbekannte Phänomene wie Arbeitslosigkeit und soziale Unsicherheit erzeugten eine allgemeine Desillusionierung, hatte man doch „Demokratie“ immer mit „Wohlstand“, mit hohem Lebensstandard assoziiert.

Auch intern wurden die jungen ungarischen Parteien, besonders der Regierungskoalition, von Streitigkeiten und Krisen erschüttert. Mitglieder und Funktionäre der Regierungsparteien waren von den innenpolitischen Entwicklungen enttäuscht und

Die sogenannte Taxifahrer-Blockade

Die neue Regierung war schon nach einem knappen halben Jahr mit ihrer schwersten politischen Krise konfrontiert. Eine von der Bevölkerung nicht erwartete Erhöhung der Bezinpreise löste heftige Proteste aus: Taxifahrer und Fuhrunternehmer blockierten im Oktober 1990 die Ausfallstraßen Budapests und anderer größerer Städte, wodurch für mehrere Tage der Straßenverkehr im ganzen Land zum Erliegen kam. Die Mehrheit der Bevölkerung sympathisierte mit den Taxifahrern und lehnte ein Eingreifen der Regierung mit Polizeigewalt ab. In einer kurz zuvor neugeschaffenen sozialpartnerschaftlichen Institution, dem Rat für Interessenabstimmung, kam es zu langwierigen Verhandlungen, die vor den Augen der Bevölkerung live im Fernsehen abliefen. Unter Vermeidung von gewaltsamen Zusammenstößen konnte schließlich ein Kompromiß ausgehandelt werden.

versuchten, die Koalition zu einem radikaleren Kurs zu drängen, vor allem bei der Abrechnung mit der kommunistischen Vergangenheit. Probleme wie die Regelung von Entschädigung und Wiedergutmachung, die „Durchleuchtung" der politischen Vergangenheit von Politikern und anderer Persönlichkeiten des öffentlichen Lebens wurden aufgrund des Drucks aus den eigenen Reihen zu vorrangigen Fragen des Antall-Kabinetts. Doch gerade hier stieß die Regierung an die Grenzen des Rechtsstaats.

In der Partei der Kleinen Landwirte (PdKL), die sich in vielen Bereichen nicht durchsetzen konnte, kam es nach heftigen innerparteilichen Diskussionen zu einer Spaltung der Parlamentsfraktion: Die Mehrheit der Abgeordneten blieb in der Koalition und gewährleistete damit das Weiterbestehen der Antall-Regierung. Eine Minderheit, darunter allerdings die meisten Parteifunktionäre, folgte dem Parteivorsitzenden József Torgyán in die Opposition.

Auch die stärkste Regierungsfraktion war mit Abspaltungen und Austritten konfrontiert. Im Herbst 1992 begannen innerhalb des UDF heftig Flügelkämpfe: Kontrahenten waren das „Zentrum" um den Ministerpräsidenten und Parteivorsitzenden József Antall und die nationalistisch-populistisch, ja sogar oft rechtsradikal agierende Gruppe um den Dramatiker und Schriftsteller István Csurka. Von der oppositionellen Minderheitsfraktion der PdKL waren erstmals rechtspopulistische Anschauungen im neuen ungarischen Parlament vertreten worden. Nun waren solche Stimmen auch aus der stärksten Regierungspartei zu vernehmen und bedrohten die Einheit von Fraktion und Partei. Der Prestigeverlust des UDF und die Enttäuschung breiter Bevölkerungskreise wurden von Csurka und seinem Kreis mit dem Ausbleiben eines „echten" Systemswechsels, dem Hinüberretten der alten Nomenklatura in das neue politische System und dem Einfluß „ausländischer", vor allem „jüdischer" Finanzkreise erklärt. Diese Ansichten fanden keinen großen Widerhall in der Bevölkerung, die radikale Tendenzen (sowohl rechte wie linke) ablehnt. Die ideologisch-weltanschaulichen Diskussionen im Parlament verdrängten aber zunehmend wirtschaftliche Aspekte des Systemwechsels, der noch lange nicht abgeschlossen war.

Die parlamentarische Gesetzgebung stand nämlich, vor allem zu Beginn des neuen politischen Systems, unter enormem Arbeitsdruck, da nach Jahrzehnten des Regierens mittels Dekreten nun viele Bereiche gesetzlich geregelt werden mußten: seit 1990 verabschiedete das ungarische Parlament im Jahresdurchschnitt an die hundert Gesetze.

Die neue politische Elite und ihr Image in der Bevölkerung

Die Parlamentswahlen 1990 bedeuteten nicht bloß einen Machtwechsel, sondern auch einen Austausch der politischen Führungselite, jedenfalls auf nationaler Ebene. Nur 16 von den 386 Parlamentsabgeordneten waren schon vor 1990 Mitglieder des gesetzgebenden Organs gewesen. Die Spitzenpositionen der Parteien – mit Ausnahme der Sozialisten – nahmen Politiker ein, die im Einparteienstaat keine Funktionen gehabt hatten, also politische „Amateure" waren. Selbst in der USP, die sich schon vor den Wahlen – und das ist untypisch für die Reformländer – von orthodoxen Kommunisten in der Führung getrennt hatte, fanden sich keine Vertreter einer Rückkehr zum *ancien régime*.

Auf lokaler Ebene wurde der Elitenwechsel allerdings nur in beschränktem Maß vollzogen. Bei den ersten demokratischen Kommunalwahlen im September 1990 wurden viele ehemalige Bürgermeister und kommunale Abgeordnete aus der Zeit vor 1990 wiedergewählt. Die neuen Parteien waren zu diesem Zeitpunkt außerhalb der größeren Städte auf lokaler Ebene noch kaum verankert.

Auffallend ist auch der Rückgang des Frauenanteils in der Politik. Nach der Ära des Sozialismus mit Quotenfrauen (ebenso wie Quoten-Bauern und Quoten-Jugendlichen) im Parlament ging ihr Anteil an den Abgeordneten nach 1990 nicht über 11% hinaus. Unter den 73 Ministern seit dem Systemwechsel waren nur vier Frauen, ähnlich gering war ihre Anzahl unter den Staatssekretären.

Die ungarische Gesellschaft ist entlang politischer Orientierungen gespalten. Dies gilt besonders für die politische Elite, deren maßgebliche Vertreter ja aus dem Kultur- oder Wissenschaftsbereich kommen und ihre latenten oder offenen Konflikte in die

Politik tragen. 1990 war die wichtigste Bruchlinie selbstverständlich noch jene zwischen den Kommunisten/Exkommunisten und Antikommunisten. Dann aber trat ein anderer kulturell-ideologischer Gegensatz in den Vordergrund: die prowestlich-modernisierende gegenüber der traditionalistischen Orientierung. Die Vertreter der ersteren – zu diesem Zeitpunkt vor allem durch die AFD repräsentiert – waren für die radikale Durchsetzung der Marktmechanismen, für die schnelle Anpassung an westliche Modelle, besonders an die Reformmodelle der internationalen Finanzorganisationen. Die andere Seite, vor allem die Führungsspitze des UDF, betonte die Bedeutung einer „organischen" Modernisierung des Landes, die auch die kulturelle und nationale Kontinuität beachtet. Besonders an der Parteibasis des UDF wurden Stimmen laut, die radikal antiwestliche, antimoderne Positionen einnahmen und auch von latenten antisemitischen Tönen nicht frei waren. An die Spitze dieser Strömung stellte sich der Abgeordnete István Csurka und führte sie 1993 schließlich zu einer Abspaltung von der Fraktion des UDF und zur Gründung einer neuen Partei unter dem Namen Partei des Ungarischen Lebens und der Ungarischen Gerechtigkeit.

Die politisch-ideologischen Gegensätze zwischen den „Westernisierern" und den „Traditionalisten" führten zwischen 1990 und 1994 zu einem ungarischen „Kulturkampf", der an ein Konfliktmuster aus der Zwischenkriegszeit, den Konflikt zwischen den traditional-nationalen „Volkstümlern" und den liberalen „Urbanen" anknüpfte.

Zum Hauptfeld dieses Kampfes wurden die Auseinandersetzungen in den und um die Medien. Der Journalismus hatte sich Ende der 80er Jahre, zur Zeit der Erosion des alten politischen Systems, langsam von der Staatspartei, von der Zensur befreit und so einen bedeutenden Beitrag zum Abbau der Diktatur geleistet. Journalisten waren an eine kritische Haltung gegenüber Regierung und Politik gewöhnt, und ein Großteil der Printmedien – besonders die wichtigsten Tageszeitungen und Magazine – waren zudem liberal, linksliberal oder links orientiert, gehörten also dem ideologischen Umfeld der Freien Demokraten und Sozialisten an. Die Regierungskoalition, die von Anfang an kein Konzept für ihre Öffentlichkeitsarbeit hatte, gewann den Eindruck, daß ihre Position in den Zeitungen und Nachrichtensendungen nicht entsprechend repräsentiert wurde. Sie versuchte, dieses Defizit vor allem durch personalpolitische Maßnahmen in den öffentlich-rechtlichen elektronischen Medien auszugleichen. Da die im Zuge des Systemwechsels berufenen Präsidenten von Rundfunk und Fernsehen auf der Unabhängigkeit dieser Institutionen beharrten, wurde von der Regierung – gegen den Willen des Staatspräsidenten, der die Unterzeichnung der entsprechenden Maßnahmen zunächst verweigerte – deren Abberufung durchgesetzt. Besonders was die folgende personelle und inhaltliche Einflußnahme auf die TV-Nachrichten betraf, erwies sich diese Medienpolitik aber letztendlich als kontraproduktiv: ein Großteil der Bevölkerung lehnte die Vorgehensweise ab und beurteilte die Nachrichtensendungen als Regierungspropaganda.

Dem „Kulturkampf" wurde von der großen Mehrheit kein Verständnis entgegengebracht, weshalb diejenigen Parteien, die sich nicht oder kaum daran beteiligten, wie Fidesz und USP, an Popularität gewinnen konnten.

Insgesamt aber entstand aus der mangelnden Professionalität von Parlament, Regierung und Parteien eine gewisse Politik- und Parteienverdrossenheit, das Image der neuen politischen Institutionen verschlechterte sich, die Partizipation der Bevölkerung (Wahlbeteiligung, Mitgliedschaft in Parteien und Gewerkschaften) nahm ab. Hatte die Ungarische Sozialistische Arbeiterpartei in den 80er Jahren noch 800 000 Mitglieder, können die neuen Parteien heute insgesamt kaum mehr als 250 000 Menschen an sich binden. Die Wahlbeteiligung überschritt seit 1990 nie 65%.

Trotzdem werden Demokratie und Marktwirtschaft nicht prinzipiell in Frage gestellt, wenn auch deren Repräsentanten kritisiert oder abgelehnt werden. Der Großteil der Gesellschaft unterscheidet zwischen dem politischen System und den Regierenden.

Die Demokratische Charta und der Regierungswechsel von 1994

Der Kulturkampf und das Auftreten des rechten Flügels der stärksten Regierungspartei beschworen in den Reihen der Opposition die Gefahr eines Rechtsrucks herauf. Dies führte 1992 zur Gründung der Demokratischen Charta durch eine Gruppe Intellektueller, die Kundgebungen und Demonstrationen gegen rechtsextreme Tendenzen organisierte. Im Rahmen der Charta kam es erstmals zu einer Zusammenarbeit über die Bruchlinie zwischen Exkommunisten und ehemaliger Opposition hinweg, nämlich von USP und AFD. Das war ein Grund dafür, daß die Sozialisten, die Anfang der 90er Jahre als Nachfolgepartei der ehemaligen Staatspartei in ein politisches Ghetto gedrängt waren, wieder verstärkt um Sympathien werben konnten. (Ein anderer Grund war ihr pragmatischer Politikstil im Parlament.) Die Zusammenarbeit in der Demokratischen Charta bereitete die nächste Regierungskoalition vor.

Trotz aller Schwierigkeiten konnten aber die national-konservative Koalition und damit das „erste“ Parlament die Legislaturperiode beenden. Somit nimmt Ungarn unter den neuen Demokratien Ostmitteleuropas eine Ausnahmestellung ein, die ein relativ hohes Maß an Konsolidierung des demokratischen Systems zeigt. Das belegt auch der problemlose Wechsel an der Spitze der Regierung nach dem Tode József Antalls im Dezember 1993.

Zu den vorgesehenen Terminen, am 8. und 29. Mai 1994, fanden die zweiten demokratischen Wahlen statt. Schon aus den Umfragen war ersichtlich, daß die nach Antalls Tod von Péter Boross geführte Koalition diese Wahlen kaum gewinnen konnte: Tatsächlich erreichte das 1990 siegreiche Demokratische Forum nur 38 Mandate anstelle der vorher 164. Die Christdemokraten behaupteten ihre schwache Position. Von den mit dem UDF verbündeten Vereinigten Kleinen Landwirten setzte sich überhaupt kein Kandidat durch, die Kleinen Landwirte unter József Torgyán zogen hingegen wieder ins Parlament ein. Fidesz konnte seine Stellung ebenfalls halten – was für die Jungen Demokraten dennoch eine schwere Enttäuschung bedeutete, da die Partei in Meinungsumfragen 1992–93 als populärste Partei gegolten hatte.

Die Freien Demokraten wurden trotz Verlusten wieder zweitstärkste Partei.

Zur stärksten Parlamentspartei wurde die Ungarische Sozialistische Partei, die mit 209 Sitzen mehr als 50% der Mandate eroberte. Vier Jahre nach dem Systemwechsel ging die Nachfolgepartei der ehemaligen Staatspartei siegreich aus den Wahlen hervor. Das war jedoch in der Region nichts Ungewöhnliches, vergleicht man die Wahlen in Litauen und Polen zur gleichen Zeit. Der „Warschauer Expreß", wie die Konservativen dieses Ausschlagen des politischen Pendels nach links bezeichneten, hatte auch Budapest erreicht.

Erstmals in der Geschichte Ungarns gewann damit einen linke Partei freie Wahlen. Das war in erster Linie ein Resultat der Unzufriedenheit der Bevölkerung mit der Wirtschaftspolitik der konservativen Koalition. Nostalgische Erinnerungen an die Kádár-Ära hatten vor allem bei jenen zu einer Sehnsucht nach der Sicherheit und Stabilität der 70er Jahre geführt, die zu den Verlierern des Systemwechsels zählten: Sie wollten einen Sozialismus ohne Diktatur. Selbstverständlich waren die Voraussetzungen dafür nicht gegeben, aber einige sozialistische Politiker bestärkten in der Wahlkampagne diese Wünsche.

Das offizielle Wirtschaftsprogramm der USP – eher neoliberal, mit dem vorrangigen Ziel einer Sanierung der Wirtschaft – bildete die Basis der Zusammenarbeit mit der Allianz der Freien Demokraten.

Die Sozialistische Partei unter Parteichef Gyula Horn verfügte zwar über eine parlamentarische Mehrheit, dennoch entschied sie sich für die Bildung einer Koalition mit der AFD. Dies hatte einerseits innenpolitische Gründe: Da das Wirtschaftsprogramm von der Bevölkerung auch Opfer verlangte, wollte sie die gesellschaftliche Basis der Regierung verbreitern – die USP hatte zwar aufgrund des teilweisen Mehrheitswahlrechts 54% der Mandate, repräsentierte damit jedoch nur 30% der Wählerstimmen. Andererseits wollte die USP mit einem Koalitionspartner aus der alten demokratischen Opposition internationalen Befürchtungen einer Rückkehr Ungarns in die sozialistische Vergangenheit begegnen. Die neue sozialistisch-liberale Koalition verfügte zusammen über eine 72%ige Mehrheit im Hohen Haus, die gegebenenfalls auch ausreichend für Verfassungsänderungen war, verfolgte aber eher eine breite Konsenspolitik mit den übrigen im Parlament vertretenen Parteien.

Wieder waren dieselben sechs Parteien im Parlament vertreten – ebenfalls ein Zeichen der Stabilität der politischen Verhältnisse in Ungarn –, und der Regierungswechsel ging ohne jegliche Probleme vor sich: Damit hatte die ungarische Demokratie ihre erste große Probe bestanden.

Im Sommer 1995 wurde Árpád Göncz als Staatspräsident wiedergewählt.

Die Probleme der sozialliberalen Koalition

Nach einem positiv bewerteten Start verlor die Horn-Regierung schnell an Reformdynamik, besonders in der Wirtschaftspolitik. Neun Monate lang geschah nichts zur Umsetzung des Sanierungsprogramms, und auch die Privatisierung verlangsamte sich. Gegen Ende 1994 wurde die Beurteilung Ungarns in der internationalen Finanzwelt schlechter, dazu kamen noch die Rücktritte des Finanzministers und des Nationalbankpräsidenten. Dadurch war Gyula Horn nach langem Zögern gezwungen, ein radikales Sanierungsprogramm zu unterstützen, das vom neuen Finanzminister Lajos Bokros ausgearbeitet worden war. Dieses sogenannte Bokros-Paket wurde von den internationalen Finanzinstitutionen und den westlichen Regierungen positiv bewertet, doch bei der Bevölkerung und der Opposition stieß es auf Widerstand und Kritik, da es einen Abbau des Sozialsystems und eine drastische Reallohnsenkung zur Folge hatte. Auch in der USP löste die Sanierungspolitik interne Diskussionen aus, und drei Minister traten aus Protest dagegen zurück. Das Verfassungsgericht setzte zwar einige der sozialpolitischen Maßnahmen wieder außer Kraft, was auf eine schlechte und übereilte Vorbereitung des Gesetzespakets hindeutet. Doch führten diese Maßnahmen letztlich zu einer erfolgreichen Stabilisierung der ungarischen Wirtschaft und zur Einleitung eines langsamen, erneuten Wirtschaftswachstums, was die Mehrheit der Bevölkerung im Rückblick von der Notwendigkeit dieser Politik überzeugte.

Die Koalition zwischen Sozialisten und Freien Demokraten war zwar auch von inneren Streitigkeiten und Krisen begleitet, doch sie blieb ebenfalls vier Jahre an der Macht, nur wenige Abgeordnete verließen die große Fraktion der Sozialisten. Gegen Ende der Legislaturperiode gab es bereits erste Anzeichen einer langsamen Erholung der ungarischen Wirtschaft. Das stimmte die Regierungsparteien für den Wahlkampf optimistisch.

Die innen- und außenpolitischen Erfolge – Regelung der Beziehung mit den Nachbarstaaten, Fortschritte in der euro-atlantischen Integration – verleiteten die Regierung und besonders den Ministerpräsidenten zu einem sehr selbstsicheren Auftreten. Beide Koalitionsparteien betonten in ihrer Öffentlichkeitsarbeit, daß es zu ihrer Politik „keine Alternative gebe". Die Opposition war schwach und zersplittert: Im Frühjahr 1995 hatte sich die Parlamentsfraktion des UDF erneut gespalten, eine Gruppe von Abgeordneten gründete kurz darauf die Ungarische Demokratische Volkspartei. In der Christlichdemokratischen Volkspartei zerstritt sich die Parteiführung dermaßen, daß die Parlamentsfraktion zerfiel.

Die beiden Regierungsparteien wurden jedoch 1997 in einen Skandal verwickelt, der den Verdacht einer illegalen Parteienfinanzierung über die Erlöse der staatlichen Priviatisierungsholding nahelegte. Die USP wurde darüber hinaus mit mehreren anderen Korruptionsfällen in Verbindung gebracht.

Dazu kamen noch zwei Ereignisse, die den Ausgang der 98er Wahlen beinflussen sollten. Das UDF initiierte gegen eine Gesetzesnovelle, die im Rahmen der Anpassung an die EU-Bestimmungen Ausländern den Besitz von landwirtschaftlichem Grund gestattet hätte, eine Unterschriftensammlung zur Abhaltung eines Volksbegehrens, der sich auch Fidesz anschloß. Nachdem die dazu notwendige Zahl von 200000 Unterschriften erreicht werden konnte, versuchte die Regierung die Volksabstimmung mit einer veränderten Fragestellung durchzuführen. Das Verfassungsgericht befand dieses Vorgehen für verfassungswidrig, wodurch die Regierung Horn – wegen der ideologischen Besetzung des Themas „Schutz des nationalen Bodens" – eine empfindliche politische Niederlage erlitt.

Zu Beginn des Wahljahres beging dann der Ministerpräsident einen weiteren Fehler. Ungarn war Jahre zuvor aus dem Bau des Wasserkraftwerks an der Donau bei Bős-Nagymaros ausgestiegen. Daraus war ein langjähriger Konflikt mit der Slowakei entstanden, im Zuge dessen sich beide Länder an den Internationalen Gerichtshof in Den Haag wandten, der im Oktober 1997 sein Urteil fällte: Beiden Parteien wurde vorgeschrieben, innerhalb von sechs Monaten zu einer Übereinkunft zu kommen. Horn bot als Kompromiß an, einen Staudamm flußabwärts vom ursprünglich geplanten Objekt zu bauen. Das löste heftige Proteste, nicht nur bei der Opposition, sondern auch in den Reihen der Freien Demokraten aus. Es schien, als sei plötzlich die alte Koalition der Staudamm-Gegner der Jahre 1988 und 1989 wieder erstanden. Horn mußte von diesem Kompromiß abgehen und damit eine erneute Niederlage einstecken.

Die dritten Parlamentswahlen: erneuter Regierungswechsel

Nach einer eher lauen Wahlkampagne gingen die Ungarn im Mai 1998 das dritte Mal seit 1990 zu den Urnen. Und erneut wählten sie die Regierung ab. Die Sozialisten erhielten am 10. Mai zwar die meisten Stimmen der Parteilisten, und auch in den Einzelwahlkreisen waren sie erfolgreich, doch Fidesz gelang es, im zweiten Wahlgang am 24. Mai die national-konservativen, rechten Wähler zu vereinen. Fidesz und UDF hatten schon zuvor ein Wahlabkommen geschlossen, und im zweiten Wahlgang traten darüberhinaus an die siebzig Kandidaten der Kleinen Landwirte zugunsten jener des Fidesz zurück. Fidesz erreichte so 147 Sitze im Parlament, wurde mandatstärkste Partei und konnte den Ministerpräsidenten nominieren: Viktor Orbán brachte eine Dreiparteien-Koalition von Fidesz, UDF und Kleinen Landwirten zustande.

Die Partei der Kleinen Landwirte unter der energischen Führung von József Torgyán hatte im letzten Jahr vor den Wahlen einen bedeutenden Wandel vollzogen. 1994 und 1995 bot sie das Bild einer populistischen Protestpartei, der auch antiliberale Töne nicht fremd waren. Doch mit dem Nahen der Wahlen erkannte der Parteichef, daß seine Partei so nicht koalitionsfähig war und schlug moderatere Töne an. Seine Taktik führte zum Erfolg.

Die Koalition umfaßt außer den drei Parteien auch Vertreter der Ungarischen Demokratischen Volkspartei und des Christlichdemokratischen Bundes, der sich von der Christdemokratischen Volkspartei abgetrennt hatte. Der Fidesz-Wahlslogan von einem

Die Ergebnisse der Parlamentswahlen vom 10. und 25. Mai 1998			
	Listen-stimmen in %	*Mandate*	*Mandats-anteil in %*
Fidesz	29,82	147	38,08
Ungarische Sozialistische Partei	21,40	134	34,72
Partei der Kleinen Landwirte	13,30	48	12,44
Allianz der Freien Demokraten	10,20	24	6,22
Ungarisches Demokratisches Forum	7,67	18	4,66
Partei des Ungarischen Lebens und der Ungarischen Gerechtigkeit	5,58	14	3,63
unabhängig	–	1	0,25

„bürgerlichen Ungarn" – als konservativem Gegensatz zu den sozial-liberalen Parteien – wurde als verbindendes Element aller bürgerlichen Gruppierungen zum Erfolg. Er sprach vor allem die Gewinner des Systemwechsels an, aber auch jene, die in der Zukunft zu diesen zu gehören hofften.

Mit der Orbán-Regierung beginnt eine neue Periode in der Geschichte der dritten ungarischen Republik. Nach der Überwindung der Wirtschaftskrise und dem weitgehenden Abschluß der Privatisierung ist nicht nur der politische, sondern auch der wirtschaftliche Systemwechsel beendet. Fidesz versprach in seiner Wahlkampagne, eine Regierungsübernahme werde „weniger als einen Systemwechsel, aber mehr als einen Regierungswechsel" bedeuten. Mit der Umstrukturierung des Amtes des Ministerpräsidenten zu einem starken Kanzleramt nach deutschem Vorbild und durch einen offensiveren Politikstil, der Konflikte mit der Opposition und den Interessengruppen nicht scheut, sowie durch wesentlich umfangreichere personalpolitische Veränderungen in Ministerien und Behörden als im Zuge der beiden vorangegangenen Regierungswechsel, sollte eine effiziente Regierungstätigkeit ermöglicht werden. Doch gerade in der Personalpolitik der Regierung, etwa im Bereich der öffentlich-rechtlichen Medien, gibt es auch Anzei-

Ungarische Ministerpräsidenten 1990–1999

József Antall (1990–1993)

József Antall wurde 1932 in Budapest geboren (sein Vater war Ministerialbeamter, 1945–46 Minister). Er studierte Geschichte und Hungarologie. Im Oktober 1956 war er Mitbegründer des Christlichen Jugendverbandes und in der Partei der Kleinen Landwirte tätig, danach wurde er mit einem Lehrverbot belegt. In den 60er Jahren war er erst als Bibliothekar, dann ab 1964 im Semmelweis-Museum als Medizinhistoriker tätig, dessen Direktor er 1984 wurde. Ab 1988 war Antall im Ungarischen Demokratischen Forum aktiv, auch als Delegierter am Nationalen Runden Tisch im Sommer 1989. Im Oktober desselben Jahres wurde er Vorsitzender des UDF, gewann die Wahlen 1990 und wurde im Mai 1990 der erste demokratisch gewählte Ministerpräsident. Er starb im Dezember 1993.

Gyula Horn (1994–1998)

Gyula Horn wurde 1932 als Sohn einer Arbeiterfamilie in Budapest geboren; der Vater wurde 1944 von der Gestapo ermordet. Horn absolvierte ein Wirtschafts- und Finanzstudium in der Sowjetunion. Nach seiner Rückkehr war er im Finanzministerium tätig. 1956 wurde sein Bruder von den Aufständischen getötet. Horn war Mitglied der „Steppjacken-Brigaden“, eines Repressionsorgans des Innenministeriums. 1959 wechselte er ins Außenministerium und in den diplomatischen Dienst, 1971 in die außenpolitische Abteilung des Zentralkomitees der USAP. 1985 wurde er Staatssekretär im Außenministerium, 1989 Außenminister. Horn befürwortete den Abbau des „Eisernen Vorhangs“ und ermöglichte die Ausreise der DDR-Flüchtlinge. Nach den Wahlen 1990 war er Parlamentsabgeordneter und Vorsitzender der USP. Im Juni 1994 wurde er zum Ministerpräsidenten gewählt.

Viktor Orbán (seit 1998)

Viktor Orbán wurde 1963 in Székesfehérvár geboren. Nach dem Jurastudium in Budapest war er in der Forschung tätig. 1989 erhielt er ein Stipendium in Oxford, das er wegen der Wahlen abbrach. Orbán war Gründungsmitglied des Fidesz. 1993 wurde er zum Parteivorsitzenden gewählt. 1990 und erneut 1994 wurde er Parlamentsabgeordneter und Fraktionsvorsitzender des Fidesz. Orbán übernahm auch den Vorsitz des Ausschusses für Europäische Angelegenheiten. Nach dem Wahlsieg des Fidesz im Juli 1998 wurde er zum Ministerpräsidenten gewählt.

chen für ein Wiederaufflammen des während der sozialliberalen Koalitionsperiode bereits totgeglaubten „Kulturkampfes", sowohl von Regierungs- als auch von Oppositionsseite.

Die Sozialisten stellen die stärkste Oppositionsfraktion, während die AFD zwei Drittel der Mandate an den Fidesz verlor. Die Christdemokraten und die Ungarische Demokratische Volkspartei blieben weit unter der 5-Prozent-Hürde, dafür konnte die Partei des Ungarischen Lebens und der Ungarischen Gerechtigkeit ins Parlament einziehen. Damit ist erstmals eine Partei im Abgeordnetenhaus vertreten, die mit rechtsextremer Rhetorik operiert und eindeutig antiwestliche, euroskeptische Positionen vertritt. Die Partei zog nicht in erster Linie die Verlierer des Systemwechsels an sich – die gaben ihre Stimme eher den Sozialisten –, sondern konnte vor allem in Kreisen eines national orientierten Bürgertums Stimmen sammeln.

Mit den Wahlergebnissen zeichnen sich in Ungarn nunmehr die Konturen eines zweipoligen Parteiensystems ab, mit zwei dominanten Parteien: Fidesz auf der rechten, die Sozialisten auf der linken Seite des Parteienspektrums.

West-Orientierung

In der außenpolitischen Orientierung Ungarns herrscht seit dem Systemwechsel Übereinstimmung zwischen den Parlamentsparteien (mit Ausnahme der seit 1998 vertretenen Partei Csurkas.) Eine der Lieblingsparolen auf den Wahlplakaten aller Parteien in der Kampagne von 1990 war die „Rückkehr nach Europa". Dieser Slogan wurde auch von den Politikern ständig wiederholt. Die Bedingungen waren damals günstig. Im Februar 1991 löste sich der Warschauer Pakt auf, im Juni desselben Jahres brach der COMECON auseinander. Am 19. Juni 1991 verließ der letzte Sowjetsoldat Ungarn: das Land war nach 47jähriger Besatzung wieder frei. Damit war eine der wichtigsten Forderungen der oppositionellen Gruppierungen der späten 80er Jahre in Erfüllung gegangen.

Noch im gleichen Jahr begann Ungarn den Integrationsprozeß in die westeuropäischen Institutionen mit der Unterzeichnung eines Assoziierungsabkommens mit der EG. 1992 wurde im Parlament ein Ausschuß für Europäische Angelegenheiten gegründet, die Anpassung der ungarischen Gesetze an das EU-Recht begann.

Ein notwendiger Teil dieses Integrationsprozesses war auch die Entspannung der Beziehungen mit den Nachbarländern Slowakei und Rumänien. Die bilateralen Verhältnisse konnten von der sozialliberalen Koalition in Grundlagenverträgen geregelt werden, die den Schutz der dort lebenden ungarischen Minderheiten den Normen der europäischen Menschenrechtskonvention unterstellten. Mit diesem Verzicht auf eine Vertretung der außerhalb der Staatsgrenzen lebenden Ungarn war das Land mit zwei Nachbarstaaten, mit denen es wegen der Minderheitenprobleme oft sogar im Rahmen der sozialistischen Staatengemeinschaft Spannungen gegeben hatte, in freundschaftliche Beziehungen getreten. Ungarn konnte mit diesen Verträgen zwar nicht alle zwischenstaatlichen Probleme in diesem Bereich ausräumen, zeigte damit aber den politischen Willen, daß mit seiner Mitgliedschaft in den europäischen und atlantischen Institutionen keine neuen Konflikte importiert werden sollten.

Die westeuropäische Orientierung der Außenpolitik war zwar bis 1998 kein Streitpunkt der im Parlament vertretenen Parteien, in den übrigen Parteien gab es jedoch Kritiker eines potentiellen NATO- oder EU-Beitritts. Als nach dem Madrider NATO-Gipfel im Juli 1997 Ungarn zum Beitritt eingeladen wurde, fand deshalb eine Volksabstimmung statt. Die Beteiligung lag zwar nur knapp unter 50%, die Abstimmung wurde mit 85% Ja-Stimmen dennoch zu einem Plebiszit für den Beitritt.

Auch die EU-Integration machte weitere Fortschritte. Nachdem Ungarn den EU-Fragebogen zur Feststellung der Beitrittsvoraussetzungen ausgefüllt hatte, wurde es von Brüssel in die Spitzengruppe der Beitrittskandidaten eingereiht: Die fortgeschrittene Konsolidierung des politischen Systems und die langsam sichtbar werdenden Erfolge der wirtschaftlichen Stabilisierung waren die Grundlage dafür, daß die Europäische Kommission im Juli 1997 Ungarn ein gutes Zeugnis ausstellte. Sie erklärte das Land für europareif und reihte es unter jene sechs Länder, mit denen Beitrittsverhandlungen begonnen werden sollten. Inzwischen ist deren erste Runde bereits erfolgreich abgeschlossen.

Der Vollzug des NATO-Beitritts im März 1999, auch wenn er unter den nicht sehr günstigen Zeichen der Kosovo-Krise und des

Krieges gegen das Nachbarland Jugoslawien vor sich ging, wird von der Regierung und der Mehrheit der parlamentarischen Opposition ebenso wie von der ungarischen Öffentlichkeit als weiterer erfolgreicher Schritt zu einer vollen Integration Ungarns in Europa gewertet. So hat Ungarn in den 90er Jahren die Chance genutzt, nach einem langem, Jahrhunderte dauernden Umweg, wieder den Anschluß an die höchstentwickelte Region Europas zu finden.

Wirtschaftswunder? – Foto: Roman Soumar

WIRTSCHAFT

Die Transformationskrise und ihre Überwindung

Ende der 80er und Anfang der 90er Jahre erlebte Ungarn die dramatischste Krise seiner jüngeren Wirtschaftsgeschichte, nach Meinung mancher Experten ging diese tiefer, als jene der Jahre 1929–1933. Denn der Zusammenbruch des Sozialismus bedeutete nicht bloß den Zerfall eines politischen Machtgefüges, sondern zugleich auch den Kollaps jenes Modells stalinistischer und poststalinistischer Modernisierungsversuche der ungarischen Wirtschaft, das in den Industrialisierungsbestrebungen der vorhergehenden fünf Jahrzehnte seinen Ausdruck gefunden hatte. Die Systemkrise zeigte sich vor allem auch in der Unfähigkeit der kommunistischen Machthaber, im ökonomischen Sektor auf die Herausforderungen der Weltwirtschaft adäquat zu reagieren.

Hatte die Aufnahme von Krediten in den 70er Jahren noch das Wachstum gefördert, stagnierte die Wirtschaft im folgenden Zeitraum trotz weiterer Kredite. In den 90er Jahren konnte die Staatsverschuldung nicht mehr gesteigert werden, es wurden keine zusätzlichen Kredite gewährt, und die Leistungsfähigkeit der ungarischen Ökonomie sank, was zu einer tiefgreifenden Modernisierungskrise führte.

Die ungarische Industrie war, wenn überhaupt, nur beschränkt auf den internationalen Märkten konkurrenzfähig. Der Zusammenbruch des COMECON und vor allem der Wegfall des sowjetischen Marktes – in den 80er Jahren der wichtigste Abnehmer ungarischer Industrieprodukte – stürzte die ungarische Wirtschaft in eine noch tiefere Krise.

Die Industrieproduktion fiel zwischen 1989 und 1992 um ein Drittel, ähnlich verlief die Entwicklung in der Landwirtschaft. Das BIP sank um etwa 20%. An eine gemäßigte Inflation waren die Ungarn schon seit den späten 70er Jahren gewöhnt, 1988 und 1989 betrug die Inflationsrate aber bereits 15–17%, 1991 dann 35%. Danach war die Tendenz wieder sinkend.

Mehr als eine Million Arbeitsplätze gingen verloren, ungefähr so viele, wie in der Phase der Industrialisierung während der sozialistischen Ära geschaffen worden waren. Die Arbeitslosigkeit – zuvor ein unbekanntes Phänomen – stieg rasch, im Jahre 1992 erreichte sie mit 660000 registrierten Arbeitslosen ihren Höchststand. Seither blieb sie beständig um die 10%.

Zehntausende Ungarn waren gezwungen, ihren Arbeitsplatz zu wechseln, was zu zusätzlichen Erschütterungen und Frustrationen in der Bevölkerung führte. Diese gravierende Strukturänderung wurde vor allem in zwei Bereichen hervorgerufen: zum einen durch Verschiebungen vom staatlichen Sektor auf den Privatsektor, zum anderen von der (Schwer-)Industrie auf den Dienstleistungssektor.

Die vergangenen Jahre können hinsichtlich der Entwicklung der Wirtschaft in mehrere kurze Phasen unterteilt werden: Die erste Phase Ende der 80er war geprägt durch wirtschaftliche Stagnation. In der zweiten Phase 1990 bis 1992 waren in allen Bereichen rückläufige Tendenzen zu bemerken. Das BIP sank, und in der Industrie konnten kaum Gewinne erwirtschaftet werden, die Verluste lagen überall höher als die Profite. Eine Welle von Konkursen war die Folge, hunderte Unternehmen machten bankrott, darunter auch die kapitalschwachen Banken. Die Regierung sah sich – trotz hoher Kosten (ein Jahreswert des BIP) – gezwungen, das Bankensystem zu konsolidieren, um eine totale Lähmung der Wirtschaft zu verhindern. Die Außenhandelsbilanz und die Zahlungsbilanz konnten verbessert werden. In der dritten Phase 1992 bis 1994 kam es gerade in diesem Bereich zu drastischen Rückschlägen, während sich die ersten Zeichen eines beginnenden Wachstums abzeichneten. Doch die ungarische Wirtschaft verlor international an Ansehen, was dazu beitrug, daß die Regierung Horn zu radikalen Maßnahmen griff, wie etwa dem „Bokros-Paket“, das der Bevölkerung große Opfer abverlangte (s. S. 142). In der vierten Phase 1995 bis 1996 verbesserte sich daraufhin die Zahlungsbilanz, die Wachstumsraten stiegen nur sehr langsam, es gab aber keinen neuerlichen Rückfall.

Ab 1997 zeigte die ungarische Wirtschaft eindeutig wieder Wachstumstendenzen: das Sparpaket hatte sich ausgewirkt. Zwar lag 1997 das BIP immer noch 10% unter jenem von 1989, doch inzwischen hatte die ungarische Industrie, deren Produktionswerte Ende der 90er Jahre noch unter jenen von 1989 lagen, ihre Exporte um zwei Drittel erhöht. Zudem wurden neue Exportmärkte erschlossen: Statt des ehemals „sicheren“ sowjetischen Marktes gingen die Exporte in den Westen. Dies trug auch zur Verbesserung der Wettbewerbsfähigkeit Ungarns bei, besonders in der Maschinen- und der Kraftfahrzeugindustrie, wo – zum Teil durch ausländische Kapitalinvestitionen – neue Betriebe entstanden wie etwa AUDI, Suzuki, BMW oder General Motors.

Die Privatisierung: eine Erfolgsstory

Der ungarische Systemwechsel ging kontinuierlich vor sich, und das gilt nicht nur für die Politik, sondern auch für die Wirtschaft. Bereits das 1985 gewählte letzte sozialistische Parlament hatte Ende der 80er Jahre erste Schritte zum Aufbau rechtlicher Rahmenbedingungen für die Entwicklung einer auf Privateigentum basierenden Marktwirtschaft eingeleitet. Im Oktober 1988 wurde das Gesetz über die Wirtschaftsgesellschaften verabschiedet, das die Gründung verschiedenster Gesellschaftsformen (GmbH, KG u.a.) ermöglichte. Nächste Station auf diesem Weg war dann 1989 ein Gesetz, das auch die Umwandlung von staatlichen Unternehmen in Wirtschaftsgesellschaften erlaubte. Damit waren die juristischen Barrieren aus dem Weg geräumt, die Privatisierung begann im Jahre 1989 – ohne irgendwelche zusätzlichen Initiativen der Regierung. Deshalb wird in Ungarn von dieser ersten Phase als einer „spontanen Privatisierung" gesprochen. Sie war von heftigen Diskussionen begleitet, in denen nicht nur politische und ideologische Bedenken formuliert wurden, sondern auch Wirtschaftsexperten den unkontrollierten Eigentumswechsel kritisierten: Oppositionskräfte befürchteten nämlich – und diese Argumentation hört man bis heute –, daß Wirtschaftsmanager und kommunistische Apparatschiks ihre Machtpositionen in Privateigentum transformieren, sich also in das neue System „hinüberretten" könnten.

Insgesamt wurden jedoch nur etwa 50 staatliche Firmen vollständig in Gesellschaften umgewandelt, 50 weitere teilweise. Experten schätzen das Ausmaß auf nur wenige Prozent des damaligen staatlichen Besitzes. Nur 15 Staatsfirmen wurden tatsächlich privatisiert, das heißt von ausländischen Interessenten aufgekauft, darunter auch Großbetriebe (wie z.B. die weltbekannten Tungsram-Werke), eine Bank, eine Versicherungsgesellschaft. Zur rechtlichen Sicherung der neuen Eigentumsverhältnisse legte die Verfassung vom 23. Oktober 1989 fest, daß „das Wirtschaftssystem Ungarns eine Marktwirtschaft" ist, „in der Gemein- und Privateigentum gleichberechtigt sind und den gleichen Schutz genießen".

Eine umfassende Privatisierung konnte erst nach den ersten demokratischen Wahlen im Jahr 1990 beginnen. Das Antall-Kabinett übertrug der neugegründeten Staatlichen Vermögensagentur (die etwa der deutschen Treuhand entspricht) die Kontrolle und Koordinierung der Privatisierungsprozesse von etwa 2000 Firmen und verabschiedete zusätzlich eine Reihe von begleitenden Gesetzen. 1992 wurde die Staatliche Vermögensverwaltung gegründet, die die strategisch wichtigsten Betriebe verwalten sollte.

Die ersten Jahre waren zwar durch Unerfahrenheit einiger zentraler Akteure und Fehlschläge bei den Privatisierungsprogrammen charakterisiert. Sehr erfolgreich verlief aber die Um-

Entschädigung statt Rückgabe

In Ungarn kam es – trotz der Bestrebungen der Partei der Kleinen Landwirte – zu keiner Reprivatisierung, d. h. zu keiner direkten Rückgabe des in den 40er Jahren verstaatlichten Eigentums an die ehemaligen Eigentümer oder deren Nachkommen, da diese Maßnahme weder in der Öffentlichkeit, noch in der Politik, noch unter den wissenschaftlichen Experten große Unterstützung fand. Die einzige Ausnahme bilden die Kirchen, die jene verstaatlichten Gebäude zurückbekommen (die Rückgabe läuft noch), die für soziale Zwecke oder als Schulen verwendet werden. In der Regel gab es lediglich eine symbolische Entschädigung, die auf relativ geringe Summen beschränkt blieb. Als Kompromiß wurde eine Verbindung von Entschädigung und Privatisierung gefunden, die sogenannten Entschädigungsscheine. Damit konnte man Anteile an Firmen oder landwirtschaftlichen Boden erwerben. Die in sozialistischen Zeiten gegründeten Landwirtschaftlichen Produktionsgenossenschaften wurden nicht aufgelöst, sondern verpflichtet, einen Teil des Bodens für die Entschädigung zur Verfügung zu stellen. Außerdem verfügen sie frei über einen Teil des genossenschaftlichen Besitzes.

Wenn auch die Entschädigungen für die einzelnen Personen eher gering ausfielen, stellten sie doch in ihrer Gesamtheit 50% jener Privatisierungsmittel dar, die nicht aus Devisen stammten.

Letztlich befriedigte diese Lösung aber niemanden. Denn nicht die „Opfer des Kommunismus“ waren die wirklichen Nutznießer, sondern einige geschickte Unternehmer, die die Scheine unter dem Nennwert aufkauften – sie wurden auch an der Börse gehandelt – und damit in den Besitz von Firmen gelangten. Besonders Klein- und Mittelbetriebe wechselten so den Eigentümer.

strukturierung der kleinen Geschäfte, Restaurants und des Dienstleistungssektors. Von den etwa 11 000 Geschäften waren Ende 1994 schon 10 000 in privater Hand.

Mit dem Regierungswechsel 1994 wurden die beiden Privatisierungs-Gesellschaften in der Staatlichen Privatisierungs- und Vermögensverwaltungs GmbH, eigentlich einer staatlichen Holding, vereint. Die Privatisierung sollte beschleunigt und auch auf Kommunalbetriebe erweitert werden. Nach einem Rückschlag – als sich Ministerpräsident Horn 1994 in die Privatisierung einer Hotelkette einmischte – folgten im Jahre 1995 Rekordeinnahmen durch den Verkauf der Elektrizitätswerke und der Gasversorgung.

Was waren die speziellen Züge der Privatisierung? Die Käufer mußten in Ungarn mindestens 51% des Eigentums erwerben, der Staat war bestrebt, sich möglichst vollständig zurückzuziehen. Die Verkäufe fanden in Form von Auktionen statt, der Höchstbieter ersteigerte die Firma. Die Privatisierung wurde zentral abgewickelt und Barzahlung bevorzugt, was ausländische Käufer begünstigte, zumal in Ungarn in den 90er Jahren kaum inländisches Kapital vorhanden war: Manager oder Arbeitnehmer der zum Verkauf anstehenden Firmen konnten so nur begrenzt Firmenanteile übernehmen. (Eine Ausnahme bildet etwa die bekannte Porzellanfabrik in Herend.) Ausländische Investoren wurden nur in wenigen Bereichen benachteiligt, etwa im Kleinhandel. Diese generelle Offenheit zog ausländisches Kapital ins Land, an die 50% der Privatisierungseinnahmen stammen aus Devisen. Doch lockten auch andere Faktoren wie die rechtlichen Rahmenbedingungen, die klare marktwirtschaftliche Ausrichtung der Politik und die gut geschulten Arbeitskräfte ausländische Investoren an.

Nur die Hälfte der 16–17 Milliarden US-Dollar, die in Ungarn investiert wurden, flossen in die Privatisierung, die andere Hälfte ging in neue Investitionen. Der größte Anteil stammt von deutschen, amerikanischen und französischen Firmen, die größte Anzahl von Gesellschaften wurde aber von österreichischen Investoren gegründet.

Die meisten Wirtschaftssektoren sind mittlerweile ganz oder großteils privatisiert: die Lebensmittelindustrie, die Tabak- und Biererzeugung, der Kleinhandel, die nationale Ölfirma MOL und die Telekommunikation. Der Staat als Eigentümer hat sich auf wenige Bereiche zurückgezogen: den öffentlichen Verkehr, das Stromnetz, das einzige ungarische Atomkraftwerk in Paks und 27 landwirtschaftliche Gesellschaften.

Gewinner und Verlierer

Der mit dem Systemwechsel verbundene Übergang von der – redistributiv orientierten – Planwirtschaft zur privaten Marktwirtschaft zog einen tiefgreifenden Wandel der Gesellschaftsstrukturen nach sich. In der sozialistischen Ära hatte die staatliche Lohnpolitik Einkommensunterschiede tendenziell nivelliert; dies trug zu einem Rückgang der Armut bei, die allerdings nie zur Gänze verschwand – ein Tabu-Thema.

Entsprechend der herrschenden Ideologie wurden der Arbeiterklasse materielle Privilegien zugesprochen. Ab den 60er Jahren entwickelte sich eine sogenannte „Kádársche Mittelschicht“, die vor allem durch einen bescheidenen Wohlstand und durch die Möglichkeit zum Konsum charakterisiert werden kann, weniger durch Besitz.

Mit dem Niedergang ganzer Industriezweige, wie der Schwerindustrie, wurde die ungarische Bevölkerung mit völlig neuen Phänomenen konfrontiert. Ende der 80er Jahre gab es die ersten Arbeitslosen; Generationen waren bis dahin unter den Rahmenbedingungen der Vollbeschäftigung (und des Arbeitszwangs) aufgewachsen. Nun standen viele plötzlich auf der Straße, ohne Hoffnung auf eine neue Anstellung. Die Zahl der registrierten Arbeitslosen erreichte im Jahr 1992 mit 12,6% ihren Höchststand und blieb auch in der zweiten Hälfte der 90er Jahre konstant über der 10%-Marke. Die Zahl der Beschäftigten verringerte sich im Zeitraum zwischen 1990 und 1997 um mehr als eine Million. Viele Arbeitnehmer gingen in Frührente, zum Teil zwangsweise. Damit stieg der Anteil der Rentenempfänger von 20 auf 30% der Bevölkerung, was das bereits angeschlagene Sozialsystem noch zusätzlich belastete. Ein Teil der arbeitslosen Bevölkerung resignierte und gab die Arbeitssuche auf. Andere versuchten selbständig ihren Unterhalt zu erwirtschaften und sind heute unter den 700000 Kleinunternehmern zu finden.

Das Problem der Arbeitslosigkeit wirkt sich regional und sozial unterschiedlich aus: Wo Großbetriebe stillgelegt wurden oder ihre

Produktion stark reduzieren mußten, liegt die Arbeitslosenrate doppelt so hoch wie im Landesdurchschnitt. Es gibt Ortschaften mit einer Arbeitslosenquote von über 60–70%, vor allem in ländlichen Gebieten mit einem hohen Anteil an Roma. Diese gehören zweifellos zu den Verlierern des Systemwechsels, denn wegen ihrer mangelnden Schulbildung haben sie kaum Chancen, einen neuen Arbeitsplatz zu finden.

Als wegen der Wirtschaftskrise das BIP sank, ging parallel dazu auch der Reallohn zurück, dies wirkte sich selbstverständlich auf den Lebensstandard der Bevölkerung aus. Jedoch nicht für alle. Für eine kleine Gruppe von Unternehmern und Managern stiegen die Einkommen im letzten Jahrzehnt rapid. Damit wuchsen auch die Ungleichheiten in der ungarischen Gesellschaft. Während 1988 das Pro-Kopf-Einkommen der Haushalte des reichsten Zehntels der Gesellschaft 5,8 mal höher lag als jenes des ärmsten Zehntels, betrug der Unterschied Mitte der 90er Jahre schon 7,3. Das Realeinkommen sank in den 90er Jahren um 12%, der Reallohn um insgesamt 17%. Allein im Jahr 1994, in dem das Bokros-Paket verabschiedet wurde, ging der Reallohn um 12% zurück. So etwas war seit 1952 nicht mehr vorgekommen. Auch die Renten verlieren kontinuierlich an Realwert, seit 1990 um beinahe 40%. Ähnliches gilt für Kindergeld und Familienzulagen. All diese Zahlen belegen, daß Rentner und Familien mit mehreren Kindern ebenfalls zu den Verlierern des Systemwandels zu zählen sind.

Langzeitanalysen zeigen, daß in der ersten Hälfte der 90er Jahre die stärksten Einbußen bei den mittleren Einkommen zu

Kriminalität

Im Zuge der Wirtschaftskrise stieg auch die Kriminalität. Ungarn machte innerhalb einer halben Dekade eine Entwicklung durch, die in westlichen Gesellschaften Jahrzehnte gedauert hatte. Kriminelle Handlungen nahmen aber nicht nur quantitativ zu, es entstanden auch neue Formen der Kriminalität. Die Zahl der bewaffneten Banküberfälle stieg sprunghaft an, es gab Entführungen sowie Selbstjustiz zwischen Kriminellen auf offener Straße. Das Problem der inneren Sicherheit wurde deshalb zu einem der Themen des Wahlkampfs im Jahr 1998.

verzeichnen waren. Die Hauptlasten des Systemwechsels wurden somit von der ehemaligen „Kádárschen Mittelschicht“ getragen. Erst in der zweiten Hälfte der 90er Jahre gibt es Anzeichen dafür, daß nun vor allem die Armen noch ärmer werden, die Mittelschicht ihren Lebensstandard aber wieder stabilisieren kann.

Trotz all der Probleme gab es in Ungarn keine heftigen Massenproteste; diese Geduld der wirtschaftlichen und sozialen Verlierer ist auf verschiedene Faktoren zurückzuführen: Einerseits besaßen weite Kreise der betroffenen Bevölkerung noch materielle Reserven aus den 80er Jahren, andererseits beherrschten viele Ungarn dank der „zweiten Wirtschaft“ Überlebenstechniken, das heißt sie besaßen Kenntnisse und Fertigkeiten, die man in schwierigen Zeiten nutzen konnte. Auch das soziale Netz spielte eine Rolle, wenn dessen Leistungen auch rückläufig waren. Obwohl die Zahl der Armen stieg, war das Problem der Armut in Ungarn nicht mit der Situation in anderen osteuropäischen Staaten zu vergleichen.

Jene Organisationen, die Proteste hätten organisieren können, wie die alten Gewerkschaften, hatten wegen ihrer Nähe zur ehemaligen Staatspartei nur geringes Ansehen in der Bevölkerung, die neuen Gewerkschaften waren zu schwach, das Solidaritätsgefühl kaum entwickelt. Zwar sprach die sozialistische Ideologie von Solidarität, doch die konkreten Machtstrukturen haben – mit wenigen Ausnahmen – den Aufbau autonomer, solidarischer Gruppen an der Basis verhindert.

Die Kosten des Umbruchs

Die durch die Wirtschaftskrise erzwungene Änderung der Lebensweise, die Verunsicherung der Lebensverhältnisse ging mit einer gleichzeitigen Krise des Gesundheitswesens und der Verschlechterung der sozialen Versorgung einher und setzte der Euphorie des Systemwechsels ein schnelles Ende. Diese schlug bei den betroffenen gesellschaftlichen Gruppen in Frustration und Apathie um. So hatte die Wirtschaftkrise direkt oder indirekt psychische und physische Folgen.

Am deutlichsten kommt dies in der statistisch um zwei Jahre gesunkenen Lebenserwartung der 30- bis 40jährigen männlichen Bevölkerung zum Ausdruck. (Bei den Frauen ist dieses Phänomen schwächer ausgeprägt.) Die Todesfälle aufgrund von Herz- und Kreislauferkrankungen nehmen zu, wohl auch wegen der ungesunden Nahrungsgewohnheiten der Ungarn: es wird zuviel Fett konsumiert. Mit zunehmender Verarmung wurde zwar weniger Fleisch gegessen, auch der Zucker- und Mehlverbauch sank. Insgesamt verringerte sich der tägliche Energieverbrauch um 15%. Parallel dazu essen die Ungarn – aufgrund der hohen Preise – aber auch weniger Obst und Gemüse, besonders drastisch ging der Konsum von Milchprodukten zurück. Deshalb kann nicht davon die Rede sein, daß die Ernährung allgemein gesünder geworden wäre (s. S. 162). Und die wachsende Anzahl von Todesfällen infolge von Lebererkrankungen hängt sicherlich mit dem sich immer mehr verbreitenden Alkoholismus zusammen. Die geschätzte Zahl der Alkoholiker hat sich seit den 90er Jahren verdoppelt. Zugleich nehmen die Leistungen des Gesundheitswesens kontinuierlich ab. Interessant ist aber, daß die Selbstmordrate zurückgegangen ist. Ungarn ist traditionell ein trauriger Spitzenreiter im internationalen Vergleich, in den 90er Jahren sank die Zahl der Suizide jedoch beständig; ein ähnliches Phänomen konnte Anfang der 50er Jahre, einer Zeit ebenso großer gesellschaftlicher Umwälzungen, beobachtet werden.

Das Pester Kaffeehaus New York, ein Treffpunkt der Literaten der Jahrhundertwende und Zwischenkriegszeit

KULTUR

Essen und Trinken

Die Vielfalt kulinarischer Köstlichkeiten und die Vorliebe für gutes Essen prägen das ungarische Selbstverständnis ebenso wie den touristischen Blick auf das Land. Familienfeiern wie Hochzeiten, Taufen und Begräbnisse, aber auch Kirmes und Volksfeste sind Anlässe für ausgiebige Festessen und Schlemmereien. Aus medizinischer Sicht wird die ungarische Ernährungskultur allerdings weniger gut bewertet: Die Speisen enthalten häufig zuviel Fett und Zucker, außerdem wird generell zuviel gegessen. Obwohl sich nach 1989 das Angebot an „gesunden" Nahrungsmitteln verbessert hat, dominiert die traditionelle Ernährung bis heute, wenn auch in den einzelnen Bevölkerungsgruppen in unterschiedlicher Intensität. So bevorzugt laut einer 1998 durchgeführten Umfrage vor allem die jüngere Generation

Gulyás und Paprikás

Das populärste ungarische Gericht erhielt seinen Namen von der Bezeichnung für die Rinder- und Pferdehirten der Tiefebene, die in einem Kessel über offenem Feuer eine dicke, mit Paprika gewürzte Rindfleischsuppe, das *Gulyás,* zubereiteten. Mitte des 19. Jahrhunderts gelangte diese Speise über Preßburg/Pozsony nach Wien, wo man die ursprünglich verwendeten Paprikaschoten durch Paprikapulver ersetzte und die Zubereitungsart variierte. Als paprikagewürztes Rindsragout molligerer Konsistenz wurde die Speise dann wieder in ihre ungarische Heimat zurückgebracht, dort aber zur Vermeidung von Verwechslungen mit dem ursprünglich suppenähnlichen *Gulyás* nunmehr *Pörkölt* genannt, auch mit Schweine- oder Kalbfleisch zubereitet und in weiterer Folge durch das Hinzufügen von Rahm auch als *Paprikás* bekannt. Der für die Zubereitung von *Gulyás, Pörkölt* und *Paprikás* unerläßliche Paprika, ein Gewürz, das häufig auch zur Beschreibung des ungarischen Temperaments herangezogen wird, gilt zwar als die typischste ungarische Pflanze, seine – erst seit Mitte des 19.Jahrhunderts großzügige – Verwendung in der ungarischen Küche geht aber auf den Einfluß kulinarischer Traditionen zurück, die die türkische Besatzung hinterließ. Das *Gulyás* ist auch heute noch, neben Paprikahuhn, dem Wiener Schnitzel und dem – ebenfalls der osmanischen Kochtradition entnommenen – gefüllten Kraut eine der beliebtesten Speisen in Ungarn.

Paprika, der für Ungarn als typisch gilt, in drei Varianten: frisch, getrocknet und in Pulverform

heute die italienische Küche. Die Vorliebe zahlreicher Ungarn für traditionelle Gerichte und Zubereitungsarten hat auch ökonomische Aspekte: Gesündere Ernährung ist seit dem Systemwechsel wegen der hohen Gemüse- und Obstpreise für Teile der ungarischen Bevölkerung einfach zu teuer geworden.

Die ungarische Küche entwickelte sich aus einem Konglomerat vielfältiger Einflüsse mitteleuropäischer wie auch osmanischer Kochkünste und Speisetraditionen. Ein entsprechendes Bewußtsein existiert in der Bevölkerung aber nicht: auch jene Gerichte, die aus anderen mitteleuropäischen Küchen übernommen wurden, findet man häufig nicht unter den ursprünglichen Namen, sie werden mit ungarischen Bezeichnungen versehen.

Die ungarische Küche stellt sich als relativ homogene nationale Küche dar, bodenständige, regionale Kochtraditionen spielen kaum eine Rolle, regionale Speisen haben ein eher altmodisches Image. Zwar sind die Zubereitungsarten zum Teil regional geprägt, dies scheint jedoch vielfach nicht so bewußt zu sein.

Bereits Beatrice von Neapel, die Gemahlin von Matthias I. Corvinus, soll die Ungarn mit dem italienischen Kochstil bekannt gemacht haben. Ab der zweiten Hälfte des 17. Jahrhunderts kamen vor allem österreichische und französische Einflüsse dazu, vermittelt über ungarische Aristokraten, die sich am Wiener Kaiserhof aufhielten. Lange Zeit lehnten die adeligen ungarischen Eliten scharf gewürzte Speisen, für die die heutige ungarische Küche berühmt ist, ab. Die Kochkunst der Magyaren, die auf die Tradition der Hirtenspeisen zurückgeht, entfaltete sich im gastronomischen Bereich erst in der zweiten Hälfte des 18. Jahrhunderts und wurde im Laufe der Zeit durch Milderung ihrer Schärfe, Reduktion der Kalorien und Verfeinerung der Zubereitungweisen dem europäischen Geschmack angepaßt, auch durch den Einfluß weitgereister Meisterköche, die verschiedene Gerichte ausländischer Küchen in Ungarn einbürgerten. Der Koch István Czifray veröffentlichte Anfang des 19. Jahrhunderts eine Rezeptsammlung der ungarischen „nationalen" Kochkunst, die auch viele französische und Wiener Rezepte enthält. Zum „großen Meister" ungarischer Küchenkunst avancierte Ende des 19. Jahrhunderts Károly Gundel, dessen nach ihm benanntes Palatschinkenrezept sich auch heute auf vielen Speisekarten findet.

Kulinarische Spitzenleistungen entwickelte die ungarische Küche vor allem im Bereich der Konditoreiwaren und der Mehlspeisen: Nach dem Ende der Besetzung durch die Osmanen entfaltete sich in der zweiten Hälfte des 17. Jahrhunderts das ungarische Zuckerbäckergewerbe, angeregt vor allem durch Zuckerbäcker aus Österreich, Böhmen, Mähren, Italien und der Schweiz, die in Budapest seßhaft wurden. Dies führte zur Vielfalt der ungarischen Mehlspeisen, der Torten, Palatschinken und Strudel. Letztere übernahmen die Ungarn, vermittelt über die Osmanen, aus dem arabischen Raum.

Zwar spielt in den kulinarischen Traditionen Ungarns Fisch aus Donau, Theiß und Plattensee eine wichtige Rolle, und nach wie vor gilt die Fischsuppe den Ungarn als die zweittypischste ungarische Speise nach dem *Gulyás,* dennoch ist der hohe Fleischkonsum ein besonderes Spezifikum der ungarischen Küche: Dieser verbindet sich mit einem „virilen" Image Ungarns als dem Land eines ursprünglichen Reiter- und Rinderhirtenvolkes. Das touristische Bild Ungarns, vor allem die Darstellung der Puszta in

Tourismusfoldern und Werbefilmen sowie die Präsentation ungarischer Folklore, ist noch immer vom männlichen Prototyp des (wilden) Reiters auf seinem Pferd geprägt. Die Rinderzucht war in Ungarn vor allem vom 15. bis zum 18. Jahrhundert von Bedeutung, später wurde das Schweinefleisch höher geschätzt: Angeblich kennt, mit Ausnahme der Chinesen, kein Volk der Welt so viele verschiedenartige Schweinefleisch-Gerichte wie die Ungarn. Die Pick Salami gilt inzwischen als zweitwichtigste ungarische Handelsmarke.

Ungarn ist auch ein Land mit hochwertigen Weinen: Der Tokayer wird von der ungarischen Bevölkerung als die bedeutendste nationale Handelsmarke angesehen. Im tatsächlichen Konsum spielt aber Bier eine mindestens ebenso große Rolle. Vor allem in den letzten beiden Jahrzehnten wurde bedeutend mehr Bier als Wein getrunken. Einer Legende zufolge ist das Anstoßen mit diesem Getränk in Ungarn jedoch verpönt: Nach der Niederschlagung der 1848er Revolution in Ungarn und der Hinrichtung der „13 Märtyrer von Arad" im Oktober 1849 soll das österreichische Exekutionskommando in einem Bierkeller auf den Erfolg angestoßen haben.

Filmland Ungarn

Während der Zwischenkriegszeit war die ungarische Spielfilmproduktion – die bald nach der Jahrhundertwende begonnen hatte – den Genres und Ausdrucksformen des internationalen Films verpflichtet: Vom Heimatfilm über Komödie, musikalisches Lustspiel, Historienfilm und Tragikkomödie bis hin zum *filme noir* entwickelte sich eine rasch wachsende Filmindustrie. Auch die internationalen Karrieren ungarischer Filmkünstler dieser Zeit sind Ausdruck des bedeutenden Anteils des Landes an einer neuen Kunstform, die sich von Beginn an über Staatsgrenzen hinweg etablierte. So zählen etwa Sándor Korda – als Alexander Korda u.a. Regisseur von „*The private life of Henry VIII*", mit Charles Laughton in der Titelrolle – und Mihály Kertész – unter dem Namen Michael Curtiz u.a. Regisseur von „*Casablanca*" – zu den bedeutendsten ungarischen, nach ihrer Emigration US-amerikanischen Spielfilmregisseuren dieser Epoche. Martha Eggerth wurde – nach einer Karriere als Sängerin in ihrer Heimat – als Film- (und Lebenspartnerin) des Opernsängers Jan Kiepura zu einem Star des internationalen Musikfilms, Franziska Gaál, das „süße Mädel aus Budapest", zu einer der bekanntesten Darstellerinnen des österreichischen bzw. deutschsprachigen Films der 30er Jahre.

Die Entwicklung der politischen Verhältnisse in Europa und das zunehmend rechtsautoritäre Horthy-Regime in Ungarn führten zu einer ersten Einschränkung dieser Entwicklung: Vor allem die sogenannten Judengesetze (siehe S. 89f.) drängten zahlreiche Filmschaffende – wie Kertész/Curtis – zur Emigration in die USA, der politische Weg Ungarns in die Allianz mit NS-Deutschland verstärkte den Druck zu einer „judenfreien" ungarischen Filmproduktion noch zusätzlich. Zugleich bewirkte die Dominanz Deutschlands als Filmproduzent unter den faschistischen Ländern auch eine Abwanderung ungarischer Künstler nach Berlin, wie etwa des Regisseurs Géza von Bolvary oder der Darstellerin Marika Rökk.

Dennoch existierte auch während des Zweiten Weltkriegs eine bedeutende ungarische Spielfilmproduktion weiter, aus der einzelne Werke über diese Zeit hinaus von Bedeutung blieben: Mit „*Halálos Tavász*" (Tödlicher Frühling, 1939), einem schwarzen Liebesmelodram – den besten US-Produktionen dieses Genres durchaus vergleichbar – und zugleich Drama einer untergehenden bürgerlichen Welt, wurde die Hauptdarstellerin, Katalin Karády, zum weiblichen Star des ungarischen Films dieser Epoche. Der Film und die Sängerin und Schauspielerin Karády – in ihren zahlreichen Verwandlungen zwischen der Rolle der zahmen bürgerlichen Frau und des gefährlichen Vamps in einer Reihe von Spielfilmproduktionen der 30er und frühen 40er Jahre zu sehen – genießen, auch aufgrund des Aufführungsverbots während des Sozialismus, bis heute Kultstatus in Ungarn. Und mit „*Emberek a Havason*" (Menschen im Hochgebirge, 1941) schuf der Regisseur István Szőts zwar einen „politisch korrekten" Heimatfilm aus Siebenbürgen, zugleich aber ein packendes neorealistisches Drama aus bäuerlichem Milieu, das am Beginn dieser vor allem vom italienischen Film geprägten Stilrichtung steht und wohl auch deshalb 1942 den Hauptpreis der Biennale von Venedig gewann.

Der Neorealismus wurde gleichsam zur filmischen Brücke über die ideologischen Brüche des Kriegsendes hinweg: Nach der deutschen Besatzung und der unmittelbaren Nachkriegszeit, als die Spielfilmproduktion beinahe zum Stillstand gekommen war, entwickelte „*Valahol Európában*" (Irgendwo in Europa, 1947) des Regisseurs Géza Radványi – ein bedrückendes Dokument des Nachkriegsalltags auf den Straßen von Ostmitteleuropa und bereits der erste ungarische Spielfilm nach 1945 – diesen Stil weiter und erzielte damit internationale Aufmerksamkeit und Preise.

Der Beginn des Einparteienstaates und die durch Zensur und erschwerte Produktionsbedingungen gekennzeichnete stalinistische Filmpolitik hatten zunächst einen ästhetischen und mengenmäßigen Einbruch der ungarischen Filmproduktion zur Folge. Doch prägte der Neorealismus mit der Suche nach authentischen Schauplätzen und Bildern einen bedeutenden Teil der in der zweiten Hälfte der 50er Jahre wieder aufblühenden ungarischen Filmproduktion bis in die 60er Jahre. Die wichtigsten Vertreter dieser meist zwar von literarischen Vorlagen ausgehenden, in den Schauplätzen aber halbdokumentarischen und zum Teil mit Laiendarstellern gedrehten Spielfilme sind die Regisseure Zoltán Fábri und Félix Máriássy.

Während Regisseure wie András Kovács und Károly Makk bis in die frühen 70er Jahre hinein den realistischen Ansatz weiterentwickelten und auch um aktuelle sozialkritische Aspekte erweiterten, entstand parallel dazu eine ungarische Avantgarde, zunächst in der Ausbildung, die Absolventen der Filmakademie einen direkten Einstieg in die Filmproduktion ermöglichte, dann in Kurz- und Dokumentarfilmen. Die betonte Auseinandersetzung mit der Bildgestaltung integrierte, im Unterschied zum internationalen experimentellen Film, in Ungarn die Reflexion der Form in eine Spielhandlung.

Der wichtigste Repräsentant dieser Entwicklung in den 60er und 70er Jahren ist Miklós Jancsó. Er verbindet verschiedene Gestaltungsquellen aus der ungarischen Film- und Kulturgeschichte: Sein stilistischer Ausgangspunkt in den frühen Spielfilmen „*A harangok Rómába mentek*" (Die Glocken sind nach Rom gegangen, 1958) und „*Cantata*" (1962) ist eine durch Verknappung strengere Weiterentwicklung der neorealistischen Bildwelt, die auch durch eine neue Themenwahl – das Kindheitserleben des Kriegsendes und die Karriere eines Arztes zur Zeit des Stalinismus – begünstigt wird. Bereits in „*Cantata*", der im Titel und der symbolischen Dimension auf Bartóks folkloristische Ballade „*Cantata Profana*" anspielt, nimmt Jancsó darüber hinaus Motive ungarischer Volkskunst und -mythen in seine Bildwelt auf, die auch in späteren Produktionen wiederkehren. Mit „*Szegénylegények*" (Die Männer in der Todesschanze. Die Hoffnungslosen, 1965) – mit dem Jancsó Publikum und Kritik in Ungarn und international erobert hat – beginnt er eine Reihe von Filmen mit historisch-politischen Themen, die sich durch die Konzentration der Bilder auf die Darstellung menschlicher Schicksale der Kategorie des historischen Films ebenso entziehen, wie dem Zugriff der Zensur. Damit leistete er einen wesentlichen Beitrag zur Befreiung des ungarischen Films von, ideologisch begründeten, ästhetischen oder thematischen Schranken und inspirierte die Produktionen anderer ungarischer Regisseure.

Geprägt ist die ungarische Filmproduktion seither auch durch die Fortführung einer konsequent kritischen Auseinandersetzung mit zentralen Momenten vor allem der jüngsten Geschichte und dem aktuellen sozialen Leben des Landes, eine Entwicklung, die in den sozialistischen Ländern nur mit der des polnischen Films vergleichbar ist. Frühe Beispiele einer Reihe von Filmen, die sich mit dem subjektiven Erleben der Zeit um 1956 auseinandersetzen, sind István Szabós „*Apa*" (Der Vater, 1966) oder Péter Bacsós „*A tanú*" (Der Zeuge, 1969), vermutlich die erste Filmsatire auf den Personenkult des Stalinismus, der bis Anfang der 80er Jahre unter Aufführungsverbot stand und heute zu den bekanntesten und in die Populärkultur des Landes eingegangenen Filmen zählt.

Einer der wichtigsten Beiträge zum zeitgenössischen ungarischen Film stellt die Triologie „*Napló*" (Tagebuch) der Regisseurin Márta Mészáros dar, die ihre Karriere Ende der 60er und in den 70er Jahren mit realistischen, gesellschaftskritischen Spielfilmen begonnen hat. Das erste der Tagebücher – „*Napló Gyermekeimnek*" (Tagebuch für meine Kinder, 1982) – erzählt von einer nach 1945 aus dem sowjetischen Exil heimgekehrten Familie anhand der Erinnerungen der halbwüchsigen Enkelin Juli. Der Tagebuch-Titel bezeichnet nicht bloß einen Bezug zu Mészaros' eigener Biographie, sondern einen – für das ungarische Filmschaffen der Nachkriegszeit prägenden – Stil, der die individuellen Erinnerungen dem Zeitgeschehen gegenüberstellt. Das zweite der Tagebücher, den Liebhabern Julis gewidmet – „*Napló Szerel-*

meimnek" (1987) – erzählt von der Zeit zwischen Stalins Tod und der Revolution des Jahres 1956, die Juli „versäumt", weil sie ihren in Moskau lebenden Vater besucht. Erst im dritten, 1990 produzierten, Vater und Mutter gewidmeten Tagebuch – „*Napló Apámnak, Anyámnak*" – kann Juli nach Budapest zurückkehren und erfahren, daß 1956 in Ungarn keine Konterrevolution stattgefunden hat. Mészáros' Tagebuchreihe markiert, über diese Brüche der ungarischen Geschichte hinweg, von denen sie erzählt, zugleich eine Kontinuität der Geschichtsreflexion im Filmschaffen, die auch in anderen Werken zum Ausdruck kommt, wie in Péter Tímárs „*6:3*".

István Szabó, der zur Zeit international bekannteste ungarische Regisseur, hat bereits mit „*Mephisto*" (1981) und „*Hanussen*" (1988) zu den nationalen Kontext überschreitenden Stoffen ge-

„6:3" von Péter Tímár, 1999

Im November 1953 gewann das ungarische Nationalteam ein Länderspiel gegen England 6:3. Das Spiel wurde damals von der Bevölkerung voller Spannung erwartet, und der Sieg des „goldenen Fußballteams" löste einen wahren nationalen Jubel aus, in einer Zeit, in der nationale Identität von der politischen Führung bewußt unterdrückt wurde. Dieses 6:3 wurde in der Folge als wohl größter Sieg der ungarischen Fußballgeschichte zum Mythos.

Die Filmhandlung ist eine Zeitreise, die die Hauptfigur, einen Mitarbeiter der Budapester Müllabfuhr, beim Entrümpeln eines Zimmers ereilt. Er findet eine Reihe von „Reliquien" dieses legendären Spiels, darunter das Trikot eines der Spieler. Er zieht es an, schläft ein und erwacht am Tag des Spiels wieder. Das ganze Land verfolgt das Londoner Match an den Radiogeräten, ob im Lebensmittelgeschäft, beim Friseur oder im Schwimmbad. Das ermöglicht Tímár, über die Erzählung der Abenteuer des Müllarbeiters mit den Mitteln des Lustspiels einen Querschnitt der damaligen Gesellschaft darzustellen. Doch konnte der Film, da er die graue, bedrückende Zeit der stalinistischen Diktatur zeigen will, nicht zu einer reinen Burlesque werden. Mit einer Reihe von großartigen Ideen und hervorragenden Schauspielern gelingt es Tímár, eine authentische Atmosphäre zu schaffen und zugleich einen witzigen Film, der bereits zu einem Publikumserfolg wurde. Damit verfolgt Tímár jene Linie der ungarischen Filmkunst, die sich über Lustspiel und Satire von der Vergangenheit „verabschiedet".

funden und damit zwei Welterfolge produziert. Auch Ildikó Enyedis ebenso erfolgreicher Spielfilm „*Az én XX. Századom*“ (Mein XX. Jahrhundert, ebenfalls 1988), der die Tradition des individuellen Geschichtserlebens in den internationalen Rahmen der Jahrhundertwende stellt, oder ihr „*Bűvös Vadász*“ (Magischer Jäger, 1994), eine modernisierte Version des Weberschen „Freischütz“ stehen in dieser Reihe.

In den Jahren des politischen Systemwechsels 1989/90 ging die Spielfilmproduktion aufgrund des beinahe gänzlichen Verlustes staatlicher Unterstützung zwar drastisch zurück, die langjährige internationale Vernetzung des ungarischen Films hat diesen aber – im Unterschied zu anderen ostmitteleuropäischen ehemaligen Einparteienstaaten – vor dem beinahe gänzlichen Ableben bewahrt und zu einem spürbaren Aufschwung ab etwa Mitte der 90er Jahre geführt. Bemerkbar macht sich dies auch in der steigenden Zahl ausländischer Produktionen in Ungarn – von knappen hundert 1995 auf über dreihundert in den beiden folgenden Jahren. Sie tragen zur Erhaltung und Modernisierung der Studios, einer wesentlichen Voraussetzung nationalen Filmschaffens, bei. Von den neu entstandenen privaten Fernsehanstalten wird – über Auftragsfilme – ein zusätzlicher Impuls erwartet.

Musik

Ungarn gilt als ein Land der Musik. Die ungarische Musik wird in den Klischees der Tourismuswirtschaft allerdings häufig auf *Cigányzene,* die „Zigeunermusik“ reduziert, die als Inbegriff der musikalischen Traditionen dargestellt wird, unter Einbeziehung der Beschreibung des dazu passenden Ambientes: die *Csárda,* ein Gasthof, in dem, so will es das touristische Stereotyp, gegessen, getanzt, musiziert und gefeiert wird. Das Bild eines Zigeunerprimás mit der Geige in der Hand fehlt in kaum einem Reiseführer oder Werbefolder.

Die Mitglieder der Zigeunerkapelle im heutigen Ungarn sind durchwegs professionell ausgebildete Musiker, eine *Banda* besteht aus dem Primás, der die Hauptmelodie spielt, dem *Kontrás,* der – ebenfalls auf der Geige – für die Begleitung sorgt, dem *Bőgős* am Kontrabaß und zuweilen auch noch aus zwei weiteren Musikern, die Zimbalom oder Hackbrett und Klarinette

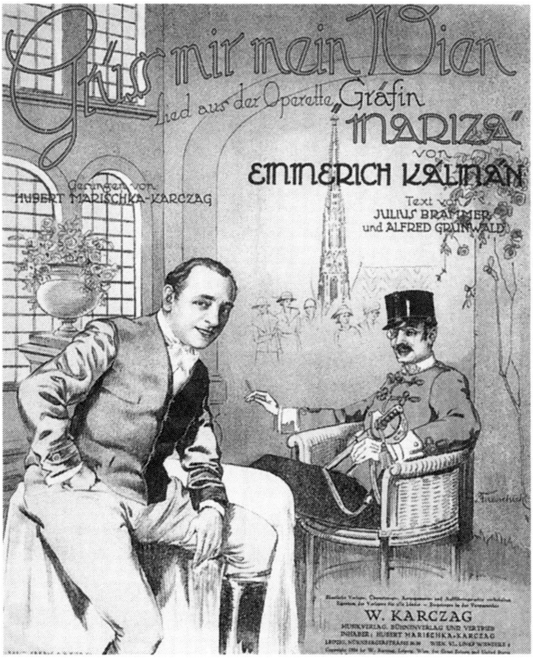

Illustriertes Notenblatt zur 1924 uraufgeführten Operette „Gräfin Mariza" des seit der „Csárdás-Fürstin" weltberühmten Komponisten Emmerich Kálmán

oder Tárogató – ein traditionelles ungarisches Holzblasinstrument – spielen. Zahlreiche dieser Musiker haben ihre Ausbildung an der bekannten Rajkóschule erhalten.

Motive und Interpretationsweisen dieser Musik haben auch die ungarische Operette beeinflußt und wurden manchmal erst durch die Popularität von Operettenmelodien einem über Ungarn hinausgehenden Publikum bekannt. Die ungarische Operette ist vor allem mit den Namen Emmerich Kálmán (1882–1953) und Franz Lehár (1870–1948) verbunden, deren bekannteste Werke „Csárdásfürstin" (1915) und „Gräfin Mariza" (1924) bzw. „Die lustige Witwe" (1905) zu den auch heute noch meist aufgeführten Operetten zählen.

Der Zigeunerbaron – eine zeitkritische Operette

Die Strauß-Operette „Der Zigeunerbaron" (1885), die mit Ungarn identifiziert wird, handelt – ins 18. Jahrhundert transponiert und damit verfremdet – vom österreichisch-ungarischen Verhältnis nach dem Ausgleich von 1867 und enthält zahlreiche Bezüge auf die Lebenswelt der ungarischen Zigeuner. Das Libretto basiert auf einer Novelle des bekannten ungarischen Schriftstellers Mór Jókai, eines Kossuth-Anhängers und Teilnehmers an der Revolution von 1848. Die Handlung spielt im multiethnischen Temescher Banat im ehemaligen Südostungarn (heute Rumänien) und zeigt zum einen eine agrarfeudale ungarische Gesellschaftsidylle. Zugleich thematisiert sie jedoch auch die liberalen politischen Bestrebungen der 1848er Revolutionäre und verbindet eine idealisierte Darstellung der Zigeuner mit den Freiheitsidealen des Vormärz.

Das Ungarn der Jahrhundertwende hat über die Operette hinaus aber auch wesentliche Vertreter eines spätromantischen Stils wie Ernő von Dohnanyi oder László Lajta hervorgebracht, deren symphonisches und kammermusikalisches Werk den russischen Zeitgenossen oder Gustav Mahler vergleichbar ist.

Volkstümliche ungarische Musik, deren Klang oft mit der Zigeunermusik verwechselt wird – wurde Anfang des 20. Jahrhunderts erstmals aufgezeichnet: Die Komponisten Béla Bartók (1881–1945) und Zoltán Kodály (1882–1967) begannen nach der Jahrhundertwende, aus musiktheoretischen Interessen und auf der Suche nach Material für ihre eigenen Kompositionen, Volkslieder und Volksmusik des südosteuropäischen Raumes zu sammeln und zu erforschen. Die beiden bereisten gemeinsam mit anderen Komponisten und Soziographen zahlreiche, nicht nur ungarische, Dörfer und ließen sich von der bäuerlichen Bevölkerung traditionelle Lieder und Tänze vortragen, die sie teils schriftlich, zum Teil auf Tonträgern aufzeichneten. Diese im europäischen Vergleich eher späte Kodifizierung volkstümlicher Musik und musikalischer Überlieferung in Ungarn wird als Folge der Herausbildung eines Nationalgefühls nach dem Ausgleich mit Österreich und der folgenden Phase ökonomischer Prosperität angesehen.

Béla Bartók, der Werke für Klavier, Kammermusik, Ballett, eine Oper – „Herzog Blaubarts Burg", die 1918 in Budapest uraufgeführt wurde – und die „Kossuth-Symphonie“ schrieb und als der größte ungarische Komponist gilt, integrierte musikalische Motive der tradierten ungarischen Musik mit der Formensprache des Expressionismus. Zoltán Kodály, Komponist des „Psalmus Hungaricus“, ließ sich von den Ergebnissen seiner ethnographischen Forschung zur Entwicklung eines neuen Ausbildungsprogramms für Musiker und Musiktheoretiker inspirieren, das sich weit über Ungarn hinaus in der musikalischen Fachwelt durchsetzen konnte.

Der Rückgriff auf die Volksmusik hat Tradition: Bereits Franz Liszt (1811–1886), der sich, obwohl aus einer deutschsprachigen, burgenländischen Familie stammend, als Ungar fühlte, ließ sich für einige seiner Kompositionen von der ungarischen Volksmusik anregen. Arnold Schönberg und Alban Berg setzten sich mit Bartók und Kodály auseinander, und auch zeitgenössische ungarischen Komponisten – wie etwa György Ligeti (geb. 1923) oder György Kurtág (geb. 1926), deren Werke als wesentliche Beiträge zu serieller und atonaler Musik gelten – sehen deren Arbeiten als Ausgangspunkt ihres weiteren Weges in die Moderne. Ungarn als Land der Musik war daher auch während des Sozialismus und bis heute ein Land der qualitativ hochstehenden und publikumswirksamen Aufführungen, nicht nur der ungarischen zeitgenössischen Musik.

Beispiele für den Rückgriff auf historische Traditionen finden wir aber auch in der ungarischen populären Musik in den letzten Jahrzehnten. Rock und Beat avancierten in den 60er Jahren auch in Ungarn zur Jugendbewegung mit Skandalen, ekstatischen Konzerten und begeisterten Fans. Als legendärste Beat- und Rockformation gilt die Band „Illés“ mit dem ungarischen Lennon-McCartney-Duo Levente Szörényi und János Bródy, die als erste ungarisch sangen, eigene Lieder produzierten und dabei auch Elemente der Volksmusik in ihre Nummern einbauten.

Zwar warnten die politische Führung und der kommunistische Jugendverband besorgt vor dem „Eindringen“ einer „Mode aus dem Westen“, dennoch fand 1963 das erste Beat-Konzert in Budapest statt, bei dem alle damaligen Bands auftraten. Beatmusik, lange Haare und Jeans wurden zu Zeichen eines neuen Lebensstils, zu Symbolen der Aufbruchsstimmung und der Liberalisierung nach der Eiszeit infolge der Niederschlagung der Revolution von 1956, vertreten von einer Generation, die sich später etwas übertrieben die „Große Generation“ nannte.

Der gesellschaftliche Aufbruch ging aber nicht ohne Konflikte vor sich: die Zensurbehörden wachten, Beat- und Rock-Bands wurden mit Auftrittsverboten belegt, häufig griff auch die Polizei ein. Nicht nur die Musik war wichtig, sondern auch die oft mehrdeutigen Texte, wie etwa jene Bródys.

In den 70er Jahren, als die „Große Generation“ ins Arbeitsleben eintrat und Familien gründete, nahm die Vitalität der Rockmusik ab, sie wurde mehr oder weniger ins System integriert. Dennoch blieb sie ein politisches Problem, besonders in den 80er Jahren, als eine Reihe von Underground-Bands offen ihren Unmut über die Zustände im Land äußerten.

Anfang der 80er Jahre produzierten Szörényi und Bródy, deren Band schon seit langem nicht mehr existierte, einen Riesenerfolg: eine Rockoper, die die ungarische Staatsgründung zum Thema hat und als deren Hauptfigur König Stephan auftritt. Das historisch orientierte Werk stellt den zum Christentum übergetretenen Stephan und den noch heidnischen Koppány, die den Gegensatz von Gut und Böse, von Heute und Gestern personifizieren, ins Zentrum der Handlung. Stephan erkennt die Zeichen der Zeit und handelt danach. Allein dadurch, daß die Rockoper ein Stück der christlichen Geschichte Ungarns vorführt, erregte sie großes Aufsehen. Außerdem enthielt sie eine Reihe aktueller politischer Anspielungen; sein Plädoyer zur Aufrechterhaltung des nationalen Wertesystems wird auch als ein Beitrag zur geistigen Vorbereitung des Systemwechsels angesehen. Levente Szörényi widmete noch anderen historischen Persönlichkeiten Rockopern, so dem Hunnenkönig Attila, dem ungarischen König Ladislaus und den Kumanen. Den Erfolg von *„István, a király“* erreichte er jedoch nicht mehr.

Die Tanzhausbewegung

Ungarische Musik und Tradition treffen vor allem in der sogenannten Tanzhausbewegung zusammen. Im Mai 1972 versammelte sich eine Gruppe von Tänzern und Musikern, die sich der Volksmusik widmeten, um eine alte bäuerliche Tradition wiederaufleben zu lassen, das Tanzhaus. Früher gab es in jedem ungarischen Dorf ein Haus, in dem sich die Jugendlichen zum Tanzen trafen. Die Tänze reihten sich dabei in streng vorgeschriebenen Folgen aneinander.

Die erste, geschlossene Veranstaltung von 1972 verfolgte noch die Idee, die für die Bühne choreografierten Tänze zum eigenen Zeitvertreib zu nützen, wie beim Gesellschaftstanz. Die Musik wurde von der Gruppe „Sebő", deren Leiter bis zum heutigen Tage aktiv ist, gespielt. Damit war in Ungarn eine neue Bewegung geboren, denn der erfolgreiche Abend wurde mehrmals wiederholt, nun aber mit öffentlichem Charakter: jederman konnte daran teilnehmen. Ein neuer Typus der Unterhaltung war entstanden, auch für Tausende von städtischen Jugendlichen. Ihnen standen etwa 150000 registrierte und systematisierte Melodien der Volksmusik zur Verfügung, aufbauend auf den Sammlungen von Bartók, Kodály und ihren Nachfolgern. Zahlreiche Jugendliche gingen selber in die Dörfer, um lebendige kulturelle Traditionen zu finden. Die gesammelten Erfahrungen sollten nicht aufgearbeitet, sondern so erlernt und weitergegeben werden, wie man sie auffand.

Die lebendigsten Traditionen, die archaischsten Formen fand man außerhalb der Grenzen Ungarns in Siebenbürgen und Rumänisch-Moldawien. Die populärste Tanzordnung war die von Szék in Siebenbürgen. Dies alles trug zur Wiederentdeckung eines ehemals ungarischen Gebietes bei und richtete das Augenmerk auf die Lage und Lebensweise der dort ansässigen ungarischen Bevölkerung. Die in Siebenbürgen auftauchenden Jugendlichen, die „nur" die ungarischen nationalen Traditionen sammeln wollten, lösten selbstverständlich das Mißfallen des Ceauşescu-Regimes aus.

Die bis heute fortlebende Tanzhausbewegung trug zur Stärkung der nationalen Identität im eigenen Land bei, was von der früheren politischen Führung als nicht unproblematisch empfunden wurde. Die spontan entstandene Bewegung war auch eine Form des Protests gegen die staatlich verordnete Kultur- und Folklorepolitik, wurde letztendlich aber dennoch geduldet. Sie bezeugte – anders als die Propagierung einer bäuerlichen Romantik –, daß Volkskunst im Alltag auch außerhalb des Fortbestehens bäuerlicher Lebensfomen weiterleben kann. Zudem führte die Tanzhausbewegung nicht zur Einkapselung in nationale Traditionen, sondern blieb nach außen hin offen. Es entstanden rumänische, südslawische, griechische, jüdische oder gar schottische Tanzhäuser. Damit folgte man einer kulturellen Tradition Ungarns im 20. Jahrhundert, deren Fährte von dem Dichter Endre Ady und dem Komponisten Béla Bartók gelegt worden war: Beide richteten ihren Blick zwar auf die ungarischen Verhältnisse, waren aber auch mit den neuesten internationalen künstlerischen Entwicklungen vertraut.

Malerei

Die ungarische Malerei soll hier nicht nur aus dem Grund erwähnt werden, weil sie eine Reihe international bekannter und anerkannter, historischer und gegenwärtiger Vertreter hat, sondern auch, weil sie in Form und Inhalt eng mit zentralen Aspekten der Geschichte des Landes verbunden ist. So fällt dem Besucher der *Magyar Nemzeti Galéria,* der Nationalgalerie, sofort auf, daß die Kunst des 19. Jahrhunderts und des Fin de Siècle den Schwerpunkt der ausgestellten Objekte bildet. Wohl findet sich hier auch eine bedeutende Sammlung ungarischer Kunstwerke des Mittelalters und der Frührenaissance, die 150jährige Unterbrechung der Teilnahme an der europäischen Kunstgeschichte durch die Herrschaft des Osmanischen Reiches wird aber besonders deutlich: Die Geschichte der ungarischen Malerei setzt eigentlich erst in der ersten Hälfte des 19. Jahrhunderts, mit der Entstehung eines nationalen Selbstbewußtseins ein.

Die Gründung einer Nationalgalerie durch Ferenc Széchényi 1807, im Rahmen der nur fünf Jahre zuvor ins Leben gerufenen Széchényi-Nationalbibliothek in Budapest, war selbst Teil dieser Entwicklung: Aufgeklärte Mäzene aus dem Hochadel wie Széchényi waren zu Beginn des Jahrhunderts auch als Auftraggeber von Porträts und Landschaften die Initiatoren eines Aufschwungs der bildenden Künste, der von Anfang an auch von kunsttheoretischen Überlegungen begleitet wurde. Im Zentrum der damaligen Diskussion in Ungarn standen die Verbindung von klassischer und zeitgemäßer Anschauung mit nationaler Eigenart, von naturgetreuer Abbildung mit Empfindung und Ideal. In der Malerei führte dies zu allegorischen Darstellungen ebenso wie zu ländlichen Natur- und Genrebildern mit ungarischen (Landschafts)Sujets, die sich in die internationalen Zeitströmungen der Romantik

Ein Wegbereiter der modernen Malerei, József Rippl-Rónai: Friedhof in der Tiefebene, Öl auf Leinwand (1984)

und die regionalen des Biedermeier eingliedern: Beispiele hierfür sind die Arbeiten von Miklós Barabás (1810–1898) oder Károly Markó d. Ä. (1791–1860), Darstellungen historischer Persönlichkeiten und Ereignisse der ungarischen Geschichte sowie Allegorien der Nation (etwa Henrik Webers „*Hungaria*", 1840er Jahre, oder Ferdinánd Vidras „*Pannonia*" 1844).

Mit der Revolution der Jahre 1848/49 und der Niederlage gegen die Habsburger trat zunächst vor allem das Zeitgeschehen, und in der Folge seine Überhöhung in den tragischen und heroischen Momenten der ungarischen Geschichte in den Vordergrund der Darstellungen. Damit wurde der Historismus – wiederum den internationalen Tendenzen entsprechend – zu einer der bedeutendsten Stilrichtungen der ungarischen Malerei des 19. Jahrhunderts, dessen wichtigste Repräsentanten in Ungarn jedoch zu eigenständigen Ausprägungen dieses Stils fanden, die auch international anerkannt werden: Einer der bedeutendsten Vertreter dieser Stilrichtung ist Mihály Munkácsi (1844–1900), der die Genremalerei – auch mit Hilfe photographischer Vorlagen – an den Alltag heranführte und Szenen aus dem Leben des einfachen Volkes in Bildern wie dem „Letzten Tag eines Verurteilten“ (1870), das im Pariser Salon eine Goldmedaille gewann, mit dem nationalen Schicksalsthema der gescheiterten Revolution verband. Vor allem in seinem Spätwerk wurde Munkácsi zum Repräsentanten eines monumentalen, ungarische Identität propagierenden, historischen Stils, zu sehen in den Deckenfresken des Stiegenaufgangs des Wiener Kunsthistorischen Museums oder im Budapester Parlamentsgebäude („Landnahme der Ungarn“ 1893). Im selben Stil arbeiteten auch andere große Malerpersönlichkeiten wie Mihály Kovács (1818–1892) und Bertalan Székely (1835–1911), während Károly Lotz (1833–1904) mit klassizistischem Stil und Themen zum Gestalter der Fresken in den großen Budapester Kulturbauten der Jahrhundertwende wie der Oper oder der Kunsthalle am Heldenplatz wurde.

Zur gleichen Zeit fand die ungarische Malerei vor allem über die Weiterentwicklung des Landschaftsbildes den Weg in die Moderne: Pál Szinyei Merse (1845–1920) schuf mit der Technik der *plein air* Malerei eine neue Sicht auf die Figuren und Gegenstände der Genremaler, die ihn – unter Beibehaltung ungarischer Motive – in die Nähe der Arbeiten Édouard Manets oder Claude Monets der 60er Jahre führte. Den Erfolg seiner Werke hatte Szinyei zu Lebzeiten weniger dem heimischen Kunstmarkt, als dem westeuropäischen und amerikanischen zu verdanken.

In seiner Folge entwickelte Tivadar Csontváry Kosztka (1853 bis 1919), eine einzelgängerische Figur der ungarischen Kunstgeschichte, in zahlreichen Reisen durch Ungarn und den europäischen Mittelmeerraum einen eigenen, wiewohl dem Impressionismus verpflichteten Stil der Landschaftsdarstellung.

Andererseits fand der eigenständige ungarische Entwicklungsweg zur Moderne einen Höhepunkt in der Schule von Nagybánya, benannt nach einer Künstlerkolonie in Siebenbürgen, die nach 1918 in die neuen Grenzen Ungarns zog. Maler wie Simon Hollósy (1857–1918) – der eine 1886 in München von ihm eröffnete Malakademie zehn Jahre darauf nach Nagybánya übersiedelt hatte –, József Rippl-Rónai (1861–1927) oder Károly Ferenczy (1862–1917) führten mit ihrem Werk die ungarische Malerei aus der Bildwelt des ausgehenden 19. Jahrhunderts durch einen intuitiven Stil heraus, in dem Fläche und Farbe dominieren und der sich zu der eigenständigen Formensprache einer ungarischen impressionistischen Malerei entwickelte. Die zweite Generation, zum Teil Schüler von Hollósy wie Béla Iványi Grünwald (1867–1940), entwickelte diesen Stil – der sich immer noch als „Naturalismus“ verstand – in die Nähe des Expressionismus, oder wie Noémi Ferenczy (1890–1940), die Tochter Károlys', in die Nähe der naiven darstellenden Kunst und schließlich auch, wie Csaba Vilmos Perlott (1880–1955), in Richtung des Kubismus weiter.

Vor allem diese kubistischen Ansätze wurden zum Ausgangspunkt der Avantgarde, deren wichtigste Vertreter Lajos Kassak – selbst aus der Schule von Nagybánya –, Béla Uitz und László Moholy-Nagy, einer der international wohl bekanntesten ungarischen Maler des 20. Jahrhunderts, sind. Diese in der ungarischen Kunstgeschichte wegen ihrer Verbindung von Literatur, Malerei und politischem Engagement auch als „Aktivisten“ bezeichnete Gruppe verband die Entwicklung ihrer abstrakten Kunst mit einer Kritik an den bestehenden, bürgerlich-spätfeudalen politischen Verhältnissen, die sie – ähnlich der russischen Avantgarde – auf die Seite der Kommunisten und zu einer aktiven Teilnahme bei der Errichtung der Räterepublik führte: Die Aktivisten mit ihrer Zeitschrift *Ma* (Heute) verstanden sich als Aufklärer, Gestalter und Propagandisten einer neuen, auf modernen wissenschaftlichen Erkenntnissen begründeten Gesellschaft. Das Ende der Räterepublik und der Erfolg der Konterrevolution zwangen die Repräsentanten der Avantgarde ins Exil, wo in Wien die Zeitschrift noch einige Jahre weiter erschien. Die Aktivisten waren damit zwar ihrer politischen Wirkung beraubt, ihr Beitrag zur modernen europäischen Kunst fand aber Anknüpfungspunkte im Bauhaus und in Paris, wo er in den Arbeiten Victor Vasarelys eine zeitgenössische Weiterentwicklung erfuhr.

Vasarely (eigentlich Vásárhelyi, geb. 1908 in Pécs) studierte in Budapest und lebt seit 1930 in Paris. Er arbeitete zuerst als Gebrauchsgrafiker in Werbeagenturen. Vasarely experimentierte mit einer Methode, wissenschaftliche Vorstellungen von Raum, Materie und Energie mittels geometrischer (Grund)Formen bzw. deren serieller Anordnung in optisch-kinetische Effekte zu übersetzen und diese in Sinnesempfindungen zu übertragen. Er begann mit linearen Schwarz-Weiß-Strukturen, ab Mitte der 50er Jahre gestaltete er Bilder, deren Linienstrukturen sich mit wechselnder Perspektive und Änderung des Standorts des Beobachters verändern. In der „Belle-Ile-Periode“ arbeitete Vasarely hauptsächlich mit Kreis- und Ellipsenformen, danach setzte er sich – in der sogenannten Kristall-Periode – mit der vieldeutigen Interpretierbarkeit des Bildraumes selbst auseinander. Vasarely verwendete in seinen Arbeiten statt der Zentralperspektive eine axonometrische Perspektive, da diese seiner Meinung nach die Bewegung des Be-

Organische Architektur

Der ungarische Architekt Imre Makovecz (geb. 1936) wurde – auch aus einer Oppositionshaltung gegenüber der staatlich verordneten Plattenbauweise – Mitte der 60er Jahre zum Begründer eines neuen Baustils, der Organischen Architektur. Sie ist von den Werken des US-amerikanischen Architekten Frank Lloyd Wright ebenso beeinflußt wie von der Anthroposophie Rudolph Steiners und zielt auf die organische Verbindung von Bauwerk, Landschaft und Menschen. Die Stilprinzipien der Organischen Architektur sind der Abkehr von geraden Linien und rechteckigen Formen verpflichtet: Makovecz und seine rund 80 – in ihren Werken sehr heterogenen – Schüler arbeiten vor allem mit unregelmäßigen, gekrümmten und gewölbten Formen, verwenden als Baumaterialien auch Lehm, Backstein und vor allem Holz.
Makovecz nimmt zahlreiche Anleihen sowohl bei der ungarischen Volkskunst als auch bei historischen magyarischen Hausformen: Es finden sich Zitate der Siebenbürger mittelalterlichen Holzhäuser und -türme; auch die runde Jurte, die Hütte der nomadisierenden Magyaren, diente als Modell für einige seiner Bauwerke, da sie sowohl den Kosmos außerhalb als auch die streng geregelte Gesellschaftsordnung innerhalb des Wohnraums symbolisiere.
Der mittlerweile mehrfach ausgezeichnete Architekt, der als einer der führenden Intellektuellen des konservativen Lagers der ungarischen Parteien gilt, charakterisiert seine Baukunst als eher archaisch denn ungarisch, wird in Ungarn aber dennoch als Vertreter eines „nationalen Stils“ in der Architektur – im Gegensatz zur Moderne – verstanden.
Makovecz gründet seine architekturtheoretischen Überlegungen auf das Prinzip der Metamorphose: Symbolisch kam dies etwa auch in dem von ihm geplanten, aus Holz gefertigten und mit Türmen geschmückten Ungarn-Pavillon auf der EXPO 1992 in Sevilla zum Ausdruck, in dessen Zentrum ein „Lebensbaum“ die existentielle Verbindung des Ungarntums mit der Natur zum Ausdruck bringen sollte.

trachters besser auszudrücken imstande ist und das Wahrzunehmende „dynamisiert". Durch seine Auseinandersetzung mit Original und Wiederholung brachte Vasarely neue Aspekte in die Kunstdiskussion ein und wurde zum wichtigsten Vertreter der „Op-Art".

Vom Zensor zum Sponsor

In der Ära des Sozialismus galten Bildung, Wissenschaft und Kunst aus der Perspektive der politischen Machthaber als wichtige Bereiche, die ideologisch besetzt werden mußten, um den Vorstellungen einer egalitären Gesellschaft und der Forderung nach der Schaffung eines neuen sozialistischen Menschen zu entsprechen.

Kulturprodukte sollten möglichst vielen Menschen zugänglich sein und mußten daher massenhaft und billig produziert werden. Das galt besonders für Bücher und Filme. In den 50er und 60er Jahren war aufgrund des verbesserten Bildungssystems die Zahl der Personen mit Mittelschul- bzw. Hochschulabschluß auf das Vierfache gestiegen. In der „goldenen" Ära des Kádárismus wurde das Lebensniveau angehoben, die Wohnungslage verbesserte sich. Alle diese gesellschaftlichen Veränderungen bewirkten auch eine Zunahme des Kulturkonsums. Das Interesse an Lektüre, an Kino-, Theater- und Museumsbesuchen wuchs.

Trotz des hohen ideologischen Stellenwerts wurde die Kultur aber nach dem sogenannten Rest-Prinzip finanziert, d.h. was nach der Förderung von Schwerindustrie oder Landwirtschaft im Budget übrigblieb, wurde auf die Bereiche Unterricht und Kultur (und auf das Gesundheitswesen) verteilt. Letztlich wurden also die – wie es damals hieß – „unproduktiven" Sphären der Gesellschaft abgewertet, und sobald Wirtschaftsprobleme auftraten, waren dies die ersten Bereiche, in denen gespart wurde: Ab Mitte der 70er Jahre stagnierte die staatliche Finanzierung der Kultur.

Selbstverständlich war auch der kulturelle Bereich dem staatlichen Zentralismus unterworfen. Zivilgesellschaftliche Initiativen wurden eingeschränkt, mitunter vollständig unterdrückt. In Ungarn existierte zwar keine zentrale Zensurbehörde, doch es fehlte den Machthabern nicht an Mitteln der Kontrolle. Informationen lieferte die wachsame Staatssicherheit. Auch das Amt für Information beim Ministerrat spielte die Rolle eines Zensors. Die Abteilung für Agitation und Propaganda beim Zentralkomitee der USAP „informierte" regelmäßig die Chefredakteure von Zeitungen und Zeitschriften über unliebsame Themen, aber auch darüber, auf welche Themen besonderes Augenmerk zu richten war. Leitende Gremien in Redaktionen und Verlagen übten – innerhalb eines gewissen Spielraums – Selbstzensur, eine antizipierende Selbstkontrolle, um staatliche Eingriffe zu vermeiden. Dennoch wurden im kulturellen Bereich, in Wissenschaft und Kunst, größere Freiheiten gewährt als in den anderen Ländern der sowjetischen Machtsphäre.

Ab den 60er Jahren war die ungarische Kulturpolitik durch die „drei Ts" geprägt, den Anfangsbuchstaben der ungarischen Wörter für Förderung, Verbot und Toleranz. Neu hinzu kam – im Vergleich zur Rákosi-Ära – die Toleranz gegenüber ideologisch nicht einwandfreien Werken, sowohl in der Hochkultur als auch in der Trivialkultur, allerdings nicht auf einer rechtlich abgesicherten Basis: Toleranz wurde vielmehr willkürlich gehandhabt. Werke eines Schriftstellers konnten eine Zeit lang geduldet, dann aber mit einem Publikationsverbot belegt werden, etwa wegen der Teilnahme an einer Unterschriftensammlung oder wegen einer Stellungnahme gegenüber der ausländischen Presse. Einigen der betroffenen Schriftsteller und Künstler wurden später – wenn es politisch wieder opportun erschien – dennoch staatliche Auszeichnungen oder Preise verliehen. Um nur ein Beispiel zu nennen: Der heute in der Politik aktive Dramatiker István Csurka hatte 1972 Publikationsverbot, 1980 wurde er mit dem Attila-Jószef-Preis ausgezeichnet, 1986 durfte er abermals nicht publizieren.

All das hing von den jeweiligen Machtverhältnissen innerhalb der Parteiführung ab, davon, ob Hardliner die politische Linie bestimmten oder nicht. Auch die internationale Lage, insbesondere der Wechsel von Reform und Stagnation in der Sowjetunion und politische Ereignisse in sozialistischen Bruderstaaten wie der Vietnamkrieg oder die Besetzung der Tschechoslowakei, beinflußten die Kulturpolitik von Zeit zu Zeit.

Die Parteiführung wachte bis in die späten 80er Jahre über das ideologische Monopol, auch im Bereich der Massenkommunikation. Trotz (oder gerade wegen?) der Beschränkungen und Verbote entstanden bedeutende und wertvolle Werke, so gewannen viele der circa 20 jährlich produzierten Spielfilme internationale Anerkennungen. Auch enthielten mehrere Romane und Novellen oder Filme sehr kritische Töne, unter anderem eine Reihe von soziographischen Werken, die in Ungarn eine reiche Tradition haben, und auch jene Filme, die die 50er Jahre kritisch darstellen, wie *„A tanú“* (Der Zeuge) von Péter Bacsó – nach einem zehnjährigen Verbot 1980 erstaufgeführt – oder *„Vera Angi“* (1978) von Pál Gábor.

Mit der paternalistischen ungarischen Kulturpolitik wird der Name György Aczéls verbunden, der zwischen 1967 und 1974 und dann wiederum von 1982 bis 1985 den Posten des ZK-Sekretärs für Kultur bekleidete: Er wußte mithilfe persönlicher Kontakte geschickt mit den Künstlern umzugehen und versuchte so, die ungarische intellektuelle Elite ans sozialistische System zu binden. Als „Magier der drei T's“ förderte und verbot er Publikationen. Die Künstler der Kádár-Ära verband eine Art Haßliebe mit diesem Funktionär.

Mit dem Systemwechsel veränderten sich die Rahmenbedingungen für kulturelle Tätigkeiten tiefgreifend – zum Positiven wie zum Negativen. Kunst und Wissenschaft wurden frei, denn die politische Zensur verschwand. Doch andererseits gefährdete die Wirtschaftskrise die Finanzierung des Systems kultureller Institutionen, das an den Rand des Zusammenbruchs geriet.

So befindet sich die Kultur heute wieder in einer sehr zwiespältigen Lage: Dies zeigt sich etwa am Beispiel des Buchdrucks. Der seit 1990 sichtbare Anstieg der Publikationen kann als Zeichen der gesellschaftlichen Pluralisierung gewertet werden. Nach dem Wegfall der Zensur ist nunmehr alles erlaubt, und deshalb füllen früher verbotene ungarische und ausländische Werke die Regale der Buchhandlungen. 1997 wurden 15% mehr Titel herausgegeben als 1989 (Angaben ohne Lehrbücher). Zugleich haben sich die Buchpreise vervielfacht. Die Anzahl der gedruckten Exemplare sank im gleichen Zeitraum auf die Hälfte, ein Hinweis darauf, daß Teile der Gesellschaft aufgrund der wirtschaftlichen Krise ihren bisherigen, kulturorientierten Lebensstil kaum beibehalten können.

Hinzu kommt, daß sich innerhalb des letzten Jahrzehnts die kulturellen Gewohnheiten der ungarischen Gesellschaft fundamental geändert haben: Die explosive Verbreitung des Kabelfernsehens und der Satellitenantennen sowie seit 1997 der privaten TV-Kanäle zerstörte die traditionelle Lesekultur. Durch die Schließung zahlreicher Betriebe sank die Zahl der Betriebsbibliotheken um mehr als 50%, die Zahl der eingeschriebenen Leser ging um 40% zurück.

Unter den Bedingungen der Wirtschaftskrise und der steigenden Verschuldung des Staates wurde die Finanzierung der Kultur zu einem der größten Probleme. Das Kultur-Budget sank im letzten Jahrzehnt sowohl in Relation zum BIP als auch was den Realwert betrifft (um mehr als 50%). Der Staat zieht sich immer mehr zurück, die Kulturarbeit der Betriebe ist kaum noch vorhanden.

Zwar ist das System kultureller Institutionen noch nicht zusammengebrochen, zum einen da die Bevölkerung immer noch bedeutende Summen für den Kulturkonsum ausgibt, zum anderen weil zahlreiche neue Stiftungen gegründet wurden. Das Netz solcher Sponsoren ist jedoch noch zu wenig kapitalkräftig, den immer stärker wirkenden Marktmechanismen vermag es nur beschränkt entgegenzuarbeiten. Zudem sind die finanzkräftigsten kulturellen Stiftungen politisch-ideologisch ausgerichtet, sie haben ihr spezifisches, national-konservatives oder liberales Klientel.

In den staatlich (mit)finanzierten Stiftungen versuchen die politischen Machthaber über Kuratorien Einfluß zu nehmen. Dadurch entsteht der Eindruck, die frühere staatsparteiliche Lenkung der Kultur sei nicht verschwunden, sondern habe sich bloß geändert. Aber auch eine neue Form der Zensur durch das Kapital, die an die Stelle der politischen Zensur treten könnte, wird befürchtet.

Gellért-Bad – Foto: János Kalmár

ANHANG

Ungarn auf einen Blick

Amtliche Bezeichnung: Magyar Köztársaság (Republik Ungarn)
Staatsform: Republik
Staatsgebiet: grenzt an die Slowakei, die Ukraine, Rumänien, Serbien (Jugoslawien), Kroatien, Slowenien und Österreich
Fläche: 93 030 km²
Einwohner: 10,092 Mio., davon leben etwa 65 % in Städten und etwa 35 % in ländlichen Gebieten (1998)
Größte Minderheiten: Roma (400 000–600 000), Deutsche (220 000), Slowaken (110 000), Kroaten (80 000), Rumänen (25 000)
Wichtigste Religionen: römisch-katholisch (ca. 70 %), calvinistisch (ca. 21 %), evangelisch (ca. 5 %), ungarisch-orthodox, israelitisch
Hauptstadt: Budapest (1,86 Mio. E.)
Größte Städte: Debrecen (207 000), Miskolc (176 000), Szeged (165 000), Pécs (159 000), Győr (127 000)
Nationalfeiertage: 15. März (Revolution 1848), 20. August (Fest d. Hl. Stephan I.), 23. Oktober (Beginn des Aufstands 1956; Ausrufung der Republik 1989)
Staatsflagge: drei gleich breite waagrechte Streifen in den Farben rot, weiß, grün
Erwerbstätige: 3.648 000 davon 34 % in der Industrie (inklusive Bergbau, Energiesektor und Bauindustrie), 8 % in der Landwirtschaft
Arbeitslosenrate: 9,6 % (1998)
Währung: 1 Forint = 100 Fillér
Wachstum des BIP: + 5,1 % (1998)
Haushaltsdefizit: 4,6 % (1998)
Außenhandel: 19,099 Mio. US-$ Export, 21,234 Mio. US-$ Import (1997)
Auslandsinvestitionen: 2, 261 Mio. US-$ (1997)
Bruttoauslandsverschuldung: 26,8 Mrd. US-$ (1997)
Internationale Mitgliedschaften: UNO, NATO, IWF, Weltbank, EBRD, WTO, GATT, CEFTA, Europarat, OSZE, Assoziierungsabkommen mit der EU

Zeittafel

896	Eroberung des Karpatenbeckens durch ungarische und chasarische Stämme.
955	Der deutsche König Otto I. schlägt das ungarische Heer bei Augsburg vernichtend.
997–1038	Gründung des ungarischen Staates, Krönung Stephans I. (1000), Vollendung der Christianisierung.
1241/1242	Tatareneinfall unter Batu Khan.
ab 1242	Neugründung des Staates durch Béla IV.; Ansiedlung deutscher, mährischer, ruthenischer und rumänischer Bauern; Entstehung eines ungarisches Bürgertums und Aufblühen der Städte.
1247–1265	Bau der ersten Budaer Burg.
Ende 13. Jh.	Zerfall in einzelne, von Baronen beherrschte Teile; mit dem Tod von András III. (1301) stirbt die männliche Linie des Árpádenhauses aus; Karl Robert von Anjou wird zum König gekrönt.
1370–1382	Karl Roberts Sohn Lajos wird ungarischer König und – vom polnischen Adel gewählt – in Personalunion polnischer König.
1458–1490	König Matthias I. Corvinus (=Mátyás Hunyadi): Festigung der königlichen Zentralgewalt; Ungarn wird Zentrum mitteleuropäischer Renaissancekultur; Feldzug gegen die Türken mit anschließendem Friedensschluß; Eroberung von Mähren, Schlesien und Wien, 1485 Wien Königssitz.
1514	Der Bauernaufstand unter der Führung von György Dózsa wird blutig niedergeschlagen.
1526	Schlacht bei Mohács: vernichtende Niederlage der ungarischen Truppen unter König Ludwig II. gegen das türkische Heer; ab dann starke Verbreitung des Protestantismus.
1541	Besetzung von Buda durch die Türken; Dreiteilung Ungarns: Osmanisches Reich (150 Jahre lang), Habsburgerreich im Nordwesten, Fürstentum Siebenbürgen im Osten.
1686	Befreiung von Buda durch internationale Armee.
1689	Friede von Karlóca (Karlowitz): Ende der osmanischen Herrschaft; Beginn der habsburgischen Herrschaft; Gegenreformation und Einfluß des Barock auf die ungarische Kunst und Kultur.
1703–1711	Unabhängigkeitskampf der Ungarn unter Ferenc Rákóczi gegen die Habsburger.

1825–1848	István Széchenyi initiiert rege Bautätigkeit, wirtschaftliche Reformen, technische Neuerungen und Förderung von Wissenschaft und Kunst.
1848/1849	Unabhängigkeitskampf unter Lajos Kossuth; 15. März 1848: erster unabhängiger Landtag; unabhängige Regierung Lajos Batthanyi; Niederschlagung des Aufstands und Vergeltungsmaßnahmen.
1867	Ausgleich mit Österreich: Entstehung der k.u.k. Doppelmonarchie; teilweise Unabhängigkeit; Industrialisierung und städtische Entwicklung.
1872	Óbuda, Buda und Pest vereinigen sich zu Budapest.
1896	Millenniumsfeiern: 1000 Jahre Landnahme.
1914–1918	Ungarn nimmt an der Seite Österreichs und Deutschlands am Ersten Weltkrieg teil.
1918	Nach dem Zusammenbruch der Doppelmonarchie unter Mihály Károlyi Gründung einer demokratischen ungarischen Republik.
1919	Viermonatige Räterepublik unter Béla Kun.
1920	Vertrag von Trianon: Ungarn verliert zwei Drittel seines Territoriums und die Hälfte der Bevölkerung des vormaligen Königreichs Ungarn an seine Nachbarstaaten.
1920–1944	Autoritär-konservativer, ab Oktober 1944 faschistischer Staat unter Reichsverweser Miklós Horthy.
1941–1945	Kriegseintritt als Verbündeter Deutschlands; Besetzung durch die Wehrmacht; 90% der ungarischen Juden werden deportiert und vernichtet; 1944 wird Horthy gestürzt, die faschistische Pfeilkreuzler-Bewegung übernimmt die Macht; Einmarsch der sowjetischen Roten Armee am 4. April 1945.
1945–1949	Nach kurzer Periode einer Mehrparteiendemokratie Alleinherrschaft der Kommunistischen Partei mit Einflußnahme der UdSSR; 20. August 1949: Ungarn wird Volksrepublik.
1948–1953	Stalinistischer Kurs unter Mátyás Rákosi; Forcierung der Schwerindustrie.
1953–1956	Nach Stalins Tod Periode vorsichtiger Liberalisierung.
1956	Antistalinistische Revolution, die am 23. Oktober zur kurzfristigen nationalen Unabhängigkeit führt, jedoch bereits am 4. November von der Sowjetischen Armee niedergeschlagen wird.
1956–1988	János Kádár (Generalsekretär der USAP): anfangs noch repressiv, dann Teilliberalisierungen im kulturellen und politischen Bereich, ab 1968 Wirtschaftsreformen („Gulaschkommunismus“).

1987	Beginn des friedlichen Systemwechsels, Bildung von Oppositionsgruppen.
1989	Rehabilitation des 1958 hingerichteten Ministerpräsidenten der 1956er Regierung, Imre Nagy; Ausrufung der (dritten) Ungarischen Republik am 23. Oktober.
1990	Erste freie Wahlen; Regierungskoalition aus Ungarischem Demokratischem Forum, Kleinen Landwirten und Christdemokraten; Beginn des marktwirtschaftlichen Umbaus; Beitritt zum Europarat.
1991	Austritt Ungarns aus dem Warschauer Pakt.
1992	Wahl in den Sicherheitsrat der UNO (für 2 Jahre), Assoziierungsvertrag mit der Europäischen Gemeinschaft.
1994	Parlamentswahlen; Regierungskoalition aus Sozialisten und Allianz der Freien Demokraten.
1996	Das Millecentenarium der ungarischen Landnahme wird feierlich begangen.
1998	Parlamentswahlen: Regierungskoalition aus Fidesz, UDF und den Kleinen Landwirten.
1999	NATO-Beitritt Ungarns gemeinsam mit Tschechien und Polen.

Zur Aussprache des Ungarischen

a	nicht identisch mit dem deutschen *a*, sehr offenes *a* etwa wie in engl. h*o*t
á	langes *a* wie in S*aa*l, f*ah*ren
c	*ts* wie in *z*ehn
cs	*tsch* wie in kla*tsch*en
dz	stimmhaftes *ds* wie in engl. Hu*ds*on
dzs	stimmhaftes *dsch* etwa wie in engl. *j*am, Bri*dg*e
é	langes *e* wie in z*eh*n
g	*g* wie in *g*ehen
gy	*dj* etwa wie in engl. *d*uring
h	*h* wie in *H*aus; am absoluten Wortende in der Regel stumm, z. B. *méh* (Biene), aber mit Ausnahmen, z.B: *sah* (Schah), *Allah* (ich- oder ach-Laut)
í	langes *i* wie in Br*ie*f
i	*i* wie in F*i*sch
ly/j	*lj* etwa wie in engl. *y*ou
ny	*nj* etwa wie in engl. *n*ew
ó	langes *o* wie in M*o*nd
ő	langes *ö* wie in S*öh*ne
ö	kurzes *ö* wie in *ö*ffnen
s	stimmloses *sch* wie in *sch*ön
sz	stimmloses *s* wie in da*s*, e*ss*en
ty	*tj* etwa wie in fr. É*ti*enne
ú	langes *u* wie in *U*hr
ü	kurzes *ü* wie in f*ü*nf, Gl*ü*ck
ű	langes *ü* wie in T*ü*r, Fr*üh*ling
v	*w* wie in *w*ir
z	stimmhaftes *s* wie in Ro*s*e, *s*ehen
zs	stimmhaftes *sch* etwa wie in fr. *j*our, engl. plea*s*ure

Literaturhinweise

Reiseführer

Dent, Bob: Blue Guide Budapest. London–New York–Budapest 1996.
Englischsprachig, strukturiert nach touristischen Routen durch Budapest, mit kurzen historischen und aktuellen politischen Informationen an den einzelnen Stationen; umfangreicher Serviceteil.

Eberhardt, Elke: Ungarn. Dumont Reise-Taschenbücher. Köln 1995.
Basisinformationen zur ungarischen Gesellschaft und Kultur, Reiserouten durch Landschaften und Sehenswürdigkeiten; dazwischen eingestreute Kästen zu historischen, aber auch politisch aktuellen Themen sowie zu (alltags-)kulturellen und künstlerischen Entwicklungen und Trends; reich bebildert, im Anhang nützliche Tips und Adressen.

Knabe, Hubertus: Ungarn. Ein Reisebuch in den Alltag. Reinbek bei Hamburg 1989.
Versteht sich als politischer Reiseführer, der Wege abseits der üblichen Routen vorstellen will, beschreibt (aus der Perspektive der Zeit des Systemwechsels) politische Alltagskultur und zivilgesellschaftliche Initiativen, Budapest sowie ausgewählte Reisen durch das Land, hinterfragt Klischees und sucht auch unbekanntere Orte auf; Serviceteil.

Meisner, Matthias (Hg.): Ungarn. Ein Reisebuch. Hamburg 1990.
Enthält Artikel unterschiedlicher Autoren zu vielfältigen Aspekten des ungarischen Alltagslebens, der Kunst und Kultur – inklusive Essen und Freizeitangebote –, Geschichte, Politik und Wirtschaft; Serviceteil, Bilder in schwarz-weiß.

MERIAN: Budapest und Ungarn. 45. Jg. Nr. 6/1992.
Informative Texte, Essays und kurze Geschichten mit zahlreichen Bildern und einem ausführlichen Serviceteil, besonders als zusätzliche, vertiefende Reiselektüre geeignet.

Nemes, János: Merian live! Budapest. München 1997.
Informationen zur touristischen Infrastruktur (inkl. Freizeitangebote für Kinder), die wichtigsten Sehenswürdigkeiten und Attraktionen sowie ausgewählte Spaziergänge in der Stadt und Ausflüge ins Umland, vereinzelt auch „besondere Tips" jenseits touristischer Klischees, enthält mehrere Karten und Pläne.

Radkai, Marton (Hg.): Apa Guides 144 Ungarn. München 1995.
Erzählt in geraffter Form die Geschichte Ungarns bis zur Demokratisierung, enthält Kapitel zu ethnischen Minderheiten, ungarischer Kultur und Folklore; stellt Sehenswürdigkeiten in Budapest und im ganzen Land vor; reich illustriert und mit mehreren Karten; Serviceteil und Register.

Politik

Bayer, József/Deppe, R. (Hg.): Der Schock der Freiheit. Ungarn auf dem Weg in die Demokratie. Frankfurt am Main 1993.
Bayer, József/Gorzka Gabriele (Hg.): Zwischenbilanz und Aspekte der ungarisch-deutschen Beziehungen. Köln 1995.
Bibó, István: Zur Judenfrage. Am Beispiel Ungarns nach 1949. Frankfurt am Main 1990.
Brunner, G.: Ungarn auf dem Weg der Demokratie. Bonn 1993.
Dalos, György: Archipel Gulasch. Die Entstehung der demokratischen Opposition in Ungarn. Bremen 1986.
Dalos, György: Ungarn. Vom Roten Stern zur Stephanskrone. Frankfurt am Main 1991.
Delapina, Franz et al. (Hg.): Ungarn im Umbruch. Wien 1991.
Gerlich, Peter (Hg.): Österreichs Nachbarstaaten. Wien 1997.
Gosztony, Peter (Hg.): Der Ungarische Volksaufstand in Augenzeugenberichten. München 1981.
Horn, Gyula: Die Freiheit, die ich meine. Erinnerungen des ungarischen Außenministers, der den Eisernen Vorhang öffnete. Hamburg 1991.
Konrád, György: Antipolitik – Mitteleuropäische Meditationen. Frankfurt am Main 1984.
Kurtán, Sándor (Hg): Vor der Wende. Politisches System, Gesellschaft und Reformen im Ungarn der achtziger Jahre. Wien/Köln/Graz 1993.
Lendvai, Paul: Das eigenwillige Ungarn. Von Kádár zu Grósz. Osnabrück 1988.
Lendvai, Paul: Auf schwarzen Listen. Erlebnisse eines Mitteleuropäers. Hamburg 1996.
Mlynar, Zdenek/Heinrich, Hans Georg/Kofler, Toni/Stankovsky, Jan: Die Beziehungen zwischen Österreich und Ungarn. Sonderfall oder Modell? Laxenburg 1985.
Reinprecht, Christoph: Nostalgie und Amnesie. Bewertungen von Vergangenheit in der Tschechischen Republik und in Ungarn. Wien 1996.

Geschichte

Ackerl, Isabella: König Matthias Corvinus. Wien 1985.
Gerő, András: Der Heldenplatz in Budapest als Spiegel ungarischer Geschichte. Budapest 1990.
Hanák, Péter (Hg.): Die Geschichte Ungarns von den Anfängen bis zur Gegenwart. Budapest 1991.
Haslinger, Peter: Der ungarische Revisionismus und das Burgenland 1922 bis 1932. Frankfurt am Main 1994.
Haslinger, Peter: Hundert Jahre Nachbarschaft. Die Beziehungen zwischen Österreich und Ungarn 1895–1994. Frankfurt am Main 1996.
Hodos, Georg H.: Schauprozesse. Stalinistische Säuberungen in Osteuropa 1948–1954. Berlin 1987, ^{2}2000 in Vorb.
Hoensch, Jörg K.: Ungarn-Handbuch. Geschichte, Politik, Wirtschaft. Hannover 1991.

Horvath, Traude/Müllner, Eva (Hg.): Hart an der Grenze. Burgenland und Westungarn. Wien 1992.
Lázár, István: Kleine Geschichte Ungarns. Budapest 1989/1990.
Litván, György/Bák, István: Die ungarische Revolution 1956. Reform – Aufstand – Vergeltung. 1994.
Manhercz, Károly (Hg.): Die Ungarndeutschen. Budapest 1998.
Melinz, Gerhard/Zimmermann, Susan (Hg.): Wien-Prag-Budapest, Blütezeit der Habsburgermetropolen. Urbanisierung, Kommunalpolitik, gesellschaftliche Konflikte (1867–1918). Wien 1996.
Pesendorfer, Franz: Ungarn und Österreich. Tausend Jahre Partner oder Gegner. Wien 1998.
Szűcs, Jenő: Die drei historischen Regionen Europas. Frankfurt am Main 1990.

Kultur

Balázs, István: Musikführer durch Ungarn. Budapest 1991.
Borzsák, Benő/Nagy,Miklós: Jagd und Angelsport in Ungarn. Budapest 1988.
Dercsényi, Balázs: Kunstdenkmäler in Budapest. Budapest 1991.
Fodor, István/Kovalovszki, Júlia/Kovács, Tibor/Lovag, Zsuzsa/Tóth, Endre: Das Ungarische Nationalmuseum. Budapest-Mailand 1992.
Johnston, William M.: Österreichische Kultur- und Geistesgeschichte. Gesellschaft und Ideen im Donauraum 1848–1938. Wien/ Graz 1972.
Kecskés, Péter: Das ungarische Freilichtmuseum in Szentendre. Budapest 1989.
Kroó, György: Ungarische Musik – gestern und heute. Budapest 1980.
Lőrincz, Zsuzsa/Vargha Miklós (ed.): Architecture in Budapest from the Turn of the Century to the Present. Architectural Guide. Budapest 1997.
Nemeskürty, István: Wort und Bild. Die Geschichte des ungarischen Films. Budapest/ Frankfurt M. 1980.
Nemeskürty, István: Abriß der Kulturgeschichte Ungarns. Budapest 1994.
Nyíri, János C.: Am Rande Europas. Studien zur österreichisch-ungarischen Philosophiegeschichte. Budapest 1988.
Rot, Sándor: Ungarisch – eine europäischen Sprache. Budapest 1994.
Schwendter, Rolf: Arme essen, Reiche speisen. Neuere Sozialgeschichte der zentraleuropäischen Gastronomie. Wien 1995.
Unger, Károly/Kurunczi, Margit: Tafelfreuden der Ungarn. 1100 Jahre ungarische Gastronomie im Spiegel der ungarischen Geschichte. Budapest 1998.

Ungarische Literatur in deutschsprachigen Ausgaben (Auswahl)

Ady, Endre: Der Kuß der Rosalia Mihály. Gedichte und Novellen. Nördlingen 1988.
Dalos, György: Die Beschneidung. Eine Geschichte. Frankfurt am Main 1990.
Dalos, György: Ungarn nach dem Urknall. In: Merian Budapest und Ungarn 45. Jg./Nr. 6. 30–33.
Dalos, György: Der Gast aus der Zukunft. Anna Achmatowa und Sir Isaiah Berlin. Eine Liebesgeschichte. Hamburg 1996.

Esterházy, Péter: Wer haftet für die Sicherheit der Lady? Salzburg 1986.
Esterházy, Péter: Kleine ungarische Pornographie. Salzburg 1987.
Esterházy, Péter: Die Hilfsverben des Herzens. Frankfurt am Main 1988.
Esterházy, Péter: Das Buch Hrabals. Salzburg 1991.
Haldimann, Eva: Momentaufnahmen: Aus dreißig Jahren ungarischer Literatur. Budapest 1997.
Kertész, Imre: Mensch ohne Schicksal. Berlin 1990.
Kertész, Imre: Kaddisch für ein nicht geborenes Kind. Berlin 1992.
Konrád, György: Geisterfest. Frankfurt am Main 1989.
Konrád, György: Melinda und Dragoman. Frankfurt am Main 1991.
Petri, György: Zur Hoffnung verkommen. Frankfurt am Main 1986.

Literatur/Anthologien

Laschen, Gregor/Gahse, Zsuzsanna (Hg.): Inzwischen fallen die Reiche. Poesie aus Ungarn. Bremerhafen 1990.
Paetzke, Hans-Henning (Hg.): Ungarisches Lesebuch. Frankfurt am Main 1995.
Rónay, László: Abriß der ungarischen Literaturgeschichte. Budapest 1997.
Schuth, Johann: Nachrichten aus Ungarn. Das Zweiglein. Anthologie junger ungarndeutscher Dichter. Hildesheim 1991.
Wernitzer, Julianna (Hg.): Einlesebuch. Ein Lesebuch zur ungarischen Literatur. Budapest 1998.

Zeitschriften

PESTER LLOYD, deutschsprachige Wochenzeitschrift. Budapest.

Ungarn im Internet

Allgemeine Ungarische Homepage wahlweise in englisch und ungarisch (enthält auch ein deutsch-ungarisches und ungarisch-deutsches Wörterbuch):
http: //www.fsz.bme.hu/hungary/homepage.html
Nicht von Ungarn betriebene, aber sehr informative Links
http://www.ungarn.net (auf Deutsch)
http://www.hungary.org (auf Englisch)

Staatliche Organe

Amt des Ministerpräsidenten: http://www.meh.hu
Ungarisches Parlament: http://www.mkogy.hu
Amt für nationale und ethnische Minderheiten: http://www.meh.hu/nekh
Staatliche Privatisierungs-Holding AG (Treuhand): http://www.apvrt.hu

Gesellschaft und Kultur

Budapest: http://www.fs.bme.hu/hungary/budapest
Statistisches Zentralamt: http://www.ksh.hu
Ungarische Akademie der Wissenschaften: http://www.mta.hu
Ungarische Kultur-Homepage: http://www.port.hu/kultura/
Infos über Museen: http://www.ace.hu/mnm/mn/eng
Katholische Bischofskonferenz: http://www.katolikus.hu
Ungarische Presseagentur: http://www.mti.hu
Statuenpark (sozialistische Denkmäler): http://www.szoborpark.hu

Bemerkung: nicht auf allen homepages ist die nicht-ungarische Version durch eine englische/deutsche Fahne gekennzeichnet, dann sollte man nach dem Wort *angolul* (auf Englisch) suchen und dieses anklicken.

Register

Die historischen Landschaften Ungarns

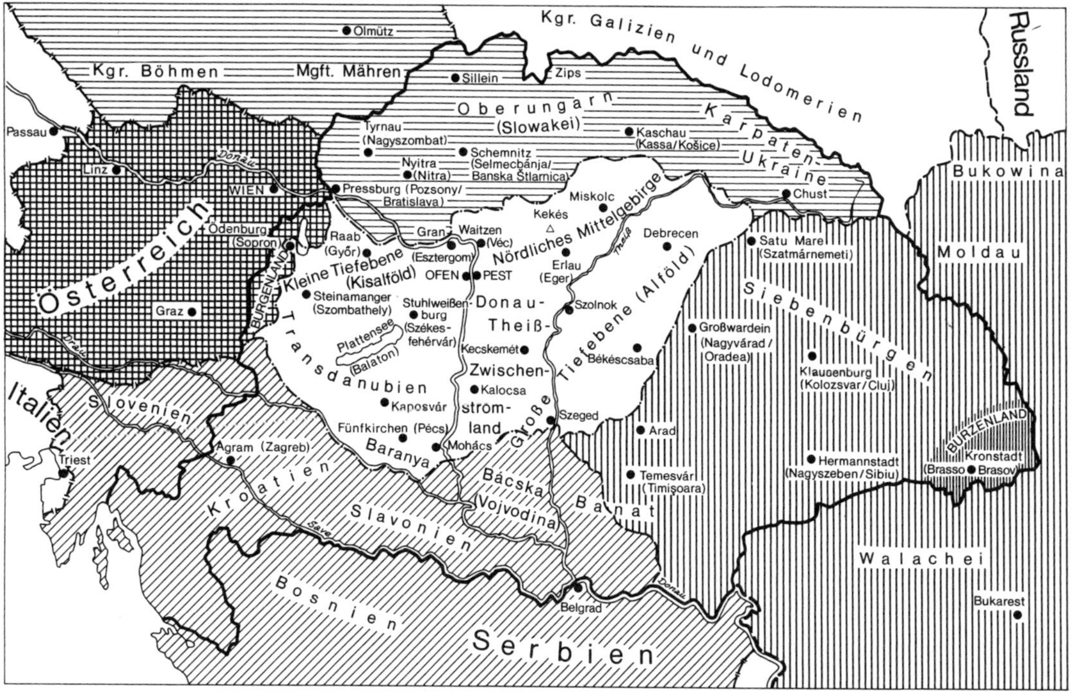

Grenzen der Länder der Heiligen Ungarischen Krone (Stephansreich)

Gegenwärtige Grenze

Abtretungsgebiete an: Österreich, ČSR, Rumänien, Jugoslavien

0 50 100 150 km

Ungarn zur Zeit der Türkenherrschaft

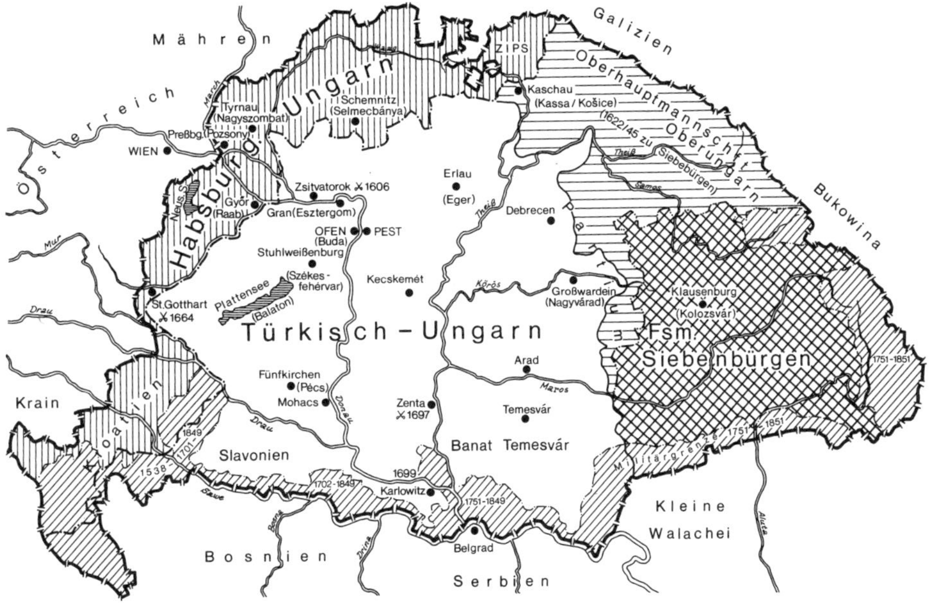

Grenze des Königreichs Ungarn seit 1739
türkischen Gebietes im 17. Jh.
Fürstentums Siebenbürgen im 16. und 17. Jh.
der Oberhauptmannschaft Oberungarn

Gebiet der Militärgrenze

0 100 200 km

Ungarn vor und nach Trianon

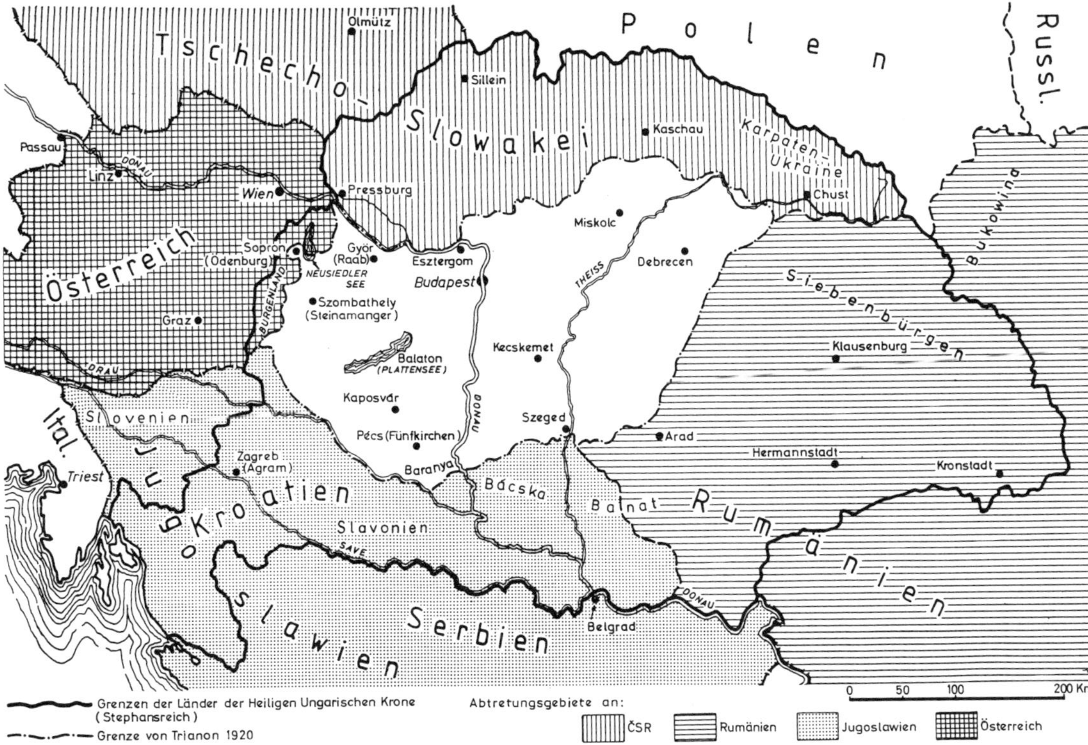

0 100 200 km
SLOWAKISCHE REPUBLIK
UKRAINE
ÖSTER-
REICH
RUMÄNIEN
UNGARN
SLO.
KROATIEN
JUGOSLAWIEN
N
BUDAPEST
Encs
Kisvárda
Ózd
Miskolc
Tokaj
Salgótarján
Bükk
Nat. Park
Balassagyarmat
Nyíregyháza
Eger
Hajdú-
böszörmény
Nyírbátor
Neusiedler
See
Komárom
Esztergom
Vác
Gyöngyös
Mezőkövesd
Sopron
Csorna
Győr
Gödöllő
Hatvan
Kapuvár
Tatabánya
Debrecen
Köszeg
Hortobágyi
Nat. Park
Hajdúszoboszló
Rába
Mór
Érd
Sárvár
Zirc
Cegléd
Karcag
Berettyóújfalu
Celldömölk
Várpalota
Székesfehérvár
Szombathely
Veszprém
Szolnok
Törökszentmiklós
Balaton-
füred
Körmend
Nagykőrös
Körös
Tapolca
Dunaújváros
Szarvas
Kecskemét
Békés
Zalaegerszeg
Siófok
Orosháza
Kiskun-
félegyháza
Csongrád
Gyula
Keszthely
Balaton
Békéscsaba
Paks
Kiskőrös
Szentes
Sárvíz
Marcali
Tisza
Kalocsa
Orosháza
Nagykanizsa
Dombóvár
Hódmező-
vásárhely
Szekszárd
Kaposvár
Bonyhád
Szeged
Makó
Nagyatád
Komló
Baja
Duna
Pécs
Barcs
Mohács
Szigetvár
Dráva

Länder und Städte
in der Beck'schen Reihe

Albanien, von Ch. v. Kohl (bsr 872)
Politisches Lexikon Afrika, hrsg. von R. Hofmeier/
M. Schönborn (bsr 810) vergriffen, Neuauflage vorgesehen
Ägypten, von F. Büttner/I. Klostermeier (bsr 842)
Äthiopien, Eritrea, Somalia, Djibouti. Das Horn von Afrika,
von V. Matthies (bsr 846)
Algerien, von W. Herzog (bsr 859), s. auch *Maghreb*
Politisches Lexikon Asien, Australien, Pazifik, hrsg. von
W. Draguhn/R. Hofmeier/M. Schönborn (bsr 827)
Belgien, von J. Schilling/R. Täubrich (bsr 829)
Berlin, von E. S. Freyermuth/G. S. Freyermuth (bsr 490)
Bhutan, von H. Wilhelmy (bsr 830)
Birma, von K. Ludwig (bsr 870)
Bolivien, von T. Pampuch/A. Echalar A. (bsr 813)
Brasilien, von M. Wöhlcke (bsr 804)
Brüssel, von M. Döpfner (bsr 1007)
Bulgarien, von G. Knaus (bsr 866)
China, von O. Weggel (bsr 807)
Cypern, von K. Hillenbrand (bsr 837)
Kleines Deutschland-Lexikon, von G. Haensch/A. Lallemand/
A. Yaiche (bsr 855)
Djibouti s. Äthiopien
Kleines England-Lexikon, von P. Fischer/G. P. Burwell (bsr 814)
Eritrea s. Äthiopien
Estland, von K. Ludwig (bsr 881)
Fiji, Samoa, Tonga, von S. Bruno/A. Schade (bsr 854)
Finnland, von W. Albrecht/M. Kantola (bsr 847)
Frankfurt, von C. Kleis (bsr 1193)
Frankreich, hrsg. von G. Haensch/H. J. Tümmers (bsr 831)
Kleines Frankreich-Lexikon, von G. Haensch/P. Fischer (bsr 802)
Griechenland, von H. Eichheim (bsr 877)
Großbritannien, von H. Händel/D. Gossel (bsr 835)

Verlag C. H. Beck München

Guatemala, von S. Kurtenbach (bsr 874)
Politisches Lexikon GUS, von R. Götz/U. Halbach (bsr 852)
Hamburg, von E. Eckhardt (bsr 1154)
Hongkong s. Taiwan
Horn von Afrika s. Äthiopien
Indien, von K. Gräfin v. Schwerin (bsr 820)
Indochina, von O. Weggel (bsr 809)
Irland, von M. P. Tieger (bsr 801)
Island, von P. Schröder (bsr 857)
Italien, von C. Chiellino/F. Marchio/G. Rongoni (bsr 821)
Kleines Italien-Lexikon, von C. Chiellino (bsr 819)
Japan, von M. Pohl (bsr 836)
Kleines Japan-Lexikon, von M. Pohl (bsr 861)
Jemen und Oman, von D. Ferchl (bsr 858)
Jordanien, von O. Köndgen (bsr 865)
Kanada, von S. Iwersen-Sioltsidis/A. Iwersen (bsr 869)
Kenia, von H. Hecklau (bsr 853)
Kolumbien, von G. Dilger (bsr 864)
Korea, von H. W. Maull/I. M. Maull (bsr 812)
Politisches Lexikon Lateinamerika, hrsg. von P. Waldmann/ H.-W. Krumwiede (bsr 845)
Madagaskar, von A. Osterhaus (bsr 867)
Madrid, von J. Oehrlein (bsr 1008)
Maghreb: Marokko, Algerien, Tunesien, von W. Herzog (bsr 834)
Marokko s. Maghreb
Mexiko, von K. Biermann (bsr 851)
Mongolei, von A. Schenk/U. Haase (bsr 848)
Politisches Lexikon Nahost/Nordafrika, hrsg. von U. Steinbach/R. Hofmeier/M. Schönborn (bsr 850)
Nepal, von W. Donner (bsr 833)
Neuseeland, von A. Hüttermann (bsr 844)
New York, von G. M. Freisinger (bsr 422)
Niederlande, von J. Schilling/R. Täubrich (bsr 817)
Nigeria, von H. Bergstresser/S. Pohly-Bergstresser (bsr 839)
Nordafrika s. Nahost
Norwegen, von G. Austrup/U. Quack (bsr 828)

Verlag C. H. Beck München

Oman s. Jemen
Peru, von E. v. Oerzten (bsr 822)
Philippinen, von R. Hanisch (bsr 816)
Polen, von T. Urban (bsr 875)
Portugal, von G. und A. Decker (bsr 806)
Prag, von C. Bartmann (bsr 1050)
Politisches Lexikon Rußland, von R. Götz/U. Halbach (bsr 856)
Rumänien, von K. Verseck (bsr 868)
Samoa s. Fiji
Schweden, von G. Austrup (bsr 818)
Schweiz, von M. Schwander (bsr 840)
Simbabwe, von M. Pabst (bsr 878)
Slowakei, von S. Vykoupil (bsr 876)
Slowenien, von P. Rehder (bsr 879)
Somalia s. Äthiopien
Spanien, von W. Herzog (bsr 811)
Kleines Spanien-Lexikon, von G. Haensch/G. Haberdamp de Antón (bsr 825)
Südafrika, von M. Pabst (bsr 871)
Taiwan/Hongkong, von O. Weggel (bsr 849)
Thailand, von W. Donner (bsr 862)
Tibet, von K. Ludwig (bsr 824)
Tonga s. Fiji
Tschechien, von J. Burgerstein (bsr 873)
Tunesien s. *Maghreb*
Turin, von M. Knapp-Cazzola (bsr 1019)
Türkei, von F. Şen (bsr 803)
Kleines Türkei-Lexikon, von K. Kreiser (bsr 838)
Ukraine, von E. Lüdemann (bsr 860)
Ungarn, von S. Kurtán / K. Liebhart / A. Pribersky (bsr 880)
USA, von R. Rode (bsr 843)
Kleines USA-Lexikon, von J. Redling (bsr 826)
Venedig, von G. Salvatore (bsr 1092)
Weißrußland, von D. Holtbrügge (bsr 863)

Verlag C. H. Beck München